10.-

So bauten die Inka

Armin Bollinger

So bauten die Inka

**Strassen
Brücken
Bewässerungsanlagen
Häuser
Städte im alten Peru**

Schriftenreihe des
Lateinamerikanischen
Institutes an der
Hochschule St. Gallen
Band 1

Verlag:	Rüegger CH-8253 Diessenhofen
Copyright:	1979 by Armin Bollinger, Zürich
Druck:	Ernst Uhl, Radolfzell
Gestaltung:	Georges Wenger
	ISBN 3 7253 0090 9

INHALTSVERZEICHNIS

		Seite
1.	Tahuantinsuyu — das Reich der "Vier Viertel"	7
2.	Der innere Aufbau von Gross-Peru	10
3.	Die Sozialstruktur von Gross-Peru	13
4.	Arbeitspflicht und Dienstleistungen bei den Völkern der peruanischen Kultur	16
5.	Die Inkastrassen	20
6.	Anlage und Bau der Überlandstrassen in Gross-Peru	26
7.	Rasthäuser — Unterkünfte für Meldeläufer	32
8.	Die Brücken von Gross-Peru	37
	a) Baumstamm-Brücken	41
	b) Steinbrücken	43
	c) Schwimmende Brücken	44
	d) Die Inka-Hängebrücken	48
	e) Einfache Hängebrücken	52
9.	Bewässerungsanlagen an der peruanischen Küste	54
10.	Die Bewässerung des Hochlandes und die Anlage von Ackerbauterrassen	62

		Seite
11.	Die Entwicklung von den Dorfgemeinschaften zu den städtischen Siedlungen	69
12.	Die vorspanischen Städte Gross-Perus	76
	a) Tiahuanaco	77
	b) Die Stadt Huarí und der Stil von Tiahuanaco	80
	c) Chan-Chan, die Hauptstadt des Chimú-Reiches	83
	d) Die Küstenstädte der Chimú-Zeit	90
	e) Cuzco, die Hauptstadt von Tahuantinsuyu	94
13.	Die inkaischen Festungsanlagen	104
	a) Sacsahuamán	104
	b) Ollantaytambo	110
14.	Machu Picchu: Felsenfestung? Heiligtum? Fluchtburg der letzten Inka?	114
15.	Die Architektur im Alten Peru	123
	a) Die andine megalithische Archaische Epoche im Hochland	124
	Die Archaische Epoche an der Küste	126
	b) Die andine megalithische Epoche im Hochland	127
	Die Epoche der Kulturellen Entwicklung an der Küste	129
	c) Die Inka-Periode	130
16.	Baumaterialien und Bauweisen der Alten Peruaner	135

Seite

17. Technische Probleme der Inka-Steinbauten:
Materialbeschaffung — Transport — Behauen und
Zusammenfügen der Steine   146

— Anmerkungen   157

— Literaturverzeichnis   166

— Erklärungen zu den Abbildungen im Text   175

— Abbildungsverzeichnis und Bildernachweis   182

— Register   185

— Danksagung   191

1. Tahuantinsuyu — das Reich der "Vier Viertel"

Eines der erstaunlichsten Staatsgebilde, das die Geschichte kennt, war das Reich der Inka, das sich zur Zeit seiner grössten Ausdehnung (spanische Eroberung im Jahre 1532) über gewaltige Gebiete in den Andenhochtälern und an der pazifischen Küste erstreckte. Das mächtige Imperium wurde **Tahuantinsuyu** genannt. Dies heisst in der **Quechua-Sprache**, der Staatssprache des Inkareiches, ungefähr "Reich der Vier Viertel" oder "Reich der Vier Weltregionen" oder "Reich der Vier Himmelsrichtungen". Schon aus dieser Bezeichnung geht hervor, welche Bedeutung das Inkavolk seinem staatlichen Gebilde zumass. Die Hauptstadt wurde **Cuzco** genannt, was "Nabel" bedeutet. Das Inkavolk sah sein Reich, als ein "Reich der Mitte", von unzivilisierten Naturvölkern umgeben und oft an seinen Grenzen bedroht.

Trotz des Fehlens schriftlicher Quellen kann man aufgrund mündlicher Überlieferungen annehmen, dass dieses Reich nur während einer Zeitdauer von ungefähr 350 Jahren bestanden hatte. Die spanischen Eroberer, die Conquistadoren, interessierten sich für die Vergangenheit und den Aufbau des mächtigen Staatsgebildes. Ihre Verwaltungsbeamten, Missionare und gelegentlich auch Kriegsleute stellten eine grosse Schar von Chronisten, die uns zahlreiche Berichte und — oft widersprechende — historische Angaben hinterlassen haben. Man nimmt die Zeit der Entstehung des noch kleinen Inkareiches um 1200 unserer Zeitrechnung an, als sich um das Siedlungszentrum Cuzco der Kern einer staatlichen Gemeinschaft Quechuasprechender Bauern, Hirten und Krieger zu bilden begann. Ursprungslegenden und geschichtliche Überlieferungen bezeichnen als Gründer Manco Capac und seine Schwestergattin Mama Ocllo, die den Ureinwohnern des Hochtales von Cuzco eine höhere Zivilisation sowie die Verehrung der Sonne gebracht hatten. In diesen legendären Überlieferungen erscheinen der erste Inkaherrscher und seine Gemahlin als eigentliche Kulturstifter. Die Menschen, denen sie die Wohltat einer höheren Kultur schenkten, "lebten damals wie wilde Tiere, ohne Religion, ohne staatliche Ordnung, ohne Kenntnis von Ackerbau und Viehzucht, ohne Dorfschaften und ohne richtige Behausungen".[1]

Diese Quelle, wie auch zahlreiche andere Überlieferungen, zeigen die Tendenz der späteren mächtigen Inkakaiser auf, ihr Geschlecht seit Ausübung der Herrschaft und Bildung eines Staatswesens als eigentlichen Begründer von Kultur und Zivilisation hinzustellen. Ein Anspruch, der in krassem Widerspruch zu den Leistungen anderer Völker steht, die bereits viele Jahrhunderte vor der Entstehung des Inkareiches verschiedene Hochkulturen auf den Andenhöhen und in den Küstengebieten hervorgebracht hatten.

Die ersten Inkaherrscher waren kleine Stadtfürsten, die über ein wenig umfangreiches Gebiet rund um Cuzco herrschten. Es waren "Sinchi" (Kriegshäuptlinge), wie beispielsweise aus dem Namen des zweiten Inkafürsten Sinchi Roca hervorgeht. Ihre Macht, auch innerhalb ihrer Sippengemeinschaft, muss anfänglich sehr eingeschränkt gewesen sein. Aus den Überlieferungen kann man auf das Bestehen von Ältestenräten schliessen, die sich aus erfahrenen Mitgliedern der Grossfamilien zusammensetzten. Es scheint auch, dass die Oberhäupter und Kriegshäuptlinge der Familienverbände gewählt wurden, und zwar von den Kriegern und Sippenangehörigen. Erst mit der Zeit festigten die Stammeshäupter ihre Macht. Schliesslich war der Inka nicht nur das Oberhaupt seiner eigenen Sippe, sondern er wurde als **Sapay Inca**, das heisst als "Einziger Inka", zum Träger der gesamten Staatsmacht.

Aus der mündlichen Überlieferung geht zudem hervor, dass die sieben Inkaherrscher der Anfangszeit ihren Machtbereich nicht über die nähere Umgebung von Cuzco auszudehnen vermochten. Es gab in den umliegenden Gebieten eine Anzahl unabhängiger Volksstämme, die sich in Sprache, Kulturhöhe und wirtschaftlichen Möglichkeiten mit dem Inkavolk messen konnten. Diese Völkergruppen trugen ihre Fehden untereinander aus, ohne dass ein Stamm ein besiegtes Nachbarvolk dauernd zu unterwerfen vermochte. Plünderungen und zeitweilige Tributzahlungen waren der Preis, den die Sieger für sich beanspruchten. Der 8. Inka, der seinen Herrschernamen vom Schöpfergott Viracocha übernahm, wurde zum ersten Eroberer in der Geschichte des Inkareiches. Er liess, nachdem er seine Grenznachbarn besiegt hatte, einen Teil seiner Truppen als Besatzung in den eroberten Gebieten zurück. Dadurch konnte er eine dauernde Herrschaft über Stämme errichten, die nicht zu seinem eigenen Volke gehörten. Sein Herrschaftsgebiet umfasste nunmehr einen Umkreis von ungefähr 40 km rund um die Hauptstadt. Mit Pachacuti, dem 9. Inka (nach unserer Zeitrechnung vom Jahre 1438 an) beginnt die historisch nachweisbare Epoche der Inkageschichte. Unter seiner Führung setzte ein gewaltiger Siegeszug der Sippengemeinschaft von Cuzco ein. Nach Besiegung der umliegenden Kleinstaaten drangen die Heerscharen des Inka nach Süden vor und unterwarfen die Colla-Stämme, die in der Gegend des Titicacasees siedelten. Später folgte die Eingliederung des nördlichen Hochlandes in das Reich.

Die Reichsstrassen dienten vor allem militärischen Zwecken.
Der Inka lässt sich auf den Kampfplatz tragen.

Der Sohn von Pachacuti, Topac Yupanqui, unternahm weitere erfolgreiche Eroberungszüge. Er unterwarf sich das Hochland von Ecuador und — was von besonderer Bedeutung war — das kulturell hochstehende Chimú-Reich an der Nordküste Perus. Auch die südlichen Küstenreiche, welche in den Flussoasen der peruanischen

Wüste aufgrund künstlicher Bewässerung einen bedeutend entwickelten Ackerbau und eigentliche Hochkulturen erreicht hatten, mussten sich den sieggewohnten Inkatruppen unterwerfen. Nach dem Tod von Topac Yupanqui (1493) setzte sein Sohn Huayna Capac, wenn auch in beschränkterem Masse, die Eroberungspolitik seiner Vorgänger fort. Es gelang ihm, weitere Gebiete im heutigen Ecuador und den südlichsten Teil von Kolumbien unter seine Herrschaft zu bringen. Damit hatte das Reich der Inka seine grösstmögliche Ausdehnung erreicht, und zwar in einem Zeitraum von nur einem halben Jahrhundert und während der Herrschaftszeit von bloss drei Inkakaisern.[2]

2. Der innere Aufbau von Gross-Peru

Die Eroberungszüge der Inkaheere und die Einverleibung fremder Gebietsteile in das "Reich der Vier Viertel" folgten beinahe gesetzmässigen Abläufen. Es wurden nämlich nur solche Gebiete dem Inkastaat angefügt, die auf ungefähr der gleichen oder sogar einer höheren Stufe der kulturellen Entwicklung standen, als sie Tahuantinsuyu erreicht hatte. So besassen etwa die Chimú oder Staaten an der südlichen Pazifikküste bereits eine höhere Zivilisation als das Eroberervolk. Dagegen gelang es dem Inkaherrscher nie, im eigentlichen Urwaldgebiet des Ostens Fuss zu fassen. Die Versuche von Topac Yupanqui, die primitiven Jäger- und Sammlervölker des Amazonas-Beckens zu unterwerfen, waren zum Scheitern verurteilt. Als die Inka auch im Norden (im Gebiete des heutigen Kolumbien) wie auch in Mittel-Chile auf Waldregionen oder nicht mehr bewässerbare Wüstenzonen stiessen, mussten sie ihre Eroberungszüge abbrechen.

Die Entstehung des **grossperuanischen Kulturraumes** in den Trockengebieten der Küstenzone und in den Andenhochtälern steht in einem direkten Zusammenhang mit der sogenannten "andinen Bewässerungswirtschaft". Max Steffen wies bereits in seiner 1883 erschienenen Arbeit darauf hin, dass künstliche Bewässerung so-

Dorfvorsteher und Gehilfe im Tale von Cuzco
 Die ursprüngliche Bedeutung des Inka-Titels ist bis in die Gegenwart im Tale von Cuzco lebendig geblieben. Der Dorfvorsteher — an seinem Stab erkennbar — und sein Gehilfe mit dem Muschelhorn werden im Tale von Cuzco von den Dorfsippen gewählt. In einzelnen Dörfern führen sie noch immer den Titel "Inka".

wohl in den Anden als auch in den Küstenniederungen von Tumbes, von Ecuador bis Mittel-Chile erforderlich sei. Diese Gebiete, in welchen zahlreiche archäologische Funde das Vorhandensein künstlicher Wasserführungen, Staubecken und Kanäle bezeugen, decken sich auffallend mit dem von den spanischen Eroberern angetroffenen Staatsgebiet der Inka.[3]

Die künstliche Bewässerung erwies sich als eine der bedeutendsten Triebkräfte kultureller Entwicklung: "Sie ermöglicht erst das dichte Zusammenwohnen der Menschen und das Wachsen grösserer Städte auf den nährstoffreichen Böden der Trockengebiete. Sie erfordert grosse bautechnische Fähigkeiten und regt den technischen Erfindergeist an. Sie zwingt zu genauer Landvermessung und fördert damit die mathematische Wissenschaft und die Sternbeobachtung. Der Unterhalt der Bewässerung selbst legt die Wetterbeobachtung und die kalendermässige Jahreseinteilung nahe. Der Ausbau und die Benutzung grösserer Bewässerungsanlagen erfordern einen engen sozialen Zusammenschluss und die Bildung von Wassergenossenschaften, die gerechte Wasserverteilung und die Regelung von Wasserstreitigkeiten, ferner die Ausbildung höherer Rechtsformen, aus denen wiederum eine höhere staatlich-politische Organisation erwachsen kann. ... Jedenfalls hat die Indianerkultur der in Rede stehenden Gebiete (von Gross-Peru) aus der künstlichen Bewässerung wichtige Antriebe erfahren ...".[4]

In diesem "peruanischen Raum", der im Westen durch den Stillen Ozean und im Osten durch die Urwaldzonen begrenzt wurde, konnte sich das Inkareich als relativ schmales Territorium vom Rio Ancasmayu (Süd-Kolumbien) über 35 Breitengrade hinweg bis nach Mittel-Chile (Rio Maule) entwickeln. Die west-östliche Ausdehnung von Gross-Peru schwankte mit der Breite der Cordilleren. Diese erreichte bei Puno mit 920 km ihr Maximum, betrug bei Cuzco 375 km und sank auf 180 km beim 6. Grad südlicher Breite.[5] Das geschlossene Gebiet der "Andenkultur" grenzte auf einer Länge von gegen 4000 km an die "wilden Waldvölker" der Andenabfälle des Ostens oder der östlichen Tiefebenen. Diese Scheide bildete die schärfste und wichtigste Kulturgrenze im ganzen vorspanischen Amerika, es war eine Art "Frontera" der andinen Hochkulturvölker. Bei der Ausdehnung des Inkareiches wurde diese Kulturscheide zu einer einheitlichen politischen Grenze, die an den gefährdeten

Stellen durch Grenzbefestigungen geschützt war. Solche Festungen wurden in den Tälern des Huilcanota-Urubamba, Paucartambo und Apurimac nachgewiesen, wie auch im Abschnitt von Cuzco. Der Forscher Carl Troll spricht in diesem Zusammenhang vom "Limes des Inkareiches".[6] Trotz der Übereinstimmung von Bewässerungswirtschaft mit dem Herrschaftsbereich des Inkastaates ist darauf hinzuweisen, dass das Inkavolk die künstliche Bewässerung keinesfalls erfunden hat. Technische Anlagen von Wasserführungen lassen sich an der peruanischen Nordküste schon seit dem ersten Drittel des Jahrtausends vor unserer Zeitrechnung nachweisen. Es scheint aber festzustehen, dass die Inkaherrschaft sowohl zu einer Ausdehnung und Intensivierung der künstlichen Bewässerung geführt hat wie auch zu einer Erweiterung des Kulturlandes durch die Erweiterung der Bewässerungsanlagen.[7] "Gross-Peru" setzte sich also

In den Kriegen der Indios spielten die Festungen eine wichtige Rolle

aus jenen zwei langgestreckten Gebietsstreifen der wüstenähnlichen Küstenzone und der Andenhochebenen zusammen, wo zwischen dem Ozean im Westen und den Urwaldgebieten im Osten eine Bevölkerung siedelte, welche — im Zusammenhang mit der künstlichen Bewässerung — den Stand der sogenannten "andinen Kultur" erreicht hatte. Die in zahlreiche unabhängige Königreiche, Fürstenstaaten und Bündnisgebilde zerfallenden politischen Einheiten wurden zwischen 1436 mit dem Beginn der Eroberungszüge von Pachacuti und der Zerstörung des Inkareiches durch die Spanier im Jahre 1532 im "Reiche der Vier Viertel", Tahuantinsuyu, zusammengefasst. Dabei übernahmen die Inka auch bestehende Institutionen ihrer neuen Untertanen, besonders höherstehende Techniken. Sie verbesserten und vereinheitlichten solche Fähigkeiten und Kenntisse und übertrugen sie auch auf die neu eroberten Gebiete.

3. Die Sozialstruktur von Gross-Peru

Das Fundament aller im Inkastaat zusammengefassten Völkerschaften bildete die **Dorfgemeinde**, die in den meisten Fällen eine Geschlechtsgenossenschaft war. Diese unterste Einheit der bestehenden politischen Gebilde wurde auch "Hundertschaft" genannt, weil sie ungefähr hundert Kriegsfähige zu stellen vermochte. Die Quechua-Sprache bezeichnet den Sippenverband mit Ayllú. In einer im Jahre 1603 in Sevilla erschienenen Quechua-Grammatik samt Wörterbuch wird der Begriff "Ayllú" mit "Tribu, Linaje, Genealogía, Casa, Familia" — also mit "Volksstamm, Geschlecht, Abstammung, Haus, Familie" — übersetzt. Die Einteilung in Ayllús reicht weit zurück in Epochen, die lange vor der Inkaherrschaft lagen. Schon in den ältesten Ursprungsmythen finden wir sie erwähnt. Das Oberhaupt des Ayllú wurde "Hundertschafts-Häuptling" (Pachaccuraca) oder auch nur "Befehlshaber", "Anordner" genannt. Sofern der Ayllú eine einzige Dorfschaft umfasste, war der Hundertschafts-Führer identisch mit dem Dorfvorsteher. In gebirgigen Gegenden erstreckte sich der Sippenverband oft über mehrere Dorfschaften. Im allgemeinen waren mehrere Hundertschaften wieder zu einem grösseren Verband vereinigt. Von den spanischen Chronisten wird dieser Verband als "principal ayllú" oder "principal parcialidad" (Hauptabteilung) bezeichnet. Es handelte sich um eine Vereinigung mehrerer Sippenverbände zu einem grösseren Territorialverband, wobei die Familiengenossenschaften ihre wirtschaftliche Selbständigkeit weiter bewahrten.[8]

Mehrere solche Territorialverbände bildeten schliesslich einen Stamm oder wie die spanischen Quellen sich ausdrücken, eine "Nación". Welcher Art der Zusammenhang war, der zwischen den verschiedenen Verbänden des gleichen Stammes bestand, lässt sich nicht genau festlegen. Sehr wahrscheinlich handelte es sich um ein gegenseitiges Bündnis für den Kriegsfall. Wer dann die Führung übernahm, ob der älteste der Häuptlinge, oder ob aus der Schar der "Curacas" ein Oberbefehlshaber gewählt wurde, geht aus den Chroniken nicht hervor. José de Acosta erwähnt in seiner "Historia Natural y Moral de las Indias"[9] lediglich, dass ein Heerführer gewählt wurde, sobald ein Krieg auszubrechen drohte.

In einzelnen Gegenden vermochten diese Kriegsführer als Oberhäuptlinge eine Art Stammeskönigtum zu begründen. Solche "Reiche" der Stammesführer besiegten auch etwa angrenzende Völkerschaften und machten sie tributpflichtig.

Der Zusammenschluss von Sippengemeinschaften (Ayllús) zu Territorialverbänden, die sich im Kriege zu Schutzgemeinschaften erweiterten, begünstigte also die Machtausweitung einzelner Kriegshäuptlinge sowie die Unterwerfung umliegender Völkerschaften, die zu Tributleistungen gezwungen wurden — dies waren im peruanischen Raum Machtmechanismen, die seit undenklichen Zeiten spielten. Das Inkavolk hat diese Modelle bei seinen Gebietserweiterungen zum ausgedehnten Reich von Tahuantinsuyu angewandt. Über den Curacas, Oberhäuptlingen und Stammesfürsten stand als mächtigster Kaiser der Sapay Inca, der über ein treues und zuverlässiges Beamtenheer gebot, das für die höchsten Staatsämter aus seiner eigenen Familie stammte und sich für die übrigen Ämter aus den Inkafamilien von Cuzco zusammensetzte.

Der Inkastaat stützte sich auf zwei gegensätzliche Kräfte ab, die sich in der Machtstruktur deutlich unterschieden: Die zentrale

Verwaltung, welche die Herrschaft der Inka-Eroberungsgruppe im Reiche sichern sollte einerseits, und die örtlich gebundenen Sippengemeinschaften, welche wirtschaftlich weitgehend selbstgenügsam waren, andrerseits. Im allgemeinen wurden die örtlichen Stammesführer — Curacas — in ihren Stellungen belassen, wenn sie ihr Amt im Dienste der Inkaverwaltung ausübten. Kaiserliche Beamte sorgten für die Einhaltung der festgelegten Richtlinien. Wurde ein Curaca aus seinem Amte verdrängt, dann folgte ein naher Verwandter — Sohn oder Bruder — nach, nicht aber ein Vertreter der zentralen Macht.

Vom Inkastaat haben die spanischen Chronisten teilweise ein falsches Bild übermittelt, und zwar von einem zentralistisch geleiteten Wirtschaftskörper, in dem Erzeugung und Verbrauch nach den durchdachten Plänen einer zentralen Verwaltung vor sich gingen. Eine solche Überbewertung der staatlichen Lenkung kommt wohl daher, dass die von den Chronisten befragten Personen des untergegangenen Inkareiches zugleich dessen Machtträger waren und nur das Wirken ihrer eigenen Standesschicht im Auge hatten. Die sippenmässige Struktur der peruanischen Gesellschaft, die als Grundzug ihres Wirtschaftslebens die Autarkie der lokalen familiengenossenschaftlichen Einheiten aufwies, fand deshalb in den spanischen Berichten viel zu wenig Beachtung.[10] Die dezentralisierte Dorfwirtschaft wurde von den Inka weitgehend unangetastet gelassen, da die Inka-Verwaltung wenig Interesse an einer planvollen Änderung der bestehenden Wirtschaftsorganisation hatte: in erster Linie war dieses Reich ja ein Eroberstaat. Deshalb erfuhr die Lebensweise der Unterworfenen keine wesentlichen Umgestaltungen. Es kann nicht davon die Rede sein, dass das Inkavolk als Schöpfer der wirtschaftlichen Kultur von Gross-Peru betrachtet wird. Wenn der kaiserlichen Verwaltung im Wirtschaftssektor ein Verdienst zufällt, besteht er in der grosszügigen Kolonisationspolitik, welche ungünstige territoriale Produktionsbedingungen auszugleichen vermochte. Ferner schuf die Inkaverwaltung die Voraussetzungen für monumentale Arbeiten, besonders in der Anlage von Wasserleitungen, in der Erstellung von Strassen und Brücken und der Herstellung von Hangterrassen (Andenes).[11]

4. Arbeitspflicht und Dienstleistungen bei den Völkern der peruanischen Kultur

Im Raume von Gross-Peru leistete der erwachsene männliche Einwohner seinen Anteil an die Gemeinschaft durch einen bestimmten Arbeitseinsatz. Polo de Ondegardo, welcher als Jurist die staatlichen und wirtschaftlichen Zustände im Inkareich sehr gut kannte, schreibt darüber: "... Jeder war verpflichtet, seinen Teil für die Herstellung von Abgaben beizutragen, die von der Gesamtheit eingefordert wurden..."[12] Dieser Zustand ist sicher dadurch begründet worden, dass die Kultivierung des Bodens (nach dem Übergang der Jäger- und Wildsammler-Gesellschaft zu den sesshaften Ackerbauern) von den Familiengemeinschaften in Angriff genommen wurde. Wegen der wachsenden Bevölkerung waren die Stämme zu einer relativ arbeitsintensiven Bodenbewirtschaftung gezwungen worden. Die Sippengemeinschaften, die ihren Ursprung auf einen gemeinsamen Ahnen zurückführten und gewöhnlich auch ein gemeinsames Totemtier als Symbol ihrer Familie betrachteten, hatten sich zu Feldgemeinschaften entwickelt. Innerhalb der Sippe gehörte der zu bebauende Boden allen gemeinsam. "... Und wer nicht arbeitete bei der Saat, hatte keinen Anteil an der Ernte..."[13]
Das Stammland der Sippe umfasst eine "Marca", ein Wort, das sowohl in der Quechua-Sprache wie in der Sprache der Aymara vorkommt und am besten mit "Dorfgebiet" oder "Region eines Ayllú" übersetzt wird. Die Gebiete der einzelnen Dorfschaften waren genau abgegrenzt, das Verrücken der Grenzsteine wurde streng bestraft.[14] Auch nach der Einverleibung in den Inkastaat blieb aller Wahrscheinlichkeit nach das Stammland (Marca) im Besitz der einzelnen Sippe, die es periodisch an ihre Familienmitglieder — je nach Kopfzahl der betreffenden Familie — zur Nutzung verteilte.

Die wirtschaftlichen Rechte eines Sippengenossen lassen sich wie folgt zusammenfassen:
1. Periodische Zuteilung einer Parzelle.
2. Nutzniessung an Weide und Wald.
3. Den nach der Zahl der Sippengenossen auf ihn entfallenden Betrag von Wolle und Fleisch.

4. Recht auf Haus- und Hofstätte als Sondereigentum, wobei das Haus mit Hilfe der Dorfgenossen gebaut worden war.
5. Recht auf Nutzung der Wege und Wasserleitungen.

Diesen Rechten der Sippengenossen standen ihre Pflichten gegenüber, die sie der Dorfgemeinschaft zu leisten hatten. In bezug auf den Ayllú erstreckt sich diese Leistung auf Arbeiten im genossenschaftlichen Interesse, wie Weg- und Wasserbauten innerhalb der Marca und Terrassierung von Gemeindeland.[15]

Nach Eingliederung in das Inkareich wurde dieser Pflichtenkreis noch erweitert auf Arbeiten, die im Interesse des Reiches standen. Gerade in der doppelten Erfassung der Wehrfähigen und der steuerpflichtigen "Tributarios" erkennt man den zweipolaren Aspekt der Inkaherrschaft, welche sich als eine Art Oberbau oder Reichsverwaltung über die Basisstrukturen der unterworfenen Sippenverbände gelegt hatte. Die Herrscherschicht setzte sich aus dem Inka-Adel zusammen (von den Spaniern, wegen ihrer Rangabzeichen an den Ohren, "Orejones", also "Grossohren" genannt). Unterhalb dieser Schicht befanden sich die alten Stammes- und Sippenführer, welche innerhalb der Inkaverwaltung in ihren bisherigen Funktionen belassen wurden. Die gesamte männliche Bevölkerung, welche das allgemeine Volk ausmachte, wurde als "llactaruna" (von llacta = Dorf und runa = Mann) bezeichnet. Dieser Name ist für die wirtschaftliche Stellung der Volksmasse im peruanischen Grossreich kennzeichnend. Innerhalb dieser Zahl von Untertanen wurden die "hatunruna cuna" (Grossmänner) für Arbeitsdienst und Wehrpflicht erfasst.

Dank einem ausgeklügelten Kontrollsystem wurde die gesamte Bevölkerung nicht nur gezählt, sondern auch zum Zwecke der Arbeitseinteilung nach Altersklassen eingeteilt. Die männlichen verheirateten Haushaltvorstände im Alter zwischen 25 und 50 Jahren gehörten der wichtigsten Klasse der "Tributarios" (d.h. Steuerpflichtigen) an. Poma de Ayala gibt uns in seiner **Nueva Crónica y Buen Gobierno** ein Bild über den "Arbeitsplan der Inka", der sich auf eine Einteilung der Bevölkerung nach Alter stützte:[16]

— **Unter einem Jahr**: das Wiegenkind
— **von 1 bis 5 Jahren**: das Spielkind
— **von 5 bis 9 Jahren**: das Laufkind (das kleine Besorgungen machte)

- **von 9 bis 12 Jahren:** das Kind, das die Vögel aus den Maisfeldern verscheucht
- **von 12 bis 18 Jahren:** der Lamahirte und der Lehrling in Handarbeiten
- **von 18 bis 25 Jahren:** der Gehilfe der Eltern bei allen Verrichtungen
- **von 25 bis 50 Jahren:** der tributpflichtige Mann
- **von 50 bis 60 Jahren:** der ältere Mann, der noch arbeitsfähig ist
- **über 60 Jahre:** der Greis, der nur noch Ratschläge zu geben hat
- **eine 10. Klasse** umfasst die Kranken, Invaliden und Geistesgestörten.

Da im Inkareich — wie in ganz Altamerika — kein Geldverkehr herrschte, mussten die Tributpflichtigen ihre Steuern in Form von Arbeitsleistungen erbringen. Der Arbeitseinsatz der **Tributarios**, d.h. der 25 bis 50-jährigen verheirateten Männer, umfasste die Arbeitsleistungen auf den "Feldern des Inka und der Sonne", die innerhalb der Marca-Grenzen nach der Eroberung für die königliche Verwaltung und die Priesterschaft vom Gemeindeland ausgeschieden worden waren. Ferner mussten auch die riesigen Lamaherden des Inka betreut werden. Ausserdem hatten die Dienstverpflichteten an Strassen- und Brückenbauten zu arbeiten, sie hatten als Minenarbeiter dem Staate zu dienen, wie auch als Meldeläufer auf den Reichsstrassen, und mussten als Milizsoldaten im Kriegsfall an den Heereszügen teilnehmen. Diese Arbeitsleistungen wurden **Mita** genannt.[17]

Die Zahl der für solche öffentlichen Werke benötigten Mannschaften wurde festgelegt und die Männer aus den umgebenden Provinzen für den Mita-Dienst aufgeboten. Während der Zeit, da der Mita-Verpflichtete von seinem Ayllú abwesend war, wurden die ihm von den Gemeindehäuptern zugeteilten Äcker von den Angehörigen seiner Sippe bearbeitet und die Ernte zu seiner Verfügung bereitgestellt.

Zum Arbeitsdienst und für militärische Dienstleistungen wurde immer nur ein relativ kleiner Teil der männlichen Bevölkerung einer **Marca** (oder einer grösseren Einheit) gemeinsam ausgehoben, damit die Bestellung der Äcker und die weiteren Feldarbeiten nicht behindert wurden. Auch blieben die Ausgehobenen — mit Ausnahme der Teilnehmer an Kriegszügen — nur kurze Zeit von ihrer Sippengemeinschaft entfernt, dann kehrten sie zurück und wurden durch andere Genossen ersetzt.[18] Hatte eine Ayllú-Genossenschaft zu einem Minenbetrieb beispielsweise 8 Dienstpflichtige zu stellen, so arbeiteten diese 8 Tributarios nicht das ganze Jahr hindurch in dem Bergwerk. Nach Ablauf einer bestimmten Frist wurden sie durch 8 andere Angehörige der Sippengemeinschaft ersetzt.[19]

Um feststellen zu können, wie viele Arbeitskräfte in den einzelnen Provinzen vorhanden waren und wie viele Tributarios ohne Beeinträchtigung der notwendigen Feldarbeiten abgezogen werden konnten, nahmen die Inka in gewissen Zeitabständen eine Zählung der Mannschaftsbestände vor. Der Name des Kontrollbeamten lautete in Quechua "Runapachacac". Von Gemeinde zu Gemeinde reisend, liessen diese "Volkszähler" durch die Curacas die Einwohner ihrer Dörfer zusammenrufen und vermerkten das Resultat ihrer "Volkszählung" samt den Abwesenden in den Quipus, ihren Knotenschnüren.[20]

Über die Dauer der öffentlichen Dienstleistungen geben uns die spanischen Quellen verschiedene Angaben. Fest steht, dass das Aufgebot für Feldarbeiten auf den "heiligen Äckern" (des Inka und der Kultgemeinschaft) innerhalb des Marca-Gebietes zu mehreren Malen erfolgte, entsprechend den Bedürfnissen des Feldbaues bei Saat und Ernte.

Das andere Aufgebot für Arbeiten an Strassen, Brücken, Wasserleitungen, Bau von Palästen, Tempeln und Festungen, erfolgte in einer zusammenhängenden Frist. Der Mestizenchronist Blas Valera spricht von einer Dauer von 2 Monaten ". . . und wenn es hoch kam, waren es drei Monate. Mehr musste der Dienstverpflichtete nicht leisten. Falls die Arbeit noch nicht beendet war — und der Tributario zustimmte — um das Werk vollenden zu helfen, konnte er seinen Arbeitseinsatz mit der Arbeitspflicht des kommenden Jahres verrechnen, und sie (d.h. die Beamten) hielten dies zur Erinnerung mit Knöpfen in ihren (Quipu-)Schnüren fest. . .".[21]

Blas Valera spricht auch davon, dass Arbeitsgeräte und Verköstigung zu Lasten des Staates gingen: ". . . Werkzeuge und Geräte, sowie die Nahrung und die Kleidung, wie auch alle weiteren notwendigen Zuwendungen, wurden in reichem Masse aus den

Vorratshäusern des Inka zur Verfügung gestellt...".[22]

Nach den spanischen Chroniken nahm die Reichsverwaltung — mit Ausnahme des Militärdienstes — auf ihre Dienstpflichtigen besonders Rücksicht: Gebirgsbewohner durften nur in Höhenlagen eingesetzt werden, die Einwohner der Küste und der tiefen Täler leisteten ihre Arbeitspflicht in den Niederungen.

5. Die Inkastrassen

Ein derart ausgedehntes Reich wie Tahuantinsuyu konnte nur vermittels eines gut ausgebauten Strassennetzes erobert und unter Kontrolle gehalten werden. "... Das Inkareich ist ohne die Fernstrassen nicht denkbar, wie diese Strassen nicht denkbar sind ohne die Organisation des Inkareiches...". (H. Ubbelohde-Doerig)[23] Das weitverzweigte Strassennetz von Tahuantinsuyu ist auch als die "höchste technische Leistung des indianischen Alt-Amerika" bezeichnet worden.[24]

Es muss indes darauf hingewiesen werden, dass sowohl gepflasterte wie auch ungepflasterte Strassen von den Kulturvölkern des "Andenraumes" lange vor der Inka-Herrschaft angelegt worden waren.

Während seinen Feldforschungen, die in den Jahren 1939—41 und 1948—49 dem Studium von prähistorischen Wasserbauten an der peruanischen Nord-Küste gewidmet waren, fand der amerikanische Archäologe Paul Kosok auch Strassenanlagen, die vor der Inka-Herrschaft erstellt worden waren. In der Umgebung des alten Stadtgebietes von Chan-Chan (bei Trujillo) entdeckte er eine Strasse mit einer Breite von 20 m, von ca. 1,8 m hohen Steinmauern umsäumt. Diese Strassenanlage hört nach einer Distanz von mehreren Kilometern plötzlich auf. An ihrem Ende befinden sich Reste von Steinbauten. Der Forscher schliesst daraus, dass diese Wegführung wohl kultischen Zwecken diente.[25]

In seinem Werk "Life, Land and Water in Ancient Peru" schrieb

Kosok: "... Die einzigen Verbindungen zwischen dem Chicama-Tal und dem Jequetepeque-Tal, welche wir fanden, waren die Reste von zwei alten Strassen. ... Ohne grosse Schwierigkeiten folgten wir den Mauern und dem Strassenbett ins Jequetepeque-Tal. Wir fanden Ausläufer dieser Strasse in anderen Tälern und in den dazwischenliegenden Wüstengebieten. So konnten wir die Küsten-Hauptstrasse über eine Distanz von zweihundert Meilen (1000 km) vom Chao-Tal bis zum Motupe kartographisch erfassen. Diese Route, wie die meisten Ruinen von Peru, werden von den heutigen Bewohnern gewöhnlich als "inkaisch" bezeichnet. Zweifellos wurden diese Strassen von den Inka benutzt und ausgebaut. Aber sie mussten, zum mindesten streckenweise, das Rückgrat gewesen sein für den Transport im früheren Chimú-Reich der Küste. Ja, Teile davon könnten sogar während der Mittleren oder Frühen Mochica-Periode gebaut worden sein...".[26]

Die Luftaufnahmen der ins Jequetepeque-Tal führenden Küstenstrasse lassen zwei Mauern erkennen, die in einem gewissen Abstand parallel zu dieser Strasse verlaufen. Kosok vermutet, dass die beiden Mauern dazu dienten, den "Staatsbesitz" entlang der Strasse vom lokalen "Dorfbesitz" zu trennen und die durchziehenden Truppen und Botschafter daran zu hindern, mit der unterworfenen Bevölkerung dieser Gebiete in Kontakt zu treten.[27] Auch die Inka-Verwaltung übernahm dieses System, wie aus einigen Berichten der spanischen Chronisten hervorgeht.

Paul Kosok stellt die Vermutung auf, dass im grossräumigen Chimú-Reich ein Verbindungsnetz von ausgebauten Strassen zwischen den einzelnen Flussoasen bestand, welche zum Herrschaftsgebiet des Königreichs gehörten. Dies würde bedeuten, dass die "Königliche Küstenstrasse" (im Norden von Peru) ursprünglich von den Chimú angelegt worden war. Der amerikanische Forscher stützt seine Auffassung auf zahlreiche Keramikfunde in der Nähe der Strassenführung, die er als vorinkaisch, d.h. zur Chimú-Kultur gehörend datiert.[28]

Die Inka brachten den Strassenbau auf einen sehr hohen Entwicklungsstand. Ähnlich den Römern benötigten die Inka-Herrscher Strassen für ihre Truppen und deren Nachschub sowie zur raschen Übermittlung von Nachrichten und Befehlen. Auch die Inka führten die Strassen bis zu den Grenzen ihrer eroberten Gebiete. Der Hauptunterschied zu den Römern bestand darin, dass Alt-Amerika keine Fahrzeuge mit Rädern und auch keine Reittiere kannte und deshalb die Möglichkeit besass, andere Verbindungsrouten anzulegen.[29]

Capac Nan, der oberste Königliche
Strassenmeister mit einem
Aufseher der Provinzstrassen

Das Hauptmerkmal der Strassenführung war ihr möglichst gradliniger Verlauf, um die Distanzen abkürzen zu können. Demnach führte die Strasse von den Berghöhen hinunter zu den Tälern und entlang den Abhängen. Sie stieg zu den Wasserscheiden empor und lief den Trockengebieten entlang, wo sie — weniger der Erosion ausgesetzt — leichter zu unterhalten war.

Die wichtigsten Routen waren die Längsverbindungs-Wege des Reiches. In derselben Richtung verlaufen im allgemeinen auch die Bergketten der Anden, so bestand die Möglichkeit, dass die Strassenführungen auch den Höhenzügen folgen konnten.[30]

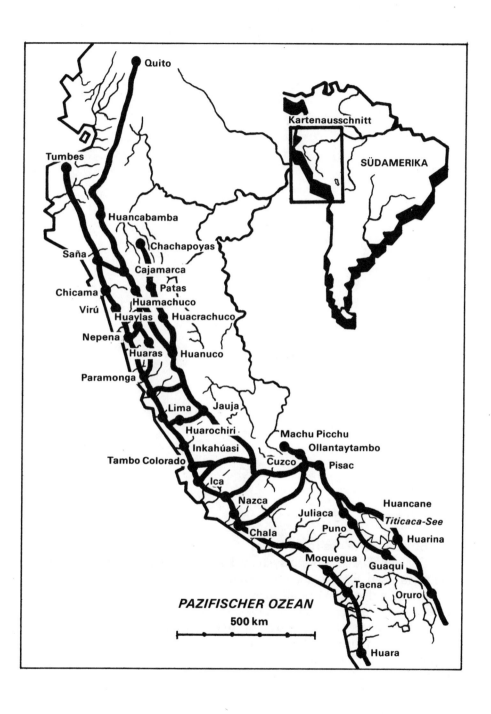

Strassenkarte des Inkareiches

Das ganze Verbindungssystem des Inkareiches beruhte auf vier Hauptstrassen, welche auch das Gerüst der übrigen Routen bildeten. Entsprechend dem Verwaltungsaufbau von Tahuantinsuyu führte jede dieser Hauptstrassen in einen der vier Reichsteile (Suyus).

Die wichtigsten Verbindungsrouten waren die zwei Hauptstrassen von Norden nach Süden; die "Königliche Strasse des Gebirges" (6000 km lang) und die "Königliche Strasse der Küste" (4000 km lang).

Das ganze Verbindungssystem beruhte auf vier Hauptstrassen, welche auch das Gerüst der übrigen Routen bildeten. Entsprechend dem Verwaltungsaufbau von Tahuantinsuyu führte eine jede dieser Hauptstrassen in eines der vier Reichsteile (suyus), nämlich nach **Chinchasuyu, Collasuyu, Antisuyu** und **Cuntisuyu**. Die Königsstrassen nahmen alle ihren Ausgang von der Hauptstadt aus (und zwar vom gleichen Hauptplatze her), wodurch die strategische und politische Bedeutung dieses Zentrums (Cuzco = Nabel) noch stärker hervortritt. Entsprechend dem topographischen Aufbau dieser Gebiete verliefen die vier Hauptstrassen nordöstlich-südwestlich und nordwestlich-südöstlich.

Die Route nach Norden verband **Chinchaysuyu** bis zur heutigen Grenze Ecuador-Kolumbien mit der Hauptstadt, diejenige nach **Collasuyu** zog sich nach Süden bis zu den Nordgebieten Argentiniens mit einer Zweigverbindung der Küste Chiles entlang bis zum Maulefluss. Gegen Osten führte die Königsstrasse durch **Antisuyu**, indem sie die Anden überquerte und bis zum Amazonas-Tiefland und zum Gebiet von Madre de Dios vorstiess. Schliesslich gab es noch die Reichsstrasse durch **Cuntisuyu** mit Richtung nach Westen bis zur Küste und den Küstengebieten entlang bis Tumbes an der heutigen Grenze von Peru mit Ecuador.[31]

Die wichtigsten Verbindungsrouten waren die zwei Hauptstrassen von Norden nach Süden: über 6000 km lang zog die "Königliche Strasse des Gebirges" von der Südgrenze des heutigen Kolumbien (Ancasmayo-Fluss) entlang den Andenhochtälern durch den ganzen Westen des südamerikanischen Kontinentes. Sie führte südwärts bis zur Hauptstadt Cuzco und darüber hinaus bis Ayavire, wo sie sich gabelte und beidseits um den Titicacasee lief, dann der südöstlichen Richtung folgte bis Tucumán im heutigen Nordwest-Argentinien. Von hier zweigte eine Strasse an die pazifische Küste und führte schliesslich in die Umgebung des heutigen Santiago. Eine andere Abzweigung führte von Tucumán nach dem heutigen Mendoza in Argentinien.

Parallel zu dieser Hochlandstrasse verlief die "Königliche Strasse der Küste" 4000 km lang von Tumbes an der Grenze Peru-Ecuador südwärts längs der Küste bis Arequipa. Zahlreiche Querstrassen — über die Gebirgssättel führend — verbanden die beiden Hauptstrassen miteinander und bildeten mit ihnen ein Netz von über 12 000 km Gesamtlänge.[32]

Auch diese Querverbindungen konnten gut angelegte Militärrouten sein, wie etwa die 640 km lange gepflasterte Strasse von Huánuco nach Chachapoyas, die hauptsächlich im Hinblick auf die Unterwerfung des aufrührerischen Chanca-Volkes angelegt worden war. Solche Inkastrassen durchschnitten den tiefsten Urwald oder überquerten die höchsten, dem Reiseverkehr jemals dienstbar gemachten Pässe, von denen einer in 5000 m Höhe am Gipfel des Berges Salcantay vorüberführte.[33]

Die Chronisten der Eroberungszeit, welche diese gewaltigen Strassenbauten noch mit eigenen Augen gesehen hatten, waren voller Bewunderung für die Baukunst der Inka.

Hernando Pizarro, der Stiefbruder des Eroberers von Tahuantinsuyu, unternahm im Januar 1533 eine ausgedehnte Reise von Cajamarca nach dem Heiligtum Pachacamac an der Küste. Die Distanz des Hin- und Herweges betrug mehr als 2000 km, so dass der Conquistador ausgiebig Gelegenheit fand, das gut ausgebaute Verbindungssystem des Inkareiches kennenzulernen. Er war auch der erste Europäer, der über eine Hängebrücke ritt. Hernando Pizarro schrieb über diese Reise einen Bericht an die "Oidores de la Audiencia de Santo Domingo" (oberste spanische Verwaltungsbehörde im damaligen Kolonialreich), in dem es u.a. heisst: "... Die Gebirgsstrasse ist sehr sehenswert, denn in einer derartigen wilden Gegend sieht man im christlichen (Europa) keinesfalls solche herrlichen Strassen, von denen ein grosser Teil mit Steinen gepflastert ist. Alle Wasserläufe haben Brücken aus Stein oder aus Holz. An einem grossen Fluss, der wasserreich und breit ist, fanden wir — welch wunderbare Sache — Hängebrücken. Wir überqueren sie zu Pferd. Jeder (Fluss-)Übergang besitzt zwei Brücken, eine, über welche das allgemeine Volk geht, und eine andere für den Landesfürsten oder seine Beamten. Diese (Brücke) bleibt für den Verkehr gesperrt, und sie wird von Indiandern bewacht. Die Indios verlangen einen Wegzoll von denjenigen, welche darüber schreiten...".[34]

Agustin de Zárate, der vom Jahre 1543 an in Gross-Peru lebte, vergleicht die Inkastrassen mit den sieben Weltwundern der Antike, denen sie aber seiner Meinung nach überlegen waren.

Besonders eindrucksvoll ist die Schilderung von Pedro Cieza de León, welcher als einfacher Kriegsmann an den Eroberungszügen im Inkareich teilgenommen hatte. Während siebzehn Jahren durchstreifte er die peruanische Küste und das Andengebirge und beobachtete mit reger Anteilnahme, was ihm in der neuen Welt auffiel. In seiner Chronik lesen wir: "... Als ich mir darüber Rechenschaft gab und niederzuschreiben begann, was dieses Reich an Wunderbarem aufweist, interessierte mich am meisten die Frage, wie die grossen und prächtigen Strassen, die ich gesehen hatte, erstellt werden konnten. Wie viele Leute dazu erforderlich waren, mit welchen Werkzeugen und Hilfsmitteln man den Boden ebnen und die felsigen Hindernisse durchbrechen konnte, um die Strassenführungen so breit und gleichmässig bauen zu können. Wenn der Kaiser (Karl V) den Wunsch hätte, eine Fernstrasse wie diejenige von Quito nach Cuzco oder die von Cuzco nach Chile erstellen zu lassen, würde ihm dies meiner festen Meinung nach nicht gelingen, trotz seiner Macht und trotz der riesigen Anzahl von Menschen, die ihm zur Verfügung stehen — es sei denn, er gehe nach der Art der Inka vor...

Aber diese (Strassen) sind so lang, dass eine über 1100 Leguas (ca. 6000 km) misst. Sie führen über so hohe Berge, dass man an einigen Stellen den Talgrund nicht mehr erblicken kann. Manche Gebirgsrücken sind derart abschüssig und steinig, dass der Weg in den gewachsenen Felsen gehauen werden musste, um ihn eben und in einer gewissen Breite halten zu können. Die Indios benutzten dazu Feuer und Spitzhacken. Stellenweise war die Steigung derart jäh, dass von der Talsohle bis zum Grat Stufen zur Überwindung der Höhenunterschiede vorhanden sein mussten. In der Mitte (dieser steinernen Treppen) befanden sich Ruheplätze, damit die Leute ausruhen konnten. ... Und wenn die Strasse durch Gebirgswälder oder Wiesengelände führte, wurde sie nötigenfalls mit Steinen gepflastert...".[35]

Der spanische Chronist betont, dass während der Inka-Herrschaft die Strassen stets gut unterhalten wurden. "... Sie waren immer sauber gehalten, und es befand sich auf ihnen kein hindernder Stein und kein Grasbüschel...".[36]

Der grosse Amerikaforscher Alexander von Humboldt, der im südlichen Ecuador Reste der Königlichen Gebirgsstrasse sah — fast dreihundert Jahre nach dem Untergang des Inkareiches — bestätigt die Schilderung des spanischen Chronisten: "... Auf dem Andenpass zwischen Alausí und Loxa, den man den "Páramo del Assuay" nennt, (14 586 Fuss = 4732 Meter über dem Meer, also ein vielbesuchter Weg über die Ladera de Cadlud, fast in der Höhe des Montblanc) hatten wir in der Hochebene grosse Mühe, unsere schwerbeladenen Maultiere durch den sumpfigen Boden durchzuführen, während neben uns in einer Strecke von mehr als einer deutschen Meile unsere Augen ununterbrochen auf die grossartigen Reste der 20 Fuss (6 m) breiten Inkastrasse geheftet waren. Dieselbe hatte einen tiefen Unterbau und war mit wohlbehauenem schwarzbraunem Trapp-Porphyr gepflastert. Was ich von römischen Kunststrassen in Italien, dem südlichen Frankreich und in Spanien gesehen hatte, war nicht imposanter als diese Werke der alten Peruaner ... ".[37]

6. Anlage und Bau der Überlandstrasse in Gross-Peru

Die Strassen durch das Anden-Hochland stellten besonders hohe technische Leistungen dar, weil das Gelände oft steil abfiel. Soweit wie möglich verlief die Strassenführung geradlinig, an abschüssigen Hängen führten die Strassen im Zick-Zack hinauf und wurden durch Stufen ersetzt, die oft in die Naturfelsen eingehauen waren. Dann konnte sich die Strassenbreite bis auf einen Meter verengen.[38]

Wie die Route im Tiefland lief auch die Andenachse nur dort auf erhöhtem Unterbau, wo man den Sümpfen ausweichen musste. In Anta, einer zu Beginn des 15. Jahrhunderts in der Nähe von Cuzco erbauten Stadt, führte ein acht Meter breiter, zwölf Kilometer langer Damm über ein weites Sumpfgebiet. "... der grosse Sumpf wäre kaum überquerbar, hätten die Inka nicht einen breiten, gepflasterten Damm errichtet...", meldete der spanische Berichterstatter.[39]

Victor W. von Hagen, welcher mit einer kleinen Expedition in den Jahren 1952 – 1954 den Versuch unternahm, die Reste des grossen Inka-Strassensystems zu erforschen, beschreibt eine Abstiegsroute des Weges von Vilcas nach Unran-marca: "... Doch da jede Stufe ungefähr 30 cm hoch war, führte unser Zick-Zack-Weg über eine Steigung von mehr als 600 m hinab. Es müssen mindestens

3000 aufeinanderfolgende Steinstufen gewesen sein ... es war tatsächlich eine erstaunliche Leistung der Baukunst. Da alles trocken gefügtes Mauerwerk war, hatten kunstvolle Terrassen mit Stützmauern angelegt werden müssen, für welche die Felsblöcke eine ganze Strecke weit hergeschafft werden mussten, bevor sie behauen und bearbeitet werden konnten...".[40]

Die Küstenstrasse hatte eine durchschnittliche Breite von 8 m. Die Von-Hagen-Expedition hat auf einer Route von 1600 km durch hunderte von Messungen diese Feststellung gemacht. Der Grund für diese Strassenbreite konnte bisher sowenig wie die verwendete Masseinheit herausgefunden werden. Die Inka-Baumeister gingen von diesen acht Metern Breite nur ab, wenn sich unüberwindliche Hindernisse in den Weg stellten. Da keine schweren Wagen über die Strassen fahren mussten — also eine sehr starke Beanspruchung nicht erfolgte — wurde im allgemeinen auf einen festen Unterbau verzichtet.

Bei der Härte des Bodens in den Küstengebieten war eine Bearbeitung der Strassenoberfläche nicht notwendig. Falls eine Bodenerhebung im Wege stand, brachte man die Strasse durch eine langgestreckte Böschung auf gleiche Höhe. Fiel jedoch das Gelände sehr steil ab, dann verwendete man Stufen zur Überwindung der Höhenunterschiede. In der Umgebung von grösseren Siedlungen wurden die Strassen oft gepflastert.

Ein besonderes Merkzeichen der Fernstrassen des Inkareiches waren die beidseitigen Mauereinfassungen, welche die Sandverwehungen verhindern sollten. Zugleich dienten sie als Markierungslinien. Ausserdem zwangen sie die Truppen, welche diese Routen am häufigsten benutzten, zu einer disziplinierten Marschordnung.

"... Wenn ein Soldat es wagte, in die Saatfelder oder in das Haus eines Eingeborenen einzudringen, wurde er mit dem Tode bestraft, selbst wenn der angerichtete Schaden nur gering war. Mauern flankierten zu beiden Seiten die Strasse. Wo der Sand so tief war, dass kein Strassenbett angelegt werden konnte, wurden — um das Abirren vom Weg zu vermeiden — Pfähle nach Art von Dachbalken in gleichen Abständen eingerammt. Auf dieselbe Weise, wie die Indios die Wegführungen durch die Täler immer sauber hielten und die Seitenwände bei Schadfällen erneuerten, wurden auch die Pfähle wieder aufgerichtet oder ersetzt, wenn der Wind sie umgeworfen hatte..." (schreibt Cieza de León, [41]).

In bestimmten Abständen befanden sich **Topos**, d.h. Meilensteine, die voneinander jeweils ca. 7 km entfernt waren.

Wenn es sich als notwendig erwies, wurden selbst Tunnels gebaut. "... Von der Plattform auf unserer Flusseite wand sich die Strasse empor bis zu den Steilhängen, die nicht überstiegen werden konnten, da sie aus äusserst bröckligem Sandstein bestanden. Angesichts dieser geologischen Tatsache hatten die Inka-Baumeister einen Tunnel durch die Hänge hindurchgeführt. Der Tunnel, neben dem wir standen, wand sich aufwärts, während er der Biegung der Steilwand folgte. ... Durch die Wände des Tunnels, der nach unseren Messungen 230 m lang ist, sind Öffnungen gebohrt, damit Licht und Luft eindringen können. Die Inkas hatten den Tunnel in der Art der Felsenbohrungen der Römer gebaut. Sie hatten den Stein durch starkes Feuer erhitzt und dann Wasser darauf geschüttet, wodurch der bröcklige Sand- und Kalkstein zerbarst. Die Inkas wussten, wie man Stein mit Stein bearbeitet, sie standen also vor keinem Problem..."[42]

Man vermied es — besonders in den niederschlagsreichen Gebieten — die Strassen zu dicht an die Wasserläufe heranzuführen. In den regenreichen Berggebieten traten die Flüsse oft über die Ufer, wobei sie Erdreich und Felsblöcke mit sich fortrissen.

Eine deutsche Forschungsgruppe unter Führung von Heinrich Ubbelohde-Doering hat in den Jahren 1937 — 1939 weite Gebiete der Anden und der peruanischen Küste durchreist, um das Strassenwesen von Tahuantinsuyu zu untersuchen. Wir verdanken diesen Forschungen eine Anzahl interessanter technischer Angaben. So heisst es in dem vom Forschungsleiter im Jahre 1941 herausgegebenen Bildband: "... Wir sind in der Nähe von Cuzco, der alten Hauptstadt und sehen plötzlich in der Tiefe, wie eine mathematisch gerade Stahlschiene, die **Königliche Strasse des Gebirges.** Auf einem 10 km langen, 1 Meter hohen und 7 Meter breiten Gang (einer "Calzada") ist sie quer über eine weite, sumpfige Ebene, die Pampa von Anta, geführt. ... Es war die Fernstrasse, und sie (d.h. die Inka-Baumeister) bauten die Strasse, wie sie nur je in der Neuzeit gebaut wurde. Noch heute ist die Vierhundertjährige in ihrer ganzen Länge von Kraftwagen befahrbar..."[43]

Inkastrasse bei Copacabana im Süden des Titicacasees
"Das Inkareich ist ohne die Fernstrassen nicht denkbar, wie diese Strassen nicht denkbar sind ohne die Organisation des Inkareichs".

Wie die Römer, benötigten die Inka-Herrscher Strassen für ihre Truppen und deren Nachschub sowie zur raschen Übermittlung von Nachrichten und Befehlen. Da in Indo-Amerika weder Fahrzeuge mit Rädern noch Reittiere bekannt waren, konnten die Strassenführungen möglichst gradlinig von den Berghöhen hinunter zu den Tälern gezogen werden. In Gegenden mit gewachsenem Fels wurden Stufen geschlagen. An abschüssigen Hängen verlief die Strasse zickzackförmig. Im schwierigen Gelände konnte sich die Strassenbreite bis auf einen Meter verengen.

Über die seitlichen Mauern einer Inkastrasse (in der Pampa von Faclo) äussert sich der Bericht: "... die Seitenmauern dieses Strassenabschnittes sind aus Steinen errichtet, und zwar aus Bruchsteinen und einer feinen Steinschuttfüllung innen. Diese Mauern sind ausserordentlich fest, und die Füllung enthält offenbar ein sehr wirksames Bindemittel. Denn als vor einigen Jahren anlässlich des Neubaues einer Autostrasse in jenen Gegenden eine solche Steinmauer beseitigt werden sollte, konnte sie nur mit der Spitzhacke zerstört werden...".[44]

Ubbelohde berichtet über Strassenführungen in der Küstengegend: "... Eine besondere Eigentümlichkeit der Wüstengebiete im Bereich dieser nördlichen Strassen sind halbmondförmige heute zerfallene Mauern, die meist unweit der Strasse liegen, stets mit der konvexen Seite nach Süden. Es galt offenbar, den Reisenden oder den rastenden Truppen Schutz zu bieten vor dem stetigen Südwind, der bei Tag glühend heiss und bei Nacht oft sehr kalt über die Pampa weht. Die Mauern findet man manchmal mitten in der Wüste in grosser Anzahl...".[45]

"... Erst wenn man den (Chocofán-)Pass — vom Jequetepeque-Tal kommend — überschreitet, sieht man die Strasse wieder auftauchen. ... Merkwürdigerweise hält sie sich dicht am Fusse des Felsens, obwohl sie dort mehrmals kleine Felsbuckel überschreiten muss, während sich daneben ein ebener, breiter Talgrund, glatt wie ein Billardtuch, ausdehnt. Aber bald erkennt man den Sinn dieser Verlegung: der glatte Talgrund ist mit tiefem, trügerischem Sand bedeckt, in dem die marschierende Truppe nur langsam weiterkäme. Dagegen ist der Boden am Fuss des Berges fest und trägt sicher. Diesem Vorteil gegenüber fielen die kleinen Hügel nicht ins Gewicht, zumal nie ein Rad über die Strasse rollte...".[46]

Auch der Expedition von Hagens haben wir einige interessante Details zu verdanken: "... Die 200 km lange, grösstenteils gepflasterte Cañete-Strasse hatte auf dem Weg von Jauja eine Steigung von ca. 3200 m zu überwinden. Sie mündete schliesslich in die Andenstrasse...".[47]

"... (Wir) folgten einer hochgelegenen Inkastrasse, sie verlief, wie mein Höhenmesser angab, in einer Höhe von über 4000 m. Nach dem Verlassen von Macusani waren wir auf diese Strasse gestossen, die in die Montaña führte. Es war nur eine Nebenstrasse in die sagenhaften Goldgebiete der Carabaya, aber sie war ebenso gut gebaut wie die Hauptstrasse. Ein niederer Steinwall bezeichnete ihren Rand. Steinbrücken überspannten die Wasserläufe. An den Hängen war die Strasse unterbaut und mit trocken aneinandergefügtem Mauerwerk gestützt, so dass sie eben dahinlief. Und obwohl in 500 Jahren viele Tausende von Tieren über sie hinweggegangen waren und die Pflastersteine mit ihren eisenbeschlagenen Hufen gelockert hatten, war sie im wesentlichen immer noch in gutem Zustand. Und wie grossartig sie angelegt war! ... Für die Ewigkeit gebaut, hatte sie den Unbilden der Witterung standgehalten. Wie eine lange Narbe lief sie durch das Land und würde jahrhundertelang noch zu sehen sein...".[48]

"... Nachdem wir Macusani verlassen hatten, stiegen wir nach Tambillo ab und fanden, dass hier die Strasse neben dem Flussbett hinlief. Wir hatten schon viel über die gepflasterten Strassen der Inkas gehört, doch bis zu diesem Augenblick hatten wir noch keine gesehen. ... Die Strassenbettung war aus riesigen Pflastersteinen gebaut, die tief in den Boden versenkt und von kunstvoll angelegten Wasserabzugskanälen durchzogen waren. Alles war so gut erhalten, als sei es eher gestern als im 15. Jahrhundert ausgeführt worden. ... Im allgemeinen mieden die Inkas das Wasser, denn sie misstrauten dem nassen Erdreich und führten ihre Strassen hoch über dem Bereich der Flüsse, die in jener Gegend mit grosser Schnelligkeit anschwellen. Doch hier hatten sie die Strasse aus irgendeinem Grunde am Ufer des Flusses angelegt und sie mit diesen riesigen flachen Steinen gepflastert, so dass der steigende Fluss ihr nichts anhaben konnte...".[49]

Donald E. Thompson und John V. Murra führten 1962 detaillierte Feldforschungen in einem Abschnitt der "Königlichen Höhenstrasse" durch, die von Cuzco nach Quito führte. Die untersuchte Strassenstrecke liegt zwischen Huánuco Viejo und Tambo Taparaku. Wir lesen über diese Untersuchungen: "... die Inkastrasse führt westlich des Tambo vorbei, folgt der rechten Talseite fast bis zu dem Punkte, wo der Rio Viscarra (früher Orqomayu) einmündet. In ebenem Gelände ist die Strasse gut durch Steinlinien markiert und erreicht stellenweise eine Breite von 12 Metern. In schwierigerem Gelände wird die Strasse schmäler, und besser ausgeführte Anlagen sind zu ihrer Unterstützung gebaut worden.

Inkastrasse von Lucre im Hochtal von Cuzco
  Es handelt sich um eine gemauerte Hochstrasse, die durch das sumpfige Gebiet von Muyna führt. Die frühere Seitenstrasse der "Königlichen Gebirgsstrasse" ist 6 Meter breit und befindet sich auf einem 2 Meter hohen Damm. Sie ist auch heute noch in Gebrauch und trägt Lastwagen und Autobusse.

In abschüssigem Gelände wurden auf der Talseite Stützmauern gebaut und der Abhang künstlich verflacht. Wo die Strasse nahe dem Fluss verläuft, verhindern Deiche oder Schutzmauern die Erosion durch die Strömung. Wo sumpfiger Boden das Vorwärtskommen schwierig macht, ist die Strasse mit Steinen gepflastert, und überall dort, wo Wasser quer über die Strasse fliesst, befinden sich steinerne, überaus sorgfältig hergestellte Abzugsgräben. ...
Der steile Abstieg (weiter talabwärts) wird mit einer Reihe von gut erhaltenen Stufen überwunden. An dieser Stelle ist die Strasse etwas weniger als drei Meter breit. Die Stufen sind im Durchschnitt zehn Zentimeter hoch und 150 Zentimeter tief. Am Fusse dieser Treppe überquert die Brücke von Huánuco Viejo den Fluss. ...
Zusammenfassend kann gesagt werden, dass dieser Abschnitt der "Königlichen Strasse" an zwei wichtigen Inkastätten vorbeiführt und viele der charakteristischen Merkmale aufzeigt, für welche sie berühmt ist: Wegmarkierungen, Abzugsgräben, Stützmauern, Treppenstufen und Pflasterung. Der Bau dieser Strasse muss einen riesigen Aufwand an Zeit und Anstrengungen gekostet haben, und die Qualität des Bauwerkes geht deutlich hervor aus der Tatsache, dass es nach über 400 Jahren stetigen Gebrauchs noch in gutem Zustand ist...".[50]

Über die Ausführung der riesigen Strassenbauten – die alle im öffentlichen Arbeitsdienst (Mita) erstellt wurden – meldet uns Cieza de León: "...Nachdem ich die Anlage und die Grossartigkeit der Strassen beschrieben habe, will ich schildern, wie verhältnismässig einfach die ganze Bauweise vor sich ging, ohne dass die Menschen zu Tode gehetzt oder zu starken Belastungen ausgesetzt waren. Wenn sich der Inka zum Bau einer Königsstrasse entschloss, waren keine grossen Vorbereitungen oder neue Steuerleistungen notwendig. Der Sapay Inca verkündete: 'Dies werde getan!', dann reisten Kontrollbeamte durch die betreffenden Provinzen, legten die Wegführungen fest und verpflichteten die Einwohner längs der geplanten Route zu den notwendigen Arbeiten. So wurde die Strassenstrecke innerhalb des Bereiches einer Provinz auf deren Kosten und mit Arbeitskräften dieser Region gebaut, und zwar in relativ kurzer Zeit. In der nächsten Provinz ging man in der gleichen Weise vor. Wenn es sich als notwendig erwies, wurde auch eine grosse Strecke oder die ganze Strasse auf einmal gebaut. Falls man in ödem Land bauen musste, kamen die Bewohner der nächstgelegenen fruchtbaren Gebiete mit Lebensmitteln und Werkzeugen herbei, um die Arbeit zu verrichten...".[51]

7. Rasthäuser — Unterkünfte für Meldeläufer

Das Strassensystem von Gross-Peru hatte vor allem drei Zwecken zu dienen:
1. Als Marsch- und Nachschubrouten für die Inka-Heere sowie als Reisewege für Beamte der kaiserlichen Verwaltung, die in offizieller Mission das Reich durchzogen.
2. Als Verbindungswege für die Meldeläufer, die dem Inka und seinen obersten Beamten nach der Hauptstadt oder den entsprechenden Aufenthaltsorten Nachrichten überbringen mussten.
3. Als Transportwege für die Überführung der Tributleistungen nach der Hauptstadt, den Provinzorten oder den Gebieten, die materielle Hilfeleistungen benötigten.[52]

Der Strasse entlang liess die Inkaverwaltung in regelmässigen Abständen **Tambos**, d.h. Rasthäuser sowie **Colcas**, d.h. Vorratshäuser erbauen. Die Colcas befanden sich gewöhnlich ausserhalb der Dörfer in erhöhter luftiger Lage. Diese durften nur von Personen benutzt werden, die Staatsaufträge zu erfüllen hatten. Die Tambos lagen eine Tagreise auseinander. Jedes Rasthaus war mit einem Vorratshaus versehen, das Nahrungsmittel und Ausrüstungsgegenstände enthielt. Örtliche Beamte sorgten für den Unterhalt und die Ausstattung der in ihrem Gebiet liegenden Rasthäuser. Auch für den Herrscher standen entlang der Hauptstrasse besondere Unterkunftsgebäulichkeiten zur Verfügung. "... Es war nämlich Sitte, dass dieser mit grossem Pomp und grosser Begleitung durch sein weitausgedehntes Reich reiste. Wenn es sich nicht um eine Reise wegen wichtigen Staatsgeschäften handelte, legte er am Tage nur 4 Leguas (ca. 20 km) zurück. Damit immer genügend Vorräte für sein Gefolge zur Verfügung standen, befanden sich alle

4 Leguas Unterkunftshäuser mit wohlgefüllten Lagern. Selbst in unbewohnten Gegenden mussten solche Rasthäuser und Depots vorhanden sein. Die Verwalter und Beamten der Provinzhauptstädte überwachten mit spezieller Aufmerksamkeit die Lagerhaltung dieser Tambos...".[53]

Die Unterbringung von Truppenteilen geschah in besonders grossen Gebäude-Komplexen, welche von den spanischen Eroberern häufig als "Fortalezas" (Festungsbauten) bezeichnet wurden. Da sich zahlreiche Tambo-Ruinen in den Randgebieten des ehemaligen Tahuantinsuyu erhalten haben, ist die Forschung heute in der Lage, den Herrschaftsbereich der Inka auch an der Nordgrenze (Süd-Kolumbien) und an der Südgrenze (Mittelchile) einigermassen genau festzulegen. Diese Ruinen lassen die Strassenführung des Inka-Reiches oft auch in Gebieten erkennen, wo diese Routen schon längst verschwunden sind.

Die Bauart der **Tambos** war — besonders in den entfernteren Reichsteilen — von einfacher Ausführung. Im Gebiet des heutigen Ecuador wurden solche Unterkunfts-Häuser aus unbehauenen Steinen erstellt, welche mit Lehm zusammengefügt worden waren.[54] Eine genaue Untersuchung eines Rasthauses, die im Jahre 1877 durch George Squier durchgeführt wurde, stellt fest, dass es sich um ein "... bäuerliches, aber widerstandsfähiges Gebäude handelte, das zweckmässig konstruiert worden war. Der Komplex bestand aus einem ungefähr 60 Meter langen Haus mit zwei seitlichen Flügeln, welche gemeinsam einen Hof bildeten. Dieser Hofraum dehnte sich bis zum Wasser eines kleinen Sees aus, und bestand aus niedrigen Terrassen, die auf unbehauenen Steinen ruhten. Die Vorderseite des Hauses enthielt drei Wohnräume, jeder ca. 20 Meter lang, doch besass nur der Mittelraum eine Türe ins Freie. Die Eckzimmer des Gebäudes hatten Türen nach dem Hofe hin. In jedem Flügel war ein kleiner Wohnraum vorhanden, der keinen direkten Zugang aufwies, sondern nur von den andern Räumen her betreten werden konnte, welche somit eine Art Vorzimmer darstellten. Vielleicht dienten diese (geschützten) Wohnräume den Frauen oder waren für Personen von Rang bestimmt. Die Wände wurden aus unbehauenen Steinen errichtet, welche durch Lehm verbunden waren, ihre Dicke betrug 60 bis 90 cm. Alle Räume waren mit eingefügten Nischen versehen. Die Hofräume dienten sicherlich als Gehege für die Lamaherden. Dieser oben beschriebene Tambo befindet sich am Pass La Raya, der Strasse nach Collasuyu...".55

Chasqui — der junge Meldeläufer

Zusätzlich zur Benutzung der Reichsstrassen für den Verkehr der Truppen, der Beamten und der Lamakarawanen unterhielt der Inkastaat eine Art "Relaissystem rund um die Uhr" zur schnellen Übermittlung von Nachrichten und leichten Gegenständen. In einem bestimmten Abstand wurden beidseits der Strasse kleine Unterkunftsräume errichtet, in denen sich die **Chasqui** (Meldeläufer) befanden. Einer dieser jungen Läufer war dauernd damit beschäftigt, die Strasse zu beobachten, ob sich ein Läufer näherte. Sobald ein Chasqui bemerkt wurde, rannte der Beobachter seinem Kameraden entgegen und begleitete ihn in seinem Laufe, bis er die Botschaft erfahren hatte oder im Besitze der Knotenschrift (Quipu) war. Am nächsten Posten erfolgte die Ablösung durch einen anderen Meldeläufer.

Pater Bernabé Cobo berichtet uns von den Unterkunftshäusern der Meldeläufer, die er in der Provinz Collao angetroffen hatte. Er beschreibt diese kleinen Häuschen ''... aus unbehauenen Steinen angefertigt, ohne jedes Bindemittel aufeinandergefügt, von der Grösse eines Brot-Backofens...''. Der Pater stellte fest, dass sich bis zum Zeitpunkt seiner Erkundungen im Jahre 1653 noch eine Anzahl dieser Unterkunftsräume erhalten hatten.[56]

Victor von Hagen fand die Ruinen einer ganzen Anzahl solcher Botenstationen, die er als erhöhte Terrassen mit aufgebauten Rundhäuschen — unmittelbar an der Strasse gelegen — beschreibt. Die kleinen Häuser boten zwei Meldeläufern Platz. In gewissen Abständen standen sodann auch grössere **Chasqui-Stationen** ebenfalls auf erhöhten Terrassen, beidseits der Wegführung gelegen. Diese Stationen enthielten geräumige Nachtunterkünfte für die Läufer.[57]

In den Angaben über die Abstände der einzelnen ''Chasqui-Häuschen'' widersprechen sich die Chronisten. So heisst es, dass die Entfernung eine Viertel-Meile, eine Halb-Meile oder eine Dreiviertel-Meile betrug. Auch erscheinen in den Chroniken Angaben wie: ''Ein Schuss weit'' oder ''Drei Schüsse weit''. Es steht fest, dass die Distanzen nicht gleichmässig waren: sie vergrösserten sich, wenn das Terrain leicht zu durcheilen war, und verringerten sich in gebirgigem und steilem Gelände. Der Zweck dieser unterschiedlichen Anlagen, was die Entfernungen zwischen den Unterkünften der Meldeläufer betrifft, war sicher derjenige, dass die Meldungen und die leichten Postsachen mit immer der gleichen Geschwindigkeit überbracht werden konnten.[58]

Auf gleicher Höhe, nämlich der Puna von Mesapata, wurden 1954 insgesamt sieben Läuferstationen immer in der gleichen Entfernung von drei Kilometern festgestellt, auch dies ein Beweis, dass bei gleichbleibenden Verhältnissen dieselben Distanzen beibehalten wurden.[59]

Die Geschwindigkeit, mit der Nachrichten oder kleines ''Postgepäck'' übermittelt wurden, grenzt ans Wunderbare, obgleich die Fama in dieser Beziehung oft auch übertrieben hat. Aber die laufgewohnten Indios haben für die Überwindung grosser Distanzen manchmal unglaublich kurze Zeitdauern benötigt. Max Uhle, der Altmeister der peruanischen Geschichte, beruft sich beispielsweise auf einen ihm persönlich bekannten und glaubwürdigen Indio, der

die Strecke von La Paz nach Cuzco (300 km) in nur drei Tagen zurückgelegt habe.
Die Chronisten widersprechen sich auch in einzelnen Zeitangaben, doch ist zu berücksichtigen, dass die bei den Läufen herrschenden Witterungsverhältnisse: Regen, Schnee und Eis einen wichtigen Faktor für die Berechnung der Zeitdauer bilden. In der nachstehenden Tabelle hat Alberto Regal die Angaben der spanischen Chronisten über diese Laufzeiten miteinander verglichen. Dabei weist er darauf hin, dass der Chronist Juan Polo de Ondegardo seine Angaben selber überprüfte und Fernández de Oviedo sich auf Mitteilungen über das Läufersystem stützte, die der gefangene Inka Atahualpa selbst gemacht hatte.

Zeitdauer der "Chasqui-Läufe" [60]

Strecke	Hinweg/Rückweg	Anzahl Tage	Spanischer Chronist
Cuzco – Quito	→	5	Pedro Pizarro
Cuzco – Quito	→	5	Gutiérrez de Santa Cruz
Cuzco – Quito	→	8	Cieza de León
Cuzco – Quito	→	15 und weniger	Padre Martín de Morúa
Cuzco – Quito	⇄	12	Padre Cobo
Cuzco – Quito	⇄	20	Polo de Ondegardo
Lima – Cuzco	→	3	Padre Cobo
Lima – Cuzco	→	4	Polo de Ondegardo
Cajamarca – Cuzco	→	5	Gonzalo Fernando Oviedo
Küste – Cuzco	→	3	Padre Martín de Morúa

Der oberste Brückenaufseher genannt Chaca Suyuyoc

8. Die Brücken in Gross-Peru

Über die Flüsse und Schluchten führten Brücken der verschiedensten Bauarten, je nach den Erfordernissen des Geländes. Ausser den Baumstämmen über kleinere Bäche, die den Weg begehbar machten, gab es auch grosse Steinplatten, welche die beiden Ufer verbanden. Komplizierter waren die Flussübergänge, die sich auf Flosse stützten (Pontonbrücken). Von hohem technischen Können zeugten ferner die Hängebrücken, welche tiefe und enge Taleinschnitte überspannten. Da das Strassennetz im Inkareich für Verwaltung, militärische Sicherung und Eroberungszüge lebenswichtig war, kam den "schwächsten Stellen", nämlich den Brückenübergängen, eine besondere Bedeutung zu. Die Inka unternahmen ausserordentliche Anstrengungen und trafen Vorsichtsmassnahmen, damit die Brücken ununterbrochen passierbar waren. An wichtigen Stellen wurden jeweils zwei Übergänge parallel angelegt. Zu den notwendigen Unterhaltsarbeiten waren die umliegenden **Ayllú**-Dörfer verpflichtet. Die **Tributarios** der **Marcas** hatten ihre öffentlichen Dienstleistungen noch in der Kolonialzeit in dieser Form zu erbringen. Der königliche Inspektor Diego de Espinoza Campos, welcher 1596 eine Anzahl Brücken und deren Bedeutung für den Lokal- und Überlandverkehr sowie die Unterhaltspflicht der Anwohner untersuchte, notierte beispielsweise: "... die (Brücke) von Llincaypucroc wurde gemeinsam von den Dorfbewohnern von Punchauraca und denjenigen von Miraflores erstellt, denn sie befand sich zwischen den beiden Siedlungen...".[61]

Der Neubau einer Brücke erfolgte in kürzeren Abständen. Bevor ein Flussübergang nicht mehr begehbar war, musste die Parallelbrücke bereits erstellt sein. Vollamtliche Brückenmeister (Chacacamayoc) überwachten den Zustand der Flussübergänge. Sie verfügten über Ersatzmaterialien und konnten mit Hilfe der aufgebotenen Dienstverpflichteten auch kleinere Reparaturen ausführen, ehe die Inkaverwaltung beschloss, einen Neubau vornehmen zu lassen.

Einer der ersten Augenzeugen, der in der Conquista-Geschichte als "El Anónimo Sevillano" bekannt ist, berichtete im Jahre 1534 — sicher eher als Ausnahmefall — von Wächtern, die nur zum Zwecke der Brückenüberwachung vollamtlich eingesetzt wurden: "... Beidseits der Brücke gab es Leute, die (dort) im rechtsmässigen Zustande lebten und die keine andere Arbeit und keine andere Aufgabe zu erfüllen hatten, als die Brücke auszubessern und zu unterhalten...".[62]

Auch Diego de Espinoza Campos weiss von einem Spezialfall zu berichten: "... In der Siedlung von Chuquibamba gab es während der Zeit der Inka einige **Curicamayoc**-Indios. Es handelte sich dabei um Indianer, welche Gold aus einer Schlucht, die sich bei der Brücke befindet, herausholten. (Diese Männer) stammten von verschiedenen Völkerschaften her und wurden beidseits der Brücke angesiedelt. Sie kontrollierten den (Flussübergang) und den Verkehr zu den Landesteilen von Huánuco und Pariarga, auch den Handel ins Gebirgsland ... vor allem aber (kontrollierten sie) diejenigen, welche Gold auf Anordnung des Inka gewannen. Und die Brücke wurde durch die Einwohner von Ichoc Guanuco und von Leuten der andern Flusseite erbaut unter Mithilfe von (Männern) aus andern Regionen, welche der Inka, seine Heerführer und Gouverneure gesandt hatten...".[63]

Besonders wichtige Brücken der Königsstrassen wurden ständig bewacht, um sie vor Sabotageakten zu schützen. Auf die Zerstörung eines Flussüberganges stand die Todesstrafe.[64]

Durch spanische Chronisten — und gelegentlich auch moderne Forscher — gewinnen wir Einblicke in die magische Welt der Indios, die sich in den Gemeinschaftsarbeiten manifestierte. Die Dualität: Leben und Tod, Licht und Schatten, Oben und Unten lässt sich in der Einteilung der Dienstverpflichteten in "Zwei Hälften" erkennen. Diego de Espinoza Campos erwähnt in seinem Bericht von 1596, dass die beiden "Dorfhälften" in den von ihm visitierten Gebieten — nicht wie es sonst in den Anden üblich war — durch den Begriff "oben — unten" erfasst wurden. Dafür verwendeten die Indios von Huánuco die Bezeichnung "Rechtes Ufer — Linkes Ufer" (entsprechend der Flussrichtung). "... Der Fluss teilte sie: diejenigen von **Allauca Guanuco** befanden sich auf der Seite von Huánuco Viejo und diejenigen von **Ichoc Guanuco** auf der Flusseite, wo das Tampu Taparucu steht...". Dieser Dualismus kann auch bei der Erstellung der Brücke von Huánuco Viejo — "der wichtigsten Brücke der ganzen Provinz" — beobachtet werden: "... von den sieben Baumstämmen, aus welchen die Brücke erstellt wurde, legten die (Tributarios) von Allauca Guanuco den ersten (Stamm) nieder... dann folgte der nächste, noch dickere (Stamm) durch diejenigen von Ichoc Guanuco ... dann der nächste durch die gleichen Indios von Allauca Guanuco, welche bei Arbeitsbeginn den ersten Balken gelegt hatten. Dann folgte der vierte Stamm der Indios von Ichoc Guanuco...". — Entsprechend der Anzahl der Baumstämme lösten sich die Hälften "Rechtes Ufer" **(Allauca)** und "Linkes Ufer" **(Ichoc)** wechselseitig ab. Da es sich bei den sieben Brückenbalken um eine ungerade Zahl handelte und der Chroniktext keinen genauen Aufschluss gibt, muss man annehmen, dass einer der Baumstämme von beiden Hälften gemeinsam beschafft, zugeschnitten und über den Fluss gelegt wurde.[65]

Der Forscher Salvador Palomino Flores hatte in unserer Zeit, nämlich vom 27. — 31. Januar 1968, Gelegenheit, die Errichtung einer

Hängebrücke über den Rio Pampas zu beobachten. Das Werk wurde von der Gemeinde Sarhua (Provinz Victor Fajardo) in öffentlicher Arbeitsleistung erstellt. Alle zwei Jahre muss die Hängebrücke erneuert werden, wenn Unglücksfälle oder die völlige Abschliessung des Dörfchens vermieden werden soll. Entsprechend ihrer väterlichen Abstammung gehören alle Dorfbewohner zu einem der beiden Ayllús, die sich symbolisch als **Sawqa** (Einheimische) und **Qullana** (Fremde) bezeichnen, wobei beide Hälften wieder als "Dorfeinheit" aufgefasst werden. Beim Brückenübergang befindet sich ein Platz, auf dem am ersten Tag die biegsamen Ruten des **Pichus**-Strauches zu "Zöpfen" geflochten werden. Der Platz wird dabei durch einen Stein in der Mitte in zwei Hälften getrennt: die Seite flussaufwärts ist der Arbeitsplatz der Sawqa, die Seite flussabwärts wird von den Qullana eingenommen. Beim Klang von Hörnern und von reichhaltigem Essen und Trinken unterbrochen, werden von beiden Hälften 23 **Aqaras** (Zöpfe) hergestellt. Der nächste Tag steht unter dem gegenseitigen Wetteifer der Sawqa und Qullana, wenn aus den Zöpfen die fünf grossen Seile **(Simpas)** geflochten werden. Wieder stellt sich jeder Ayllú auf "seine" Platzseite. Aus je fünf Zöpfen werden nun die drei dicken Bodenseile geflochten. Aus je vier **Aqaras** entstehen die beiden Seile, welche als Brückengeländer dienen. Die Männer beider Gruppenhälften beginnen in der Mitte des Platzes und bemühen sich, ihre anstrengende Arbeit vor der andern Hälfte zu beendigen. Die Sieger feiern ihren Triumph mit lauten Schreien, die Unterlegenen beklagen ihre Niederlage. Der nächste Tag ist der Befestigung und Überführung der Brückenseile auf die andere Flussseite gewidmet. Die Qullana überschreiten die Brücke und verbringen eine gewisse Zeit als "Fremde" am jenseitigen Ufer, während die Sawqa auf der gleichen Seite bleiben und damit die "Einheimischen" darstellen. Auch in diesem symbolischen Akt verkörpern die zwei Ayllús die duale Gliederung ihres Dorfes. Dann vereinigen sich die beiden Hälften auf dem Hauptplatz.
"... die Wiedererbauung der Hängebrücke von Sarhua besitzt eine grosse Bedeutung, nicht nur um ihre Herstellungs-Technik kennenzulernen ..., sondern auch als wichtiger Beitrag zur Erkenntnis der sozialen und kulturellen Verhältnisse einer traditionsgebundenen Dorfgemeinschaft. Anhand des Arbeitsfestes kann man den sozialen Hintergrund dieses Dorfes beobachten. ... In der Zeit von fünf

Hängebrücke am Oberlauf des Apurímac
   Nur noch an wenigen Stellen in Peru werden Hängebrücken nach der "Inka-Weise" erstellt. Die Bewohner von vier Dörfern aus Huinchiri erneuern die 30 Meter lange Brücke, wenn diese nach einigen Regenzeiten ihre Tragfähigkeit eingebüsst hat. Aus zähem Ichú-Gras fertigen Frauen und Kinder fingerdicke Schnüre an (gesamthaft etwa 10 km lang). Daraus flechten die Männer armstarke Taue. Die 6 Seile, welche die tragenden Elemente der Hängebrücke bilden, werden mit vereinten Kräften aller Männer über den Fluss gespannt. Noch immer halten die vor 500 Jahren in den Felsen geschlagenen Brückenkronen die Hängeseile. Die Seitenteile der Brücke werden ebenfalls aus Ichú-Gras geflochten, sie verbinden die vier Bodenkabel mit den beiden Halteseilen.
   In einem Opferfeuer werden Teile der alten Brücke mit einem Lama-Fötus sowie mit Maiskörnern und Koka-Blättern zu Ehren des Flussgottes verbrannt.

Tagen zeigte die Gemeinschaft von Sarhua ihr (immer noch) bestehendes duales Verhältnis zwischen Gegensatz und Einheit...".[66]

a. Baumstamm-Brücken

Von einfachster Bauart waren die Brücken, welche vermittels Baumstämmen einen Übergang über einen kleinen Wasserlauf oder eine schmale Schlucht herstellten. Diese Art der Überquerung von Hindernissen stammte aus ältesten Zeiten und kommt bei allen "primitiven" Völkern vor. Im allgemeinen wurden in Gross-Peru für einen solchen Zweck zwei Baumstämme, die unter sich verbunden waren, über den Bach oder das Tobel gelegt. Zum Befestigen der Stämme verwendete man Bast oder dünne Zweige, ein Verfahren, das in abgelegenen Gebieten heute noch angewendet wird. Auch diese einfachste Art des Brückenbaues wurde durch die Anwohner der umliegenden Gebiete in gemeinschaftlicher Arbeit durchgeführt, manchmal im Umkreis bis zu 30 km. Am häufigsten wurde (und wird immer noch) der Stamm des Erlenbaumes verwendet, der eine Länge von 10 bis 15 m erreichen kann und der sowohl in den Hochtälern wie auch auf den Bergrücken mittlerer Höhe verhältnismässig häufig vorkommt.[67]

Der Schweizer Gelehrte Johann Jakob Tschudi, welcher in den Jahren 1838 — 42 eine Studienreise durch Peru unternahm, beschreibt einen solchen Wasserübergang: "... die Brücken werden an den engsten Stellen der Schlucht errichtet, durch welche der Fluss fliesst. Sie bestehen aus einigen Holzstämmen, welche durch Stricke verbunden sind, über die man eine Anzahl Zweige befestigte. Diese (Übergänge) sind drei Fuss (0,9 m) breit und besitzen keinerlei Geländer...".[68]

Ein wichtiger Teil der Arbeitsteilung bei der Erstellung von Holzbrücken bestand in der Beschaffung von geeigneten Baumstämmen. Die Brücke von Huánuco Viejo überspannt eine Breite von 11,2 m. Die Länge der benötigten Brückenhölzer überstieg oft diejenige eine Baumes. Espinoza notierte: "... es sind (in dieser Provinz) einige dünne Erlenbäume vorhanden, aber nicht geeignet, um eine Brücke zu reparieren. ... Hier in dieser kalten Gegend gibt es kein

Hängebrücke. Zeichnung von Humboldt

geeignetes Bauholz für den Bau einer Brücke. ... Während eines der Brückenhölzer aus **Kinual,** einem hohen und schmalen, sehr langsam wachsenden Baum hergestellt wurde, musste der Rest des Bauholzes von weit her herangeführt werden ... Die Indios führen (das Holz) aus einer Distanz von mehr als vier Meilen (18 km) heran, von den Abhängen des Vichun in Allauca Pincos...".[69]
Falls die beiden Ufer des kleinen Wasserlaufes zu weit entfernt waren, um durch die Länge der Baumstämme überbrückt zu werden, wurden zur Verringerung der Stützweite auf beiden Seiten eine Art Pfeiler errichtet. Diese bestanden aus einer Reihe von kreuzweise aufgeschichteten Holzbalken, beschwert mit Steinen oder Mauerwerk, auf welches dann die Brückenhölzer gelegt wurden. Manchmal wurden die Baumstämme noch mit schräggestellten Streben abgestützt.[70]
Bereits bei der Eroberung von Tahuantinsuyu wurden von den spanischen Berichterstattern solche Holzbrücken festgestellt. Miguel Estete, der als **Veedor** (Kontrollbeamter) den Erkundungszug von Hernando Pizarro nach Pachacamac 1533 begleitete, schreibt in seiner "Relación del Viaje": "... etwa eine halbe Meile von Huánuco

Viejo entfernt überquerte er (Hernando Pizarro) eine Brücke über einen sehr wasserreichen Fluss, die aus starkem Holz errichtet worden war...".

Estete erwähnt in seinem Bericht auch einen anderen Flussübergang, der neben Holzkonstruktionen Elemente aus Stein enthielt. "... Auf halbem Weg (von Conchucos nach Andamarca) gibt es eine Brücke, die aus Stein und Holz gebaut wurde, zwischen zwei mächtigen Felskuppen gelegen. Und auf einer Seite der Brücke befinden sich einige gut eingerichtete Herbergshäuser und ein gepflasterter Hof, wo die Fürsten des Landes, wenn sie vorbeizogen, ihre Gastmähler und ihre Feste feierten. Dies sagten die Indios aus...".[71]

Brücke von Ollantaytambo. Zeichnung von Ch. Wiener 1880

b. Steinbrücken

Wo die Wasserläufe es gestatteten, wurden auch einfache Übergänge aus Steinen errichtet. Die Brücken bestanden aus einer oder aus mehreren Steinplatten, die sich auf Pfeiler abstützten. Häufig

wurden dabei vorhandene natürliche Hilfsmittel wie etwa Felsblöcke, die sich im Flusse befanden, in die Konstruktion einbezogen. Oft gaben sicherlich solche Möglichkeiten den Ausschlag, an der betreffenden Stelle des Wasserlaufes eine Überquerung zu errichten. In der Hauptstadt wurde der Flusskanal Huatanay, welcher das Zentrum von Cuzco durchfloss, mit gut gehauenen Steinen überbrückt. Cieza de León schreibt darüber: ''. . . sie leiten das Wasser (des Flüsschens) mitten durch die Stadt, indem sie das Bachbett erst mit Steinfliessen auslegten. Dann errichteten sie beidseits des Huatanay starke Mauern und belegten sie abschnittsweise mit Steinplatten, damit man darüber schreiten konnte. . .''.[72]
Falls es notwendig war und den technischen Möglichkeiten entsprach, wurden auch breitere Wasserläufe mit Steinplatten überquert. Dies geschah vermittels mehrerer Platten, die durch natürliche oder künstliche Pfeiler abgestützt waren. Der alte Königsweg nach dem Reichsviertel Chinchaysuyu führte über einen der kleinen Flüsse, welche den Bergsee Chinchaycocha (heute Junín) entwässern. Die Strassenbrücke zählte insgesamt 16 Einzelteile, welche durch viereckige Steinplatten gebildet wurden, die sich auf breite, im Flussbett stehende, steinerne Pfeiler abstützten. Beim Bau dieser Brücke wurde keinerlei Mörtel verwendet. Der Flussübergang über den Junín-Ausfluss wurde von den Forschungsreisenden Tschudi im Jahre 1842 und Charles Wiener 1876 beschrieben.[73]

c. **Schwimmende Brücken**

Wo die Strömung des Wasserlaufes nicht allzu stark war und die flachen Ufergelände es gestatteten, wurden zur Überquerung von breiten Flüssen auch Ponton-Brücken erstellt. Über die schwimmende Brücke, die am Ausfluss des Titicacasees den **Desaguadero** überquerte, berichtet Garcilaso de la Vega, dass sie nicht wie die Hängebrücken aus Fasern (mimbres), sondern aus Binsen und andern Materialien hergestellt wurde: ''. . . in ganz Peru wächst eine lange, biegsame und zähe Grasart, welche die Indios **Ichú** nennen, und mit welcher sie ihre Häuser decken. Eine andere Art, die in Collao wächst, ist vorzüglicher und gibt gutes Futter für das Vieh. Aus

Balsa-Boot auf dem Titicacasee

Am Ufer des Titicacasees wächst eine grosse Menge von Binsen und Rohrkolben, die von den Indios "Enea" genannt werden. Aus diesen Binsen stellen die Uferbewohner ihre Boote her. In früheren Zeiten dienten solche Boote oder ähnliche Konstruktionen zur Erstellung von Ponton-Brücken, welche über breite Gewässer ohne starke Strömungen führten. Garcilaso de la Vega beschreibt eine solche "Schwimmende Brücke" über dem Desaguadero. Sie besass eine Breite von 3,6 — 3,9 m und eine Länge von 98 m. Da die verwendeten Materialien — Binsen und Stroh — nicht sehr dauerhaft sind, musste die Brücke alle 6 Monate erneuert werden. Der amerikanische Archäologe George Squier fand bei Nascara (80 km flussabwärts vom Ausfluss des Titicacasees) eine Ponton-Brücke, die aus Booten von getrocknetem Binsenrohr angefertigt worden war.

diesem Gras stellen die Collas Körbe und Behälter her . . ., ferner machen sie daraus verschiedene Arten von Seilen. Neben diesem guten Gras wächst am Titicacasee auch eine grosse Menge von Binsen und Rohrkolben, von den Indios **Enea** genannt . . .

Zur gegebenen Zeit schneiden die Einwohner der Provinzen, die für den Bau der Brücke verpflichtet sind, eine grosse Menge Binsen, damit diese trocken sind, wenn die Brücke gebaut werden muss. Aus dem erwähnten Binsengras flechten sie vier starke Seile, so dick wie ein Bein. Zwei davon spannen sie über den Fluss, den sie dabei durchqueren. Der Wasserlauf scheint an der Oberfläche keine Strömung zu haben, aber tiefer unten ist die Strömung sehr stark . . . Anstelle von Booten häufen die Leute nun riesige Bündel von Binsen über diese Seile von der Dicke eines Ochsen, wobei sie diese untereinander und an den Seilen gut vertäuen. Über diese Lage von Binsenbündeln spannen sie dann die zwei andern Seile und verbinden sie gut mit den Bündeln, damit sie sich gegenseitig verstärken. Über diese zwei Seile legen sie eine weitere Schicht aus dünneren Bündeln, dick wie ein Arm oder ein Bein, und verflechten sie untereinander sowie mit den Seilen, damit diese beim Auftreten der Tiere nicht so schnell zerreissen. Die dünneren Bündel werden von den Spaniern Laufflächen, d.h. Brückenstrasse genannt. Die beschriebene Brücke besitzt eine Breite von 13 oder 14 Fuss (3,6 bis 3,9 m) und eine Höhe von etwas mehr als einer Vara (0,84 m). Die Brückenlänge beträgt ungefähr 150 Schritte (98 m). Aus diesen Angaben kann man sich eine Vorstellung machen, welche Menge von Binsen gebraucht wird, um ein so grosses Werk herzustellen. Es ist ferner darauf hinzuweisen, dass die Brücke alle 6 Monate neu erstellt werden muss, weil die verwendeten Materialien wie Stroh und Binsen nicht sehr dauerhaft sind. Damit die Brücke sicher hält, wird sie erneuert, ehe die Seile verfaulen und reissen.

Der Bau dieser Brücke — wie auch der übrigen Flussübergänge — war in der Zeit der Inka-Herrschaft zwischen den verschiedenen Provinzen aufgeteilt und jede (der Gebietseinheiten) wusste, wieviel Material sie bereitzustellen hatte. Und weil (die Tributarios) diese Materialien jährlich in Bereitschaft hielten, errichteten sie die Brücke in sehr kurzer Zeit. Die Seilende, als eigentliche Fundamente der Brücke, werden in den Boden eingegraben und nicht an steinernen Pfeilern befestigt. Die Indios sagen, es sei das beste System für diesen Brückentyp. Sie machen das auch (auf die beschriebene Art), weil sie die Brücke jedesmal an einem andern Ort aufstellen, eine kurze Distanz flussaufwärts oder flussabwärts...".[74]

Schwimmende Brücke über den Desaguadero

Die letzte Bemerkung des Chronisten bestätigt die Feststellung, dass die wichtigsten Brücken so gebaut wurden, dass keine Unterbrechung des Verkehrs zu befürchten war. Bevor die bestehende Flussüberquerung durch das Faulen der Schilfbündel und der Tragseile gefährdet war, erstellte man in unmittelbarer Nähe des Übergangs bereits eine Parallelbrücke, die wohl erst für die Benutzung freigegeben war, wenn die alte Brücke ausser Verkehr erklärt wurde.[75]

Im Jahre 1864 wurde die schwimmende Brücke bei Nasacara (ca. 80 km flussabwärts von der obenbeschriebenen Brücke) durch den Archäologen George Squier beschrieben: "... die Brücke zu Nasacara ist ein Beispiel von einer beträchtlichen Anzahl Brücken in Südamerika und verdient daher mehr als eine flüchtige Erwähnung. Sie ist eine Schwimmende Brücke oder Schiffsbrücke, nicht unähnlich derjenigen über den Rhein zu Köln, mit dem Unterschied jedoch, dass sie (bei dem völligen Mangel des Bauholzes im Lande) aus Booten von getrocknetem Rohr besteht, das in grosse Bündel zusammengebunden ist. Diese Bündel sind an beiden Enden wie Kanus zugespitzt, die Enden sind stark nach aufwärts gebogen. Alle Rohrbündel hat man vermittels Tauen aus geflochtenem Rohr nebeneinander festgebunden und das ganze dann an zwei festen Türmen auf jedem Ufer verankert. Die Gangbahn besteht gleichfalls aus Rohr, welches über die Flösse hingelegt ist. Die Brücke ist etwa vier Fuss (1,2 m) breit und ungefähr gleich hoch über dem Wasserspiegel gelegen. Es ist ein ziemlich unfester und schwankender Pfad ... An der Stelle, wo die Brücke den Desaguadero kreuzt, ist der Fluss 150 Fuss (45 m) breit und 30 Fuss (9 m) tief, mit starker, aber gleichmässiger Strömung."[76]

Anlässlich seiner Expeditionsreise (1953) liess Victor W. von Hagen an der von Garcilaso de la Vega beschriebenen Stelle (wo heute das Dörfchen Zepita liegt) eine Schwimmende Brücke über den Desaguadero errichten. Die Arbeiten gingen unter Anleitungen eines alten Indio vor sich, der den Bau der letzten Brücke noch gesehen hatte. Von Hagen beschreibt das verwendete Material als ein rohrförmiges Schilf von einem Durchmesser, der eineinviertel Zentimeter beträgt, mit einer Länge von bis zu zweieinhalb Metern. Dieses Schilfrohr wächst in reicher Menge an den Ufern des Titicacasees und wird **Totora** genannt.

"... Das Schilf wird getrocknet und in vier zigarrenförmige Rollen gebündelt. Die Länge einer Rolle bestimmt die Grösse eines künftigen Schilfbootes ... Zuerst werden zwei dieser Rollen, die den Unterteil des Balsabootes bilden werden, mit Seilen aus den geflochtenen Fasern des **Ichú**-Grases zusammengebunden. Die andern zwei Rollen werden darüber gelegt und bilden die Seiten und den Innenraum des Bootes. Zum Bauen des Balsabootes wird nur Material verwendet, das der See bietet, es kann im Verlaufe von zwei Tagen hergestellt werden ... Die Schwimmkraft des Schilfbootes ist erstaunlich — hier am Titicacasee wird es als Ponton oder als Grundlage für den schwimmenden Teil der Strasse verwendet. ... Den Hauptanker bildeten zwei in das niedrige Flussufer eingerammte Pfähle. An ihnen wurde ein Grasseil befestigt, das der Reihe nach von einem zum andern der 40 Balsas reichte. Die Indios ergriffen das Seil und befestigten es an den hölzernen Pflöcken, welche in die Seiten der Boote eingetrieben worden waren. In kurzer Zeit waren alle Balsas fest miteinander zu einer Pontonbrücke verbunden und an den auf der bolivianischen Seite des Flusses in die Erde geschlagenen Pfähle vertäut. Nun wurden sie mit **Totora**-Schilf angefüllt, so dass sie einen festen Boden bildeten. Dann wurden geflochtene Schilfmatten darübergelegt und an den Seiten befestigt. Obwohl dies keine so feste Brücke war wie die seinerzeit von den Inkas gebaute, war es doch eine gute Nachbildung...".[77]

d. Die Inka-Hängebrücken

Die interessanteste Brückenkonstruktion war sicherlich die Hängebrücke, die tiefe und enge Schluchten überspannte und erst seit der Zeit der Inka-Herrschaft nachgewiesen ist.
"...wäre das Prinzip des Gewölbebogens den alten Peruanern bekannt gewesen, die einige der schönsten Proben von Steinbearbeitungen und Mauerwerk hinterlassen haben, so würde ohne Zweifel das Innere Perus eine grosse Zahl von Brücken aus Stein besitzen. Bei dem aufgezeigten Mangel jedoch erbauten sie — in einem Lande ohne Bauholz — eine Anzahl Hängebrücken, und zwar in der gleichen Art wie sie heute noch von ihren Nachkommen hergestellt werden. Es sind Brücken aus Tauen von geflochtenen Ruten, die man von einem zum andern Ufer spannte und heute **Pentues de Mimbre** (Weidebrücken) nennt. Wo die Ufer hoch sind, oder wo steile Felsen die Wasserläufe beengen, sind diese Kabelseile an Steinpfeilern verankert. An andern Stellen steigt man auf schiefen Ebenen zu den Brückenenden hinauf, die so hoch emporgeführt sind, dass der abwärtsgehende Seilübergang nicht in das Wasser tauchen kann. Drei oder vier Kabel bilden den Boden und die Hauptstütze der Brücke. Kleine Stäbe — manchmal auch nur Rohre oder Bambusschnitzel — liegen quer zu den Längsseilen, die mittels Ranken, Stricken oder Ruten an die Kabel festgebunden sind. Manchmal laufen zwei dünnere Kabel an beiden Seiten der Brücke entlang

als Schutzwehren oder Halteseile für die Hände. Über diese gebrechlichen und schwankenden Spannwerke hinweg schreiten Menschen und Tiere, letztere oft mit Ladungen auf dem Rücken. . . .
Jede Brücke wird gewöhnlich durch die Gemeindeglieder des nächstliegenden Dorfes unterhalten, und da sie alle zwei bis drei Jahre erneuert werden muss, haben die Indios zu bestimmten Zeiten eine gewisse Anzahl Weideruten an Ort und Stelle zu schaffen. Diese Reiser gehören einer besonderen Art von zähem Holze an, gewöhnlich derjenigen, welche man **loke** nennt. Sie werden von Leuten, die diese Arbeit verstehen, geflochten, und dann werden die Stricke durch die vereinigte Tätigkeit aller Anwohner über das Wasser gespannt . . ." (aus George Squier, Peru, Reise- und Forschungserlebnisse, deutsche Übersetzung 1883, 178).

Über die Herstellung der Seile berichtet uns Garcilaso de la Vega: ". . . um eine solche Brücke zu bauen, tragen (die Indios) eine grosse Menge von dünnen und dehnbaren Ruten (spanisch **mimbre**) zusammen. Aus drei einzelnen Ruten flechten sie sehr lange "Zöpfe", und zwar so lang, wie die Brücke sein wird. Aus drei Zöpfen flechten sie einen noch dickeren Zopf, aus drei solchen einen noch dickeren, und so weiter. Auf diese Weise machen sie die Zöpfe so dick wie einen Menschenkörper oder noch dicker. Davon machen sie insgesamt fünf Stück . . .".[79]

Der spanische Chronist gibt ferner eine genaue Beschreibung, wie die Tragfähigkeit einer Hängebrücke entsteht: ". . . drei der dicken Zöpfe, die als Tragseile dienen, gebrauchen die Indios als Boden der Brücke, die andern zwei als Geländer. Auf die Bodenseile legen sie armdicke Holzstücke wohlgeordnet nebeneinander über die ganze Breite der Brücke, die ungefähr zwei **Varas** (170 cm) beträgt. Diese Holzstücke legen sie auf die Tragseile und verbinden sie fest mit diesen, damit die Seile nicht so schnell reissen. Auf den (nun entstandenen) Boden aus Holz legen sie eine grosse Menge von Ästen und binden sie fest, damit die Füsse der Tiere Halt finden und nicht ausgleiten. Von den Tragseilen zu den Geländerseilen befestigen sie eine Menge von Zweigen und dünnen Hölzern, so dass eine Wand entlang der ganzen Brücke entsteht."[80]

Gutiérrez de Santa Clara schreibt über die Erstellung von zwei Flussübergängen, dass über die Brückenpfeiler die beiden Seilbrücken gelegt wurden, ". . . welche aus Lianen, Stäben oder grünen Weideruten angefertigt sind. Aus diesen wurden Zöpfe geflochten, eine Spanne breit (20 cm) und eine **"jeme"** (15 cm) hoch. (Die Seile) waren anderthalb mal so lang wie die Breite des Flusses. Dies geschah, da man das Durchhängen der Brücke nach unten berücksichtigt hatte.[81] Wenn eine Brücke neu erstellt wurde, galt es, die Tragseile auf das gegenüberliegende Ufer zu bringen . . . Dabei überqueren die Indios den Fluss schwimmend oder mit Hilfe eines Flosses, woran eine dünne Schnur befestigt ist. Daran ist ein armdickes Seil angebunden, aus einer Art Hanf **(Chahuar)** hergestellt. An dieses Seil befestigen die Indios einen der dicken "Zöpfe" und ziehen mit einem grossen Aufgebot an Leuten daran, bis das Brückenseil auf der andern Flusseite ist. Und nachdem sie alle fünf Tragseile hinübergezogen haben, legen sie diese auf zwei Pfeiler. . ."[82].

Von besonderer Wichtigkeit waren die Brückenpfeiler an den beiden Enden der Brücke, an welchen die Balken verankert wurden, die dem Tragen der Brückenseile dienten. Gutiérrez de Santa Clara, 1603: ". . . die früheren und auch die heutigen Indios machen dort (d.h. bei den Flüssen) grosse pyramidenförmige Pfeiler unter Verwendung von festem Mörtel mit starken tiefen Grundmauern, die sich zwei oder drei **Estados** (4 bis 6 m) über die Erde erheben. Diese Pfeiler bestehen aus sehr grossen Steinen. Auf jeder Seite des Flusses hat es drei solcher Pfeiler . . ."[83].

". . . Bei der Brücke über den Apurímac auf der königlichen Strasse von Cuzco nach Lima besteht der eine Pfeiler aus gewachsenem Fels und der andere aus Mauerwerk. Diese Pfeiler sind gegen den Boden hin seitlich verstärkt und mit Hohlräumen versehen, worin sich Löcher befinden. In diesen Löchern hat es in jedem der beiden Pfeiler fünf oder sechs Balken, die von einer Pfeilerwand zur andern reichen und von der Dicke eines Ochsen sind. Die Balken sind nach Art einer Treppe eingefügt. Jedes einzelne Brückenseil wird nun um jeden dieser Balken einmal herumgewickelt, damit es nicht wegen seines Eigengewichtes locker über dem Fluss durchhängt. So sehr aber die Seile gespannt werden, sie hangen immer durch, so dass man (beim Durchschreiten der Brücke) zuerst hinuntersteigt und gegen das Ende der Brücke wieder hinaufsteigen muss. Bei jedem stärkeren Wind schaukelt die Brücke . . ." (Garcilaso de la Vega, 1609, 84).

Auch Pater Bernabé Cobo befasste sich in seinem Werke "Historia

Die Brücke über dem Apurímac

Die berühmteste Hängebrücke des Alten Peru verband die beiden Seiten der senkrecht abfallenden Schlucht des Apurímac. Nach der Überlieferung soll Inka Roca ca. 1350 die erste Seilbrücke erstellt haben, um seine Kriegszüge nach Norden ausdehnen zu können. Diese Brücke war ein erstaunliches Beispiel indianischer Ingenieurkunst. Da das Material aus Weideruten (Mimbres) bestand, die zu dicken Zöpfen geflochten wurden, musste der Übergang alle 3 — 5 Jahre erneuert werden. Zur Lieferung der Mimbres wie auch zu den Erneuerungsarbeiten wurden die Bewohner der umliegenden Dörfer herangezogen.

George Squier konnte die Hängebrücke über dem Apurímac noch im Jahre 1864 überschreiten. Nach seinen Messungen betrug die Brückenlänge 45 m. Im Jahre 1890 hingen die Seilstränge immer noch über der Schlucht, aber sie waren nicht mehr erneuert worden und verfaulten in den nächsten Jahren vollständig.

del Nuevo Mundo" (1653) mit den Brückenkronen der Hängebrücken. "... (die Pfeiler) haben sehr tiefe und starke Fundamente. Die Wand ist gegen den Boden zu verbreitert und dadurch nach auswärts geneigt. Sie ist 20 oder 40 Fuss (8,4 bis 11 m) lang und ebenso hoch, manchmal auch höher, je nach der Höhe der Schlucht. Von den Ecken der Pfeiler ziehen sich Mauern nach hinten und bilden ein Rechteck mit einer, gegen den Fluss hin, offenen Seite. An den Seitenwänden der beiden Pfeiler sind vier oder sechs dicke Stämme befestigt, nach Art eines Daches, woran die Brückenseile befestigt sind. Wenn am Ufer eines Flusses eine Felswand vorhanden ist, schlagen (die Indios) die Pfeiler in den gewachsenen Stein...".[85] Die berühmteste Brücke in ganz Peru war die Hängebrücke über den Apurímac, einen der Quellflüsse des Amazonas. Dieser Fluss "... strömt durch ein tiefes Tal, genauer gesagt durch eine ungeheure Schlucht zwischen hohen und schroffen Bergeshöhen. Auf seiner ganzen Länge kreuzt man den Wasserlauf nur an einem einzigen Ort. Er befindet sich zwischen gewaltigen Felswänden, von deren schwindelnden Höhen der Reisende in einen finsteren Schlund hinabsieht. Am Boden der Schlucht glänzt eine schäumende Wasserlinie, von welcher sich ein dumpfes Dröhnen hören lässt. ... Von oben herab gelangt man zur Brücke über einen Pfad, der aus der Höhe gesehen wie eine dünne weisse Linie an der Felswand hinabläuft...".[86]

George Squier, von dem die obige Beschreibung stammt, hat die Brücke im Jahre 1864 überschritten und genaue Messungen vorgenommen. Von einem Ende zum andern betrug die Länge 45 Meter, die Höhe bis zum Wasser gibt der Forscher mit 36 Metern an. Wenige Jahre später war die Brücke nicht mehr begehbar. Die Kabel hingen 1890 noch über der Schlucht, aber sie waren nicht mehr erneuert worden und zum Teil bereits verfault. Der amerikanische Archäologe gibt an, dass die Reisenden die Brücke nur am Morgen überqueren konnten, ehe der starke Wind durch die Felsenenge wehte, "... denn während des grössten Teils des Tages braust er durch die Apurímac-Schlucht mit solcher Gewalt, dass die Brücke wie eine riesige Hängematte hin- und herschwingt, und die Überschreitung beinahe unmöglich ist...".[87]

Seine Eindrücke bei der Überquerung der berühmten Hängebrücke gibt Squier wie folgt wieder: "... am Ende wurde der Bergspalt zwischen den senkrechten Felsmauern so eng, dass er nur noch Platz für das schäumende Gewässer und unsere kleine Gesellschaft bot, und nun erreichte unser Ohr ein noch tieferes stärkeres und furchtbareres Rauschen als das Getöse, das wir bisher vernommen hatten. Wir erkannten, dass es die Stimme des "Grossen Sprechers" war (der Name **Apu-Rímac** besitzt in der Quechua-Sprache diese Bedeutung). Ein wenig weiter kam der Fluss in Sicht. . . Links von den Hütten hing in einer anmutigen Kurve beidseits der senkrechten Felswände wie ein wunderbar zartes Spinngewebe die berühmte Hängebrücke. . .".[88]

e. Einfache Hängebrücken

Bei weniger begangenen Übergängen, besonders um kleinere Flüsse überqueren zu können, wurden **Hängematten-Brücken** (puentes hamacas) erbaut. Es handelte sich um Konstruktionen, die eine Vereinfachung der "**Inka-Hängebrücken**" darstellten. Anstelle der beiden dicken Geländerseile verwendete man zwei dünne Halteseile und befestigte diese mit Zweigen an den Laufflächen. Auch ersetzte man die gemauerten Pfeiler, an welchen die Laufseile aufgehängt wurden, durch hohe Holzpfähle, die tief in den Boden getrieben wurden. Alexander von Humboldt hat im Jahre 1802 eine solche Brücke in Form einer Hängematte beschrieben: ". . . sie ist durch Agavenwurzeln mit Holzstämmen zusammengebunden. Die Brücke ist 120 Fuss (40 m) lang und 8 Fuss (2,4 m) breit." Dieser Flussübergang überquerte den Rio Chambo in der heutigen Republik Ecuador.[89]

Wo nur geringer Verkehr herrschte, errichtete man auch **Seilbahn-Brücken** (oroyos). ". . . Auf den grossen Flüssen, welche wegen ihrer wilden Strömung nicht erlauben, dass man sie mit Flössen oder Booten überquert, und die wegen der Felsen an den Flussufern keine zum Anlegen der Boote geeigneten Stellen besitzen, spannen die Indios ein dickes Seil von einem Ufer zum andern. Dieses befestigen sie an einem Baum oder Felsen. An diesem Seil hängt ein geflochtener Korb mit einem armdicken Henkel aus Holz. Darin haben drei oder vier Personen Platz. An beiden Seiten ist je ein Seil befestigt, womit man den Korb hinüberzieht. Weil das Tragseil sehr lang ist, hängt es durch, so dass man den Korb langsam bis zur Mitte hinunterlässt, und von da an zieht man ihn von Hand auf der andern Seite hinauf... Für diesen Dienst schicken die benachbarten Provinzen in einem gewissen Turnus Leute, welche den Reisenden hinüberhelfen, und zwar ohne Entgelt. Die Reisenden helfen vom Korbe aus ebenfalls ziehen, und viele überqueren die Brücke ohne jede fremde Hilfe, indem sie im Korbe stehen und sich am Tragseil hinüberziehen... Diese Art Flüsse zu überqueren existiert nicht auf den Königsstrassen, sondern nur auf den weniger bedeutenden Verbindungswegen von einem Indianerdorf zum andern..." (Garcilaso de la Vega, 1609).[90]

J. Jorge y Antonio de Ulloa schreibt in seinem 1748 erschienenen Werk, dass die Seilbahnbrücke von Alchipichi in Ecuador 70 bis 90 **Varas** (58 bis 75 m) lang war und sich 47 bis 60 **Varas** (39 bis 50 m) über dem Wasser befand, "... was genügte, um einem beim ersten Anblick einen gehörigen Schrecken einzujagen...".[91]

Auf seinen ausgedehnten Reisen durch Peru, die der Schweizer Johann Jakob Tschudi in den Jahren 1838 bis 1842 unternahm, überquerte er verschiedene Male die Gewässer mit Hilfe eines Fahrseiles. Der Forscher berichtet darüber: "... eine andere, höchst merkwürdige Art von Brücken, die sogenannten **Huaros,** besteht in einem einzelnen dicken Stricke, der an felsigen Stellen von einem Flussufer zum andern gespannt ist. Auf diesem Stricke sind zwei Rollen und ein sehr starkes Holz in Form eines Joches angebracht, an dem zwei Seile befestigt sind, vermittels denen das Joch über den Hauptstrang gezogen wird. Wenn man sich des **Huaro** bedient, dann wird man mit einem Strick um den Leib an das Joch gebunden, welches man mit beiden Händen umklammert. Die Füsse werden kreuzweise über den Hauptstrang geschlagen, und der Kopf wird so weit als möglich hochgehalten. Ein Indianer am gegenüberliegenden Ufer zieht das Joch und mit diesem die darunter hängende Person zu sich hinüber. Es ist die unangenehmste und unheimlichste Art, einen Fluss zu passieren, die ich kenne...".[92]

9. Bewässerungsanlagen an der peruanischen Küste

Der kühle Humboldt-Strom liess die vom Pazifik der Küste zuströmenden Wolken schon immer über dem Meer abregnen, ein Phänomen, das die Entstehung der langgestreckten Küstenwüste bedingte. Diese Küstenregion wird durch kurze Wasserläufe durchbrochen, die von den Westcordilleren her dem Meer zufliessen. Im Gebiet der heutigen Republik Peru sind es insgesamt 54 solcher Wasserläufe. Seit Jahrtausenden bilden die kleinen Flüsse, die nur zum Teil das ganze Jahr hindurch Wasser führen, die Grundlage für die Entstehung von Oasenkulturen. Die Flussläufe brachten nicht nur das lebenswichtige Wasser, sondern auch fruchtbare Schwemmerde mit sich.[93]

An der Küste war eine grössere Besiedlung ohne künstliche Bewässerung nicht möglich. Eine Landwirtschaft, die eine grössere Volksmenge ernähren musste, konnte aber nur in Gebieten mit ausreichenden natürlichen Niederschlägen entstanden sein. In den Bergregionen ermöglichte eine spärliche, aber genügende Niederschlagsmenge die Entstehung des Ackerbaus. Von den Höhenregionen wurde dann die Landwirtschaft nach den Küstengebieten herabgebracht. "... der Prozess der Besiedlung der Küste musste ... ein langsamer und gradueller gewesen sein, in dessen Zeitdauer sich eine neue Anbautechnik entwickelt hatte. Nachdem diese intensive Form der Landwirtschaft (auf der Basis von künstlicher Bewässerung) einmal vorhanden war, führte der so entstandene Reichtum (und die neuen Möglichkeiten) zu einem schnellen Aufsteigen von relativ hohen Zivilisationen mit ihren fortschrittlichen sozialen und politischen Organisationen...".[94]

Anhand der archäologischen Funde lässt sich sagen, dass einfache Bewässerungsgräben schon in der Chavín-Zeit benützt wurden (850 − 500 v. Chr.). In der folgenden Epoche der Mochica-Kultur lässt sich ein Aufschwung der technischen Fertigkeiten feststellen. In der zweiten Hälfte des vorchristlichen Jahrtausends erfuhr die künstliche Bewässerung eine gewaltige Ausdehnung, die sich gleichzeitig mit einem Anwachsen der Bevölkerung vollzog. Die ausgedehnten Anlagen bedingten zugleich eine politische Zentralisierung, denn die Kontrolle über das gesamte Bewässerungssystem von den

Quellen und Gletscherseen bis zu den Äckern war von äusserster Wichtigkeit. In Gebieten, wo es wasserreiche Flüsse gab, oder sich mehrere Wasserläufe nahe beieinander befanden — wie beispielsweise in der Region von Chicama-Moche — war es möglich, von einem Zentrum aus die umliegenden Täler zu erobern und zu beherrschen. Auf dieser Grundlage hatte sich um Chan-Chan das Chimú-Reich entwickelt. Die riesigen Bewässerungsanlagen konnten nur von einer zentralen Regierung mit speziellen Beamten und Institutionen gebaut und verwaltet werden. Dies ermöglichte die Entstehung von Klassengesellschaften, die teilweise noch Züge der Stammesorganisation trugen. Charakteristisch für die "Wasserbaugesellschaft" war eine Armee, eine zivile Verwaltung und eine Priesterschaft, die gesamthaft von einer zivilen Oberschicht geleitet wurden.[95]

Archäologische Forschungen der jüngsten Zeit ergaben, dass in den Flusstälern ausgedehnte Anlagen mit Hauptkanälen und kleineren Verteilerkanälen vorhanden waren. "... eine detaillierte Untersuchung der gesamten Chicama-Moche-Region würde wahrscheinlich ein zusammenhängendes Netz von Kanälen aufzeigen, welches ein Gebiet bewässerte, das viele Meilen nördlich und südlich von Chan-Chan, der Hauptstadt des Chimú-Reiches, umfasste. Dieses Gebiet war somit ein zusammenhängendes, wirtschaftliches Kerngebiet. Es war zweifellos die wirtschaftliche Basis des Chimú-Reiches und des noch früher bestehenden Mochica-Reiches..." (P. Kosok).[96]

Die "Wasserpolitik" der Völker von Gross-Peru setzte bereits in den Höhenlagen mit der Überwachung und Benutzung der Gletscherseen ein. Durch die systematische Ableitung der Wassermengen vermittels Kanälen wurde der gewaltsame Ausbruch des Gletscherwassers vermieden, das sich hinter der Endmoräne staute. Gleichzeitig wurde auch dem Bewässerungsbedarf der Täler Rechnung getragen. An Orten, wo sich wenig Schmelzwasser zu sammeln pflegte, staute man dieses durch künstliche Wälle.[97]

Alberto Regal gibt einige Beispiele der Kontrolle und Nutzung von Hochland-Lagunen: "... die Wassermenge des Moche-Flusses wurde vermehrt durch diejenige, die aus der Lagune Huadalkuar stammte, wo das Wasser aufgeteilt wurde. Eine Mauer von 45 m Länge und 2,5 m Dicke, die zu diesem Zwecke erbaut worden war, hatte sich noch in der Kolonialzeit erhalten...". Regal weist auch auf einen Kanal von 12 km Länge hin, der von der Lagune Tambillo (Provinz Huarochirí) ausgeht, und wohl dazu diente, die Gegend von Cajamarquilla-Nievería zu bewässern. Ferner erwähnt er eine alte Wasserleitung, die ihren Ursprung in der Lagune von Chorroccassa hat, und die Gegend von Huarí (Provinz Huamanga) bewässert.[98]

Die Inka übernahmen die Kunst der Bewässerungsbauten zum grössten Teil von den vorinkaischen Kulturvölkern der Küstenregion. Als Grundprinzip dieser Anlage können wir erkennen, dass die Flüsse möglichst weit oben gefasst wurden und das Wasser in zwei Kanälen beidseits des Flusstales den Hängen entlang geführt wurde. Dieses System bot den eminenten Vorteil, dass alles Land unterhalb der beiden Kanäle — also zwischen den künstlichen Wasserführungen und dem Fluss — als bewässerbares Ackerland genutzt werden konnte. Die Flüsse trocknen in ihren flachen und sandigen Unterläufen häufig aus, weil das Flusswasser bei dem geringen Gefälle verdunstet oder unterirdisch weiterfliesst. Durch die Fassung mittels der Hangkanäle war das ganze Jahr hindurch Wasser verfügbar. Die Länge der Kanäle von ihrem Beginn in den Bergen bis zu den eigentlichen Bewässerungsgebieten in der Küstenzone betrug oft über 100 km.[99]

Der noch heute benutzte La-Cumbre-Kanal führte seine Wasser vom Oberlauf des Chicama-Flusses bis in die Nähe der Mündung über eine Entfernung hinweg, die etwa 113 km beträgt. Im Tumbes-Tal wurde beidseits des Flusses je eine Wasserführung aus der Inkazeit gefunden. Der Kanal an der östlichen Seite des Flusses misst 66 km, derjenige an der westlichen Seite 55 km.[100]

". . . der grosse Ableitungskanal auf der rechten Seite des (Chira-) Flusses kommt von Pazne, einem Ausläufer der Cordilleren . . . und setzt seinen Lauf bis zur Ortschaft Amotape fort, die sich nahe beim Meer befindet. Dieser Kanal hat mit seinen Verzweigungen eine Länge von nicht weniger als 160 km . . .".

". . . es besteht ein "Inka"-Kanal zwischen Patapon im Norden und Chongoyape im Süden (im Gebiet von Lambayeque) mit einer Länge von 35 km. Er nimmt seine Wasser vom Chancay-Fluss . . .".

". . . in der Provinz Arequipa bemerkt man deutlich den Lauf einer grossen Wasserleitung, die an den Abhängen des Pichu Pichu beginnen soll. Sie durchläuft etwa 40 km . . .".[101]

Das wohl grossartigste Beispiel vorinkaischer Wasserleitungen bildet ein gigantischer Kanal, der sich auf der Südseite des Chicama-Tales befindet. Seine Seitenwände sind mit Millionen kleiner Steine ausgelegt. Die Reste eines weiteren Kanals lassen vermuten, dass er Wasser von einem Talbecken in ein anderes überleitete, nämlich vom Innern des Chicama-Tales an den Rand der heute völlig versandeten Ebene von Trujillo. Unter den vielen erhaltenen Überresten vorspanischer Bewässerungsanlagen seien noch die Spuren der dreifachen Kanalkette erwähnt, die sich vom Moche-Fluss bis zu der Ebene der Ruinenstadt Chan-Chan hinzieht, ferner die Reste des Leitungssystems, das einst das Gebiet um die Mündung des Santa-Flusses über eine Breite von 20 km bewässerte.[102]

Die Inkas bedienten sich für die künstliche Bewässerung bereits der meisten noch heute angewendeten Prinzipien:
— Reservoires und Staubecken
— Kanalisierung von Flussläufen am Grunde und an den Ufern
— Bauten zum Schutze von Flussufern
— Umleitung von Flüssen und Seen
— künstliche Bewässerungskanäle
— Führung der Kanäle in Aquädukte und in Stollen
— Einschnitte und Aufschüttungen für gleichmässiges Gefälle der Wasserführungen
— Netz von kleinen Kanälen in den Anbaugebieten
— Trinkwasserversorgung für Häuser, Dörfer und Städte[103]

Besonders die Aquädukte, welche gebaut wurden, um die Bewässerungskanäle über querlaufende Schluchten zu führen, haben die Bewunderung der Fachleute — auch der heutigen Zeit — erregt. Der Aquädukt von Ascope im Chicama-Tal, der wohl von den Mochica erbaut worden war, gilt als eine technische Meisterleistung. Dieses Bauwerk ist 1500 m lang, 15 m hoch und hat ein Volumen von 785 000 m^3 Erde.[104]

Hermann Leicht fand im Nepeña-Tal (dem südlichsten Vorposten des Mochica/Chimú-Bereiches) ein grossartiges Bewässerungswerk mit einer weitreichenden Terrassenanlage. "... Der grösste Wasserbehälter ist mehr als 1 km lang, während seine Breite 800 m ausmacht. Er wird von einem sehr festen steinernen Damm abgeschlossen, mit einem Durchmesser von 24 m an der Talsohle. Diese Damm-Anlage zieht sich quer zwischen zwei hohen Bergen durch eine Schlucht hindurch. Zu ihrer Auffüllung mit Wasser dienten zwei Kanäle, von denen der eine 20 km talaufwärts, der andere bei den Quellen des Río Nepeña seinen Anfang nahm. Die ganze Anlage beweist, dass ihre Erbauer von einem wohlüberlegten Plan ausgegangen waren. Die Kanäle winden sich in langsamem und gleichmässigem Gefälle entlang der einzelnen Berghänge und vermeiden die verschiedensten Hindernisse in geschickter Weise. Wo die Ausnützung des Geländes nicht genügt, werden die Wasserleitungen von Mauern getragen oder durch hohe Aufschüttungen — gelegentlich bis 20 m hoch — über enge Täler oder Bodensenkungen hinweggeführt. Meilenweit sind sie dann wieder in unübertrefflicher Art in den natürlichen Felsen gehauen. Nicht selten laufen sie durch vorgeschobene Bergrücken in so verwickelten unterirdischen Bahnen, dass es selbst heute den Ingenieuren manchmal schwerfällt, sich darin zurechtzufinden: ein echtes Labyrinth.

Die Wasserwerke mussten nicht nur dauernd die für den Anbau notwendige Feuchtigkeit gewährleisten, sie hatten auch niederschlagsreiche Gegenden vor überflüssigem Wasser zu bewahren und eine zerstörende Wirkung der von den Berghängen herabströmenden Wassermassen zu verhindern ... Die grosse Zähigkeit des Bodens kam diesen Anlagen sehr zustatten, deren Dämme mit zahlreichen Schleusen versehen waren, die es ermöglichten, jederzeit auf künstliche Weise Überschwemmungen oder Trockenheit hervorzurufen...".[105]

An manchen Stellen hob die Küstenbevölkerung auch Gruben aus, um die feuchten Untergrundschichten für den Anbau freizulegen. Die sandbedeckte Oberschicht und, falls nötig, auch die darunterliegende trockene Tiefenschicht, wurde abgetragen. Man stiess dann auf die Erdschicht, welche dem unterirdisch infiltrierten Wasser (das von den Bergen zufloss) als Bachbett diente. Mit dieser Methode war es möglich, ohne Regenfall und ohne künstliche Bewässerung, Pflanzungen anzulegen. Am Rande der alten Hauptstadt des Chimú-Reiches befinden sich heute noch zwei grosse Vertiefungen, die einst diesem Zwecke dienten. Die grössere Anlage hat eine Länge von 500 m. Auf drei Seiten schliessen Böschungen diese "Pflanzengrube" ab, die vierte, gegen das Meer gerichtete Seite, steht offen.[106]

Der Chronist Bernabé Cobo berichtet von der Küstenregion

Wasserführung bei Ascope

An der peruanischen Küste war eine grössere Besiedlung ohne künstliche Bewässerung nicht möglich. Die archäologischen Funde beweisen, dass Bewässerungsgräben schon in der Chavín-Epoche (850 — 500 v.Chr.) benützt wurden. In der folgenden Epoche der Mochica-Kultur erfuhr die künstliche Bewässerung eine gewaltige Ausdehnung, die sich gleichzeitig mit einem Anwachsen der Bevölkerung vollzog.

Besonders die Aquädukte, welche gebaut wurden um die Bewässerungskanäle über quer laufende Schluchten zu führen, haben die Bewunderung der Fachleute — auch der heutigen Zeit — erregt. Der Aquädukt von Ascope im Chicama-Tal, der wohl von den Mochica erbaut worden war, gilt als eine technische Meisterleistung. Das Bauwerk ist 1500 m lang, 15 m hoch und hat ein Volumen von 785 000 m^3 Erde.

über "... die Art, wie die Indianer diese Ebene — die an sich öde und unfruchtbar war — für ihre Feldarbeiten ausnutzten. Dies taten sie auf zwei Arten: einerseits gruben sie grosse Löcher aus, anderseits benützten sie dazu die feuchten Stellen, wo das (Grund-)Wasser nahe an die Oberfläche kam. Solche Orte und Felder nannten sie in ihrer Sprache 'Mahomaes' (abgeleitet vom Quechua-Wort 'machanmi', 'durchsickern' oder 'durchnässen'). ... Dies bedeutet, dass hier Ackerbaugebiete infolge der genannten Feuchtigkeit vorhanden sind, die ohne Regen und ohne Wasserzuleitungen diejenigen Pflanzen wachsen liessen, die angesät wurden ... Gewöhnlich hoben die Indios die Löcher in den Gebieten aus, die zwischen den Hügeln und dem Meer liegen, dort wo der Boden sich fast auf Meereshöhe befindet ... Die Bewässerungslöcher sind ungefähr zehn Meilen (50 km) südlich von Lima entfernt. Es sind die bekanntesten Anlagen in ganz Peru. Sie liegen eine halbe Meile vom Strand entfernt. Die dem Meer am nächsten gelegenen Wasserlöcher, die ich sowohl im Chilca, wie auch an anderen Orten gesehen habe, sind keinen Steinwurf vom Strand entfernt."[107]

Auch Cieza de León beschrieb die Gegend von Chilca "... wo man eine sehr eigentümliche Sache sieht, da weder vom Himmel Regenwasser herabfällt, noch durch das Tal ein Fluss oder ein Bach fliesst, und dennoch der grösste Teil des Tales mit Anpflanzungen von Mais und anderen Gewächsen oder Obstbäumen bedeckt ist. Es ist bemerkenswert, was in diesem Tal getan wird, um die notwendige Feuchtigkeit überhaupt zu erhalten. Die Indios graben zu diesem Zwecke einige breite und sehr tiefe Gruben aus, in welche sie dasjenige säen und pflanzen, was ich eben gesagt habe ..."[108]

Einen Spezialfall unter den Bewässerungsanlagen der Küstengebiete bilden die unterirdischen Kanäle, welche in den Tälern der Zuflüsse des Río Grande bei Nazca bereits in vorinkaischen Epochen angelegt wurden. Sowohl der Anfang als auch das Endstück dieser Wasserleitungen sind nicht überdeckt. In ihrem mittleren Teil jedoch laufen sie durch Tunnels. Die Kanäle haben den Zweck, die Wassermengen aufzufangen, die aus den Cordilleren stammen und in tiefere Zonen absickern. Ebenso scheinen die Kanäle das Wasser zu erfassen, das aus dem Flussbett versickert. Aus diesem Grunde, und um ausserdem durch den verlängerten Lauf eine sanftere Neigung zu gewinnen, kreuzen die Kanäle oft unter den Flussbetten der Zuflüsse des Rio Grande.[109]

Alberto Rossel Castro ist der Überzeugung, dass diese Anlagen während der Blütezeit der Nazca-Periode (also vor 500 n.Chr.) entstanden sein mussten. Nach seiner ausführlichen Beschreibung handelt es sich um ein Bewässerungssystem, das Grundwasser sammelt und nach Reservoirs leitet, vermittels Stollen und Gräben, die 3 — 7 m unter der Erdoberfläche liegen. Das Wasser wird dann von den Sammelstellen durch Bewässerungskanäle auf die Felder geführt. Die einzelnen Stollen oder Wassergräben haben eine Länge von 200 — 1500 m und eine Tiefe von 3 — 7 m. Ihr Gefälle beträgt 0,44 — 1,5%.
A. Rossel hat im Jahre 1946 die durchfliessenden Wassermengen von achtzehn unterirdischen Galerien gemessen und Werte von 12 — 30,5 Liter pro Sekunde festgestellt. Mit einer solchen Stollenanlage können — seinen Angaben gemäss — einige hundert Aren Land bis maximal 1000 Aren Land bewässert werden.[110]

Der oben genannte peruanische Archäologe unterscheidet zwei Arten von "galerías filtrantes" (wasserdurchlässige Gräben und Stollen), nämlich offene und geschlossene. Der in höheren Berglagen gelegene Abschnitt der Wasserführung wurde meist als unterirdischer Stollen angelegt, während der talwärts liegende Teil, wo sich der Sammelkanal näher an der Oberfläche befindet, gewöhnlich als offener Graben in die Erde gezogen wurde. Die Tiefe der Stollen, welche das Wasser aufzunehmen hatten, richtete sich nach dem Niveau des Grundwasser-Spiegels. Durch möglichst flache Anlage des Gefälles konnte der Grundwasser-Strom über mehrere hundert Meter ausgenutzt werden. Gewöhnlich besteht der Boden dieser Kanäle aus einer wasserundurchlässigen Lehmschicht. Wenn keine natürliche "Schutzschicht" vorhanden war, wurden die Kanäle durch eine Lage aus Hartholz oder Steinplatten undurchlässig gemacht. Die Seitenwände stützte man mit grossen Flusskieseln im Trockenbau ab. In den offenen Gräben wurde auch der eigentliche Wasserlauf (60 cm breit und 70 cm hoch) mit Steinplatten oder Planken des Warango-Baumes nach oben abgedeckt.

Die unterirdischen Kanäle besitzen senkrechte Schächte von 80 — 100 cm Durchmesser, die bis zur Erdoberfläche reichen. Der Abstand von einem Schacht zum andern beträgt 20 — 50 m, die Abstützung erfolgt durch Trockenmauern oder Holzwände. Bei der Erstellung der unterirdischen Kanäle waren diese Schächte von grossem Nutzen, später dienten sie für den Einstieg der Indios, wenn die

Stollen von Wurzeln und Schwemmaterialien gereinigt werden mussten. Wahrscheinlich besassen die Schächte auch Belüftungsfunktionen.

Alberto Rossel zählt über 40 solcher Bewässerungssysteme auf, von denen einige noch heute in Gebrauch sind. Alle diese Anlagen befinden sich in der Umgebung der Ortschaft Nazca, nämlich in den Tälern der Flüsse Aja, Intayo, Pajonal und Copara.[111]

Alberto Regal hat 28 Wasserführungen lokalisiert, "... die insgesamt 15 000 m an unbedeckten und 5 700 m an unterirdischen Galerien aufweisen ...".[112]

Regal gibt für die Stollen folgende Angaben:
    Breite: 0,6 — 1,2 m
    Höhe: 0,6 — 0,8 m
    Neigungsgrad: 0,44 — 0,6%

Die Tiefenlage der Galerien (also unter der Bodenfläche) beträgt 3 — 8 m.[113]

10. Die Bewässerung des Hochlandes und die Anlage von Ackerbauterrassen

a. Bewässerungsanlagen

Im Andengebiet sind eine Anzahl von Hochtälern vorhanden, die ein gemässigtes Klima besitzen und für den Anbau vieler Pflanzenarten sehr geeignet sind. Die Bewässerungsanlagen waren oft Meisterwerke der Ingenieurkunst. "... Dieser Kanal begann in den Bergeshöhen von Parco und Picay bei einigen schönen Quellen, welche wasserhaltige und reissende Flüsse speisen ... Der Wassergraben führte zu den Runcas und diente dazu, die Weiden zu bewässern, welche sich in jenen dünnbesiedelten Gebieten befanden ... Im ganzen Reich der Inka gab es viele Anlagen, welche dazu dienten, das Weidland zu bewässern ... Diese Wasserleitungen können sich mit den grössten Werken messen, die je auf der Welt erbaut wurden. Ja, sie können sogar als die grössten Werke betrachtet werden, wenn man an die ausserordentlichen Höhen denkt, auf denen sie angelegt wurden, ferner an die riesigen Felsen, die ohne Werkzeuge aus Stahl oder Eisen durchbrochen werden mussten. Denn nur mit Steinwerkzeugen durchbrachen die Indios die Felsen, einzig mit der Kraft der Arme. Auch ist zu bedenken, dass sie keine Rundbögen zu erbauen verstanden, welche als Träger von Brücken gedient hätten, um die Schluchten und Täler zu überqueren. Wenn sie eine Schlucht überwinden mussten, folgten sie dem Wasserlauf bis zum Ort seiner Entstehung, und die Berge, welche sich ihnen entgegenstellten, umgingen sie seitlich. Die Wassergräben waren bergseits 10 – 12 Fuss tief. Die Indios durchschnitten die Berge, damit das Wasser durchfliessen konnte. Auf der Aussenseite der Gräben bauten sie Mauern aus grossen, auf allen sechs Seiten behauenen Steinplatten. Diese Platten waren 1,5 – 2 Varas breit (1,25 m – 1,7 m) und 1 Vara (0,83 m) hoch, sie wurden in Reihen gesetzt und eine an die andere angefügt. Die Steinmauern wurden auf der Aussenseite mit grossen Erdhaufen verstärkt und mit Rasen bepflanzt, damit das Vieh beim Überschreiten des Grabens diese nicht beschädigte ..." Garcilaso de la Vega, dem wir diese Angaben verdanken, bemerkt dazu noch: "... Diese Wasser-

"Los Baños del Inca"

Die Inka-Baumeister verstanden es, die Wasserführungen unter Kontrolle zu halten. Sie verlegten nicht nur Flussläufe und Bachbette, sie fassten auch Quellen wie die Heilquelle von Tampu Machay in der Umgebung von Cuzco. Die sogenannten "Bäder des Inka" waren sehr wahrscheinlich einer Wassergottheit gewidmet.

gräben sah ich mit eigenen Augen. Es sind Werke, die so gross und wunderbar sind, dass sie jede Beschreibung und jede Abbildung übertreffen, die man davon machen könnte...".[114]

Viele Anlagen beweisen trotz ihres Verfalles noch heute, dass die vorspanischen Kanalbauer tatsächlich mit ihren primitiven Werkzeugen die Felsen durchschnitten und gelegentlich selbst unterhöhlten. Wegen der Schwierigkeiten aber, die der felsige Untergrund ihnen bereitete, versenkten sie die Wasserleitungen wenn möglich nicht in das Gelände, sondern zogen das Bachbett über Erdaufschüttungen hin.[115]

Die Kanäle folgten jeder Krümmung des Geländes und überwanden die Unebenheiten mit Einschnitten, Erdaufschüttungen, Aquädukten und unterirdischen Stollen, um möglichst wenig an Höhe zu verlieren. Durch genaue Vermessungen gelang es den indianischen Erbauern, die Kanäle mit einem absoluten Minimum an Gefälle anzulegen. Nicht umsonst war die Landbevölkerung noch in der spanischen Kolonialzeit der Meinung, "... die Inka hätten die Gabe besessen, das Wasser aufwärts fliessen zu lassen...".[116]

Eine alte Wasserleitung von eigentümlicher Bauart befindet sich auf dem Bergrücken von Kumbemayo, 3 700 m ü.M. (8 km westlich von Cajamarca). Mehr als 1 km lang wurde die Leitung in den gewachsenen Felsen geschlagen, und zwar im Zick-Zack-Kurs, um zu verhindern, dass das Wasser allzurasch hinunterfliesst. Als Fortsetzung dieser Anlage dient ein Tunnel (0,5 m breit), der einen Felsen durchbohrt.[117]

Am Ausfluss des Titicacasees erbauten die Collas ein ganzes Netz von Wasserleitungen beidseits des Desaguadero-Flusses. (Die Collas waren ein kulturell hochstehendes Volk, als sie von den Inkas im 15. Jahrhundert bezwungen und in das Reich von Tahuantinsuyu eingegliedert wurden). Diese Wasserleitungen sind heute noch vorhanden. Sie können aber nicht mehr zur Bewässerung, sondern höchstens noch zur Entwässerung der Felder benutzt werden. Der Grund ist, dass die salzhaltigen Wasser des Desaguadero die Äcker unfruchtbar machen würden. Die Salz-Beimischung ist durch das Wasser des Nebenflusses Corocoro bedingt. Die alten Colla-Völker leiteten früher den sehr salzhaltigen Corocoro vor seinem Zusammenfluss mit dem Desaguadero ab. Sie stauten seine Wasser in flachen Becken, in denen sich das Salz setzte und dann in grösseren Mengen ausgebeutet wurde. Der Desaguadero konnte somit für die Bewässerung an beiden Uferregionen benutzt werden. Alle diese Anlagen sind heute verfallen und nicht mehr brauchbar. Die Wassergräben führten durch ein Gebiet, in dem sich keine Steine befinden und das mit Sandböden durchsetzt ist. Um das Versickern des Wassers in den künstlich angelegten Kanälen zu verhindern, wurden die Gräben mit einer starken Schicht von Kreidefelsen ausgelegt.[118]

In seiner Arbeit "La ciencia agrícola de los antiguos Aymaraes" gibt uns Luis Soria Lenz eine Beschreibung ". . . von den gewaltigen Verteidigungsmauern gegen die Überschwemmungen und Wildwasser . . ." einiger Flüsse Nordboliviens. Es handelt sich um ". . . gigantische Dämme in Trichterform, die zu beiden Seiten der Strömungen vermittels festgestampfter und mit Stroh vermischter Kreide erbaut worden waren . . . Es sind überraschende Konstruktionen, deren Wirkung ersichtlich ist, . . . wenn die Wasser ihr Flussbett verlassen und sich über die Ebene ergiessen, bis sie auf die riesigen Trichter stossen, die sie wieder vereinen und ihrem normalen Lauf zuführen . . .".[119]

b. Ackerbauterrassen

Die tiefeingeschnittenen, schmalen Andentäler waren für eine Entfaltung der Landwirtschaft nicht besonders geeignet, und der Mangel an Flachland machte sich bei zunehmender Bevölkerung allmählich ungünstig bemerkbar. Um diesem Mangel zu begegnen, schufen die Bewohner des Hochlandes das System der Ackerbauterrassen. Sie stuften die steilen Hänge zu kunstvollen Terrassen ab, was in technischer Hinsicht ein schwieriges Unternehmen war. Die langgezogenen, schmalen Plattformen wurden von den Spaniern **Andenes** genannt, die Quechua-Bezeichnung dafür lautete **Pata**.

Emilio Romero, ein peruanischer Geograph, ist der Ansicht, die Andenes seien ". . . die überraschendste Schöpfung des übermenschlichen Werkes der Menschen gewesen, welche die Cordilleren bewohnen . . .". Die Antwort auf die Herausforderung, welche die Topographie dieser Gebirgswelt an ihre Bewohner stellte, schuf ". . . die eigentliche Grundlage der ausserordentlich hohen landwirtschaftlichen und künstlerischen Zivilisation des Alten Peru . . .".[120]

Das künstlich angelegte Ackerland wurde im Zusammenhang mit einem Bewässerungssystem geschaffen. Es gibt offenbar keine Andenes ohne künstliche Bewässerung.[121]

"... Aus diesem Grunde unternahmen (die Indios) mit sehr grossem Arbeitseinsatz und ebensogrossem Geschick zwei Dinge: Erstens ebneten sie die unebenen und ungünstig liegenden Felder ein, damit diese nunmehr planierten Äcker mit weniger Arbeitsaufwand bewässert, gepflügt und angebaut werden konnten. Und sie taten dies auch deshalb, weil sie auf diese Weise viel Land gewinnen konnten, das ohne die Terrassierung unfruchtbar und ohne Ertrag geblieben wäre. Sie ebneten zweitens die Landparzellen ein, indem sie an den Berghängen Andenes anlegten, durch das Errichten von langgezogenen Steinmauern, welche die Erde festhielten. Diese Terrassen legten sie gleichförmig und ebenmässig an, von einer Mauer zur andern. Die Andenes waren verschieden breit, entsprechend dem Gefälle des Hanges. An den sehr flachen Berghängen mit wenig Neigung sehen wir für den Ackerbau ausserordentlich günstige Terrassen, fünfzig, hundert, zweihundert und mehr Fuss breit. An den besonders steilen Hängen (hat es) so enge und schmale Andenes, dass sie wie Treppenstufen aussehen, denn einige sind nicht mehr als drei oder vier Fuss breit. Die entsprechenden Mauern, die sie in gewissen Abständen errichteten, waren höchstens ein oder zwei Mann hoch, wie das Gelände es erforderte. Alle diese Arbeiten wurden in Naturstein ausgeführt, manchmal so gut behauen, und mit solcher Meisterschaft und Perfektion, dass die Steine — ohne eine quadratische Form zu besitzen — so genau aufeinander passten, wie bei den bestausgeführten Gebäuden. In dieser Ausführung gibt es eine Anzahl Andenes, die heute noch im Landbezirk von Cuzco vorhanden sind. Nur mit Hilfe dieses Terrassenwerkes war es den Indios möglich, das Gebirge bis zu den steilsten Stellen zu bepflanzen, hochgelegene Orte, die sonst wegen ihrer Rauheit nicht hätten bebaut werden können. Deshalb bemerken wir heute noch, dass die Berghänge wie Treppen aussehen..." (Pater Bernabé Cobo in seinem 1653 erstellten Werk).[122]

Es wurde berechnet, dass man mit den behauenen Steinen der Stützmauern der Andenes des "Heiligen Tales" (Urubamba-Tal) die ganze Erdkugel mit einer 2 m hohen Mauer umspannen könnte![123]

Mit der Erstellung von Ackerbauterrassen verhinderten die Erbauer auch das Abschwemmen der fruchtbaren Erde während der Regenzeiten. Zugleich ermöglichten diese Anlagen eine bessere Wassernutzung, da das zugeleitete Wasser nicht sofort abfliessen konnte. Der Agronom O.F. Cook schrieb in seiner Arbeit (Peru as a Center of Domestication): "... Die Ackerbauterrasse ist nicht nur ein Mittel, um die unebenen und abschüssigen Gelände zu nutzen, sondern erweckt unser Interesse auch dadurch, dass sie ein 'Dauersystem' bildet, ganz im Gegensatz zu unseren Methoden der Bodennutzung. Die alten Peruaner waren eigentliche 'Erbauer des Bodens', während viele unserer Landwirte 'Bodenzerstörer' sind. Mittels der Terrassen wird der Grund nämlich ausgepolstert und festgehalten, so dass er seine Fruchtbarkeit nicht verliert, vielmehr noch erhöhen kann, wie dies bei brachliegenden Feldern der Fall ist...".[124]

Die Erde der Terrassenstufen wurde in Körben auf Menschenrücken hinaufgeschafft, oftmals auf eine Höhe von mehr als 4 000 m. Dann verteilte man die Humus-Erde gleichmässig über einer durchlässigen Schicht von Kies und Sand, die den Abfluss des reichlichen Regenwassers ermöglichte. Es war nicht nur eine gewaltige Arbeit, sondern die Anlagen verlangten auch genaue Berechnungen. Die Neigung der Plattformen bewirkte die Verteilung des Wassers vermittels eines Systems von beschotterten Kanälen und Rinnen — die von einer Terrasse zur nächsten führten — auf alle Niveaus. Der Rest des Rieselwassers wurde weggeleitet.[125]

O.F. Cook weist auch darauf hin, dass auf den Talsohlen breite und sehr weitreichende Terrassen aufgeschüttet worden waren, die oft eine Fläche von vielen Quadratkilometern bedeckten. Stützmauern und aufeinandergeschichtete Steinblöcke verhinderten das Abschwemmen der fruchtbaren Erde. "... Viele dieser Stützmauern sind zwar von primitiver megalithischer Art, aber sie erweisen sich als Wunderleistungen gut organisierter und zäher Arbeit. Ungeheure Blöcke mit einem Gewicht von vielen Tonnen wurden aufeinandergeschichtet, und zwar mit einer unglaublichen Präzision...".[126]
"Kluge Planung und erfahrene Leitung waren dafür Voraussetzungen. Nie darf man vergessen, dass die oft kilometerlangen Mauern ohne Blattskizzen ihres Grundrisses errichtet werden mussten."[127]

Wenn wir schliesslich noch die eigenen Aussagen der Indios über Wasserbauten und Errichtung von Terrassen untersuchen, dann

Ackerbau-Terrassen

Die tief eingeschnittenen, schmalen Anden-Täler waren für eine Entfaltung der Landwirtschaft nicht besonders geeignet. Der Mangel an Flachland machte sich bei zunehmender Bevölkerung ungünstig bemerkbar. Um diesem Mangel zu begegnen, schufen die Bewohner des Hochlandes das System der Ackerbau-Terrassen. Sie stuften die steilen Hänge zu kunstvollen Terrassen ab, was in technischer Hinsicht ein schwieriges Unternehmen war. "... Diese Terrassen legten sie gleichförmig und ebenmässig an, von einer künstlich errichteten Mauer zur anderen. Die Andenes (Hangterrassen) waren verschieden breit, entsprechend dem Gefälle des Hanges. An den sehr flachen Berghängen sehen wir Terrassen, fünfzig, hundert, zweihundert und mehr Fuss breit. An den besonders steilen Hängen hat es so enge und schmale Andenes, dass sie wie Treppenstufen aussehen, denn einige sind nicht mehr als drei oder vier Fuss breit. Die notwendigen Mauern, welche die Indios in gewissen Abständen errichteten, waren höchstens ein oder zwei Mann hoch, wie das Gelände es erforderte. Alle diese Arbeiten wurden in Naturstein ausgeführt..." (schreibt Pater Bernabé Cobo).

erscheint auch in diesem Lebensbereich das religiöse Weltbild der Ureinwohner des amerikanischen Kontinentes. Diese magischen Vorstellungen gehen unter anderem auch aus den Berichten des Paters Avila hervor. Der in Cuzco geborene Francisco de Avila war von 1597 an Seelsorger in der Provinz Huarochiri (im Hinterland von Lima). Während seiner vierzehnjährigen Tätigkeit sammelte der junge Priester Material über Kult und Mythos seiner Pfarrkinder. Der Eifer, mit dem Avila sein Bekehrungswerk durchführte, veranlasste die Indios, sich bei den spanischen Behörden über ihn zu beschweren, was die Versetzung des Priesters in eine andere Pfarrgemeinde verursachte. Aber die Aufzeichnungen, die Francisco de Avila nach Aussagen indianischer Gewährsleute gemacht hatte, geben uns interessante Aufschlüsse über gesellschaftliche Vorkommnisse wie auch religiöse Vorstellungen der Indios im Bereich der Wasserbauten und Terrassen.[128] Es geht aus seiner Handschrift beispielsweise hervor, dass die Kanäle und Wassergräben im Andenbereich einmal im Jahre durch alle Dorfbewohner in gemeinsamer Arbeit gereinigt wurden. Dabei feierte man jeweils ein Fest, an dem Männer und Frauen teilnahmen. Dieses Ereignis fand immer am Ende der Regenzeit statt.

Dem Text des Priesters können wir auch entnehmen, dass die Wasserleitungen im Besitze der gesamten Dorfgemeinschaft waren, und dass die immer wieder auftretenden Streitigkeiten weniger unter den Dorfgenossen als zwischen den einzelnen Ayllús ausbrachen. Es ging dabei gewöhnlich um den Anteil an der Arbeitsleistung von Zuleitungs- und Reinigungsarbeiten, sowie um die Menge des zugeleiteten Wassers. Viele Mythen aus Epochen, die lange vor der Inkaherrschaft liegen, zeugen vom hohen Alter der Wasserbauten.[129] So wird etwa berichtet: "... Seit alter Zeit soll eine Wasserleitung der Yunca, und zwar ein schmaler Kanal, aus der Cocochalla-Schlucht zu einer kleinen Anhöhe über San Lorenzo geführt haben. Diese Leitung legte nun Pariacaca (ein gottähnlicher Kulturheld), indem er sie zugleich verbreiterte ... nach unten fort. Und zwar sollen ihm Pumas, Füchse, Schlangen und verschiedene Vögel dabei geholfen haben, indem sie die Wasserleitung reinigten und einrichteten. Als die Tiere am Werk waren, gerieten Pumas, Tiger und andere in einen Streit. Es ging um die Frage, wer vorausgehen solle, um die Richtung des Kanals festzulegen. Alle wollten vorausgehen. Der

Fuchs jedoch setzte seinen Willen durch und trat an die Spitze, indem er sagte: 'Ich bin der Anführer und gehe voran.' Nachdem er die Führung übernommen hatte, schlug er die Richtung nach dem Berg über San Lorenzo ein. Da kam ein Rebhuhn geflogen und schrie plötzlich: 'psi-psi'. Ob diesem Geschrei erschrak der Fuchs sehr und stürzte ab. Darauf beschlossen die anderen Tiere voller Zorn, dass die Schlange die Leitungslinie fortsetzen solle. Und wäre der Fuchs nicht abgestürzt, dann würde die Wasserführung heute höher liegen ... Die Stelle aber, wo der Fuchs zu Fall kam, ist immer noch deutlich zu sehen, weil die Wasserleitung sich infolge seines Sturzes nach unten neigt ...".[130]

Der Wassergraben über San Lorenzo ist also nach den Vorstellungen der indianischen Bauern durch einen Halbgott in Verbindung mit einigen Tieren in längst entschwundenen Zeiten geschaffen worden. Nicht zufälligerweise beschreibt die Wasserleitung eine Zick-Zack-Linie: es waren die Windungen der Schlange, welche dies verursacht hatten. Auch die unerklärliche Neigung der Wasserführung wird durch einen magischen Vorgang erklärt, nämlich den Sturz des Fuchses. Die reale Welt der Indios verbindet sich mit den mythischen Überlieferungen.

In einem anderen Mythos wird vom Schöpfergott Viracocha berichtet, als er in Menschengestalt mit zerrissenem Hemd und zerfetzter Schulterdecke durch das Andengebiet schritt. Der Gott war so arm, dass die Menschen ihn nicht erkannten und ihn für einen elenden Bettler hielten. "... Und doch war es Viracocha, der alles erschuf. Nämlich Dörfer und Felder und die so trefflich gebauten Terrassen entstanden durch sein blosses Wort. Und auch die Kenntnis der Wasserleitung brachte er (den Menschen) einzig dadurch, dass er eine Blüte des Röhrichts, der Pupuna genannt wird, zu Boden fallen liess, damit aus dem Röhricht Wasser fliesse ...".[131] Gemäss dieser Erzählung war es Viracocha, der Schöpfergott selbst, welcher die beiden grössten Leistungen der andinen Landwirtschaftstechnik den Menschen brachte, nämlich den Bau der Wasserleitungen und die Anlage der Terrassen. Im Bewusstsein der indianischen Bauern waren Wasserbauten und Hangterrassen die gemeinsamen Schöpfungen einer Vorzeit, deren Mythos durch mündliche Erzählungen auch in ihrer Gegenwart noch lebte.

11. Die Entwicklung von den Dorfgemeinschaften zu den städtischen Siedlungen

Die Entwicklung der peruanischen Ur-Einwanderer von kleinen Sippenverbänden, die sich ihre Nahrung durch Jagen, Fischen und Sammeln von Wildfrüchten beschafften, zu Bewohnern von urbanen Zentren vollzog sich über Epochen, die viele Jahrtausende umfassten. Während der Jäger- und Sammlerzeit besassen die Menschen keine festen Wohnsitze, weil sie dem wandernden Wild nachziehen mussten. Erst seit der frühen Ackerbau-Periode (4 000 — 1 800 v. Chr.) war es den Bewohnern des andinen Raumes möglich, sich an einzelnen Orten dauernd niederzulassen. Unsere Kenntnis dieser Epoche, als es noch keinen Maisanbau gab und Töpfererzeugnisse fehlten, beschränkt sich auf die peruanische Küste. Im Norden sind es zwei Fundstellen: Huaca Prieta (an der Mündung des Chicamatales) und Asia (im Valle de Asia), die genauer erforscht wurden und die Rückschlüsse auch über die Art des Wohnens der frühen Ackerbauern zulassen. Die Häuser waren klein, sie hatten nur einen einzigen Raum und lagen halb unter der Erde. Im allgemeinen waren die Wände dieser Behausungen mit kleinen Flusssteinen oder Kieselsteinen belegt. In Regionen, wo es wenig Steine gab, wurden die Mauern aus rechteckigen Lehmziegeln gebaut. Die Hüttendächer bestanden aus Ästen oder Baumstämmen, die auf Pfosten ruhten.[132]

In Mittelperu untersuchte der Archäologe Frederic Engel die Frühzeit der sesshaften Küstenbewohner. Die älteste Niederlassung, die er fand, datierte der Forscher in eine Zeit, die ca. 5 000 Jahre vor unserer Zeitrechnung lag. Es handelte sich um Reste eines kleinen Dorfes in dem Tal von Chilca (70 km südlich von Lima). Die Siedlung bestand aus sehr einfachen, runden Hütten mit Decken aus Binsen.[133] In der nächsten Phase (3 800 — 3 250 v.Chr.) änderte sich das Modell der Dorfschaften: in dieser noch "vorkeramischen Epoche" erscheinen neben den kleinen Hütten auch grössere Gemeinschaftsbauten, die möglicherweise religiöse Zweckbestimmungen hatten. "... Damals lebten die Siedler in ziemlich grossen und verhältnismässig gut gebauten Dörfern, die hauptsächlich aus Rundhütten mit Wänden aus Binsengeflecht und Weideruten bestanden. Die Türöffnungen der Hütten wurden durch zwei Pfähle gebildet, die mit Stricken einer Weideart verstärkt waren. Die Durchmesser der Behausungen schwankten zwischen 2,5 — 4 m. Anstelle von Weideruten wurden auch Halmgewächse — je drei oder vier zusammengebundene Ruten — verwendet. Gelegentlich verstärkten auch Knochen des Walfisches das Gebäude. Alle Hütten waren halbunterirdisch angelegt, man grub sie in den Schutt der früheren Bewohner oder in den weichen Untergrund ein...".(F. Engel)[134]

Die darauffolgende Epoche war geprägt durch das Aufkommen des Maisanbaues. In Zukunft sollte der Mais das wichtigste Nahrungsmittel werden. In den gleichen Zeitraum fällt auch der Beginn der Keramik. Die Siedlungsfunde geben uns Kunde von Bauerngruppen, wohl der gleichen Sippe, die in Gemeinschaften zusammenwohnten. Als Material fanden luftgetrocknete Ziegel (Adobe) und Bergsteine, sowie Rundsteine, Verwendung.[135] Alle Anzeichen deuten auf eine wachsende Bevölkerung hin. Noch wurden die Häuser nicht planmässig angelegt, man erstellte sie voneinander getrennt. Aber die Dorfhütten gruppierten sich um grössere Gebäulichkeiten, die gemeinschaftlichen Zwecken oder dem Kult dienten. Huaca Prieta und Río Seco del León (85 km nördlich von Lima) sind Beispiele für diese Siedlungsart. Río Seco war ein bedeutendes Dorf, 500 m lang und 300 m breit. Im Zentrum der Siedlung befanden sich 5 oder 6 Gebäulichkeiten von verschiedener Grösse, als Rundbauten oder in konischer Form erstellt. Es handelte sich nicht mehr um unterirdische Bauten, da sie durch Aufschüttung von grossen Steinen und Korallenblöcken erstellt worden waren. Aber die Wohnräume wurden in die schwere, konisch angelegte Steinmasse "versenkt". Man konnte zu den Gemächern nur von oben her gelangen. Diese Zentralbauten fanden mit Sicherheit keine Verwendung als Wohnhäuser: es fehlten nämlich die Abfallhaufen, welche auf Bewohner hinweisen. Mit grosser Wahrscheinlichkeit waren es Tempel oder Gemeinschaftshäuser. Bereits lässt sich im "Baustil" ein gewisses dekoratives Element feststellen, das mit Hilfe von verschiedenartig in die Wände eingefügten Steinen erreicht wurde. Grosse Steine wechseln zudem mit getrockneten Erdziegeln ab. Über den Türen, welche die Räume miteinander verbanden, befanden sich Balken aus dem Holz einer bestimmten Kakteenart.[136]

Nach Beginn des ersten Jahrtausends v.Chr. entstanden grosse Tempel, und ein neuer Kunststil breitete sich über weite Gebiete der Anden und der Küste aus. Man spricht von einem ersten "panperuanischen" Stil, benannt nach dem wichtigsten Fundort Chavín (de Huantar) im Hochland von Peru. Man nimmt an, dass die Ruinenstätte ein religiöses Zentrum war, das von Zeit zu Zeit von Pilgerzügen besucht wurde. Die Pilger erbauten nicht nur die eindrucksvollen Tempelanlagen, sondern trugen den Kult, und damit den Stil von Chavín in weit entfernte Gebiete des peruanischen Raumes. In dem kleinen Hochtal (3 100 m ü.M.) konnte sich keine grössere Bevölkerung ernähren, der Ort war also nicht Mittelpunkt eines volkreichen Gebietes. Die Ruinenstätte zeigt an, dass in einem gewissen Umkreis die Oberfläche vollständig umgestaltet worden war, mit einem vertieften Hof, erhöhten Plattformen, Terrassen, Plätzen samt steinernen Gebäuden. Der wichtigste Bau (von den Spaniern **Castillo** genannt) war grosszügig angelegt worden, mit einer beinahe quadratischen Grundfläche von 75 auf 72 m. Das Innere des Tempels bestand aus einem wirren Durcheinander von Mauern, Emporen, Räumen, Treppen und Rampen, die sich auf drei Stockwerke verteilten. Die Räume und Emporen wurden niedrig gehalten, ungefähr 1,8 m, die Zimmer hatten eine Höhe von 2 — 4,5 m. Mit Ausnahme des Haupteinganges, der zum Erdgeschoss führte, gab es keine Fenster oder Türen. Das Castillo zeigt eine fortschrittliche Architektur. Man kann aus der in trockenem Steinmauerwerk errichteten Anlage schliessen, dass das Heiligtum nach einem vorher ausgeführten Modell gebaut wurde. Es besteht kein Zweifel, dass eine lange Zeit technischer Entwicklung vorausgegangen sein musste, die eine solche Anlage — mit teilweise rechteckig zugehauenen Steinen — ermöglichte.[137]

Verschiedene Forscher sind der Ansicht, dass der Kult von Chavín eng mit der wachsenden Bedeutung der Maispflanze verbunden war. Der Mais war schon vor Beginn der Chavín-Periode im Andengebiet bekannt, aber die Verbreitung der fortan wichtigsten Kulturpflanze erfolgte gleichzeitig mit dem Aufkommen der "Religion von Chavín". Manche Autoren glauben auch, dass zu dieser Zeit eine neue, ertragreichere Maisart bekannt wurde.[138]

Der Anbau von Mais bewirkte soziale Veränderungen innerhalb der einzelnen Siedlergruppen wie auch in ihrem Verhältnis zu den umgebenden Volksstämmen. An der peruanischen Küste musste das notwendige Wasser für die Bewässerung der Flüsse zugeleitet werden. Nur grossangelegte Arbeitseinsätze konnten solche Werke vollbringen. Dazu waren die lokalen Stammesgruppen nicht mehr in der Lage: die überregionalen Bewässerungsinstallationen führten zwangsläufig zu neuen sozialen Organisationen. Die gleiche Entwicklung vollzog sich auch in den Bergtälern, da Mais in diesen hochgelegenen Gebieten — wegen des harten Klimas — eine relativ lange Wachstumszeit benötigt, die durch Zuführung von Wasser abgekürzt werden muss. Auch in den Berggebieten entstanden deshalb Bewässerungsanlagen, die überregional gebaut und verwaltet wurden.[139]

Unter der Leitung einer neugebildeten Herrenschicht entstanden in öffentlichen Arbeiten von gewaltigem Ausmass die Bewässerungsanlagen. Auf den Keramikgefässen der Mochica, welche in ihrer Blütezeit (300 v.Chr. — 500 n.Chr.) eine Art Reich an der peruanischen Nordküste gebildet hatten, bemerkt man starke Unterschiede in der gesellschaftlichen Stellung der Menschen. Die Malereien stellen einzelne Personen, auf erhöhten Sockeln sitzend, dar, welche die Huldigung anderer Menschen entgegennehmen. Solche Herrscher oder Führer werden auch auf Sänften getragen. Tempelpyramiden, aus Adobe-Ziegeln errichtet, weisen ebenfalls auf eine autoritäre Führerschaft dieser Priester oder Priesterkönige hin, die ihre Macht in grosszügigen Bauten demonstrieren wollten.[140]

Unter den zahlreichen Kultanlagen gehören die Zwillingspyramiden **Huaca del Sol** ("Sonnenheiligtum") und **Huaca de la Luna** ("Mondheiligtum") zu den eindrucksvollsten Bauwerken. Die beiden Tempel befinden sich in Moche (unweit der heutigen Stadt Trujillo), sie sind aus soliden Adobe-Ziegeln erstellt worden. Die **Huaca del Sol** misst in der Grundplattform 118 auf 136 m und besteht aus fünf terrassenförmig angeordneten Plattformen (gesamthaft 18 m hoch), die von einer 23 m hohen Stufenpyramide überragt wurde, so dass die Gesamthöhe des Heiligtums 41 m misst. Der Aussenmantel, bestehend aus grossen Ziegelpfeilern, wurde um einen kleinen Kernbau gelegt. Dort, wo die Pyramide aufgerissen ist — auf der Fluss-Seite, durch Schatzsucher, welche in der Kolonialzeit den Moche-Fluss gegen den Tempel leiteten — sieht man, dass das Gebäude nicht in horizontalen Lagen aufgebaut wurde. Die Erbauer des "Sonnenheiligtums" schichteten die Ziegel aufeinander, und zwar in verschiedener Stärke und nicht immer in geraden Fugen. Man schätzt, dass dieser Bau 130 Millionen Adobe-Ziegel enthält.[141]

Huaca del Sol bei Moche

Unter Leitung ihrer Priester-Könige schufen die Mochica in öffentlichen Arbeiten von gewaltigem Ausmass weit ausgedehnte Bewässerungsanlagen. Es bildete sich an der peruanischen Nordküste ein Reich, das mehrere Oasen-Täler umfasste. Die Tempelpyramiden, aus Adobe-Ziegeln errichtet, weisen auf eine autoritäre Führerschaft der Priester hin. Unter den zahlreichen Kultanlagen gehört das "Sonnenheiligtum" (Huaca del Sol) zu den eindrucksvollsten Bauwerken. Das Heiligtum misst an der Grundplattform 118 x 136 m und besteht aus 5 terrassenförmig angeordneten Plattformen. Die Gesamthöhe der Huaca del Sol beträgt 41 m. Dort, wo die Pyramide aufgerissen ist, — auf der Flusseite durch Schatzsucher, welche in der Kolonialzeit den Moche-Fluss gegen den Tempel leiteten — sieht man, dass das Gebäude nicht in horizontaler Lage aufgebaut ist.
Die Erbauung geschah durch vertikale Ziegelteile, die aneinander gelegt wurden und zwar in verschiedener Stärke und nicht in geraden Fugen. Man schätzt, dass für den Bau 130 Millionen Adobe-Ziegel Verwendung fanden.

Die **Huaca de la Luna** ist kleiner, ihre Grundplattform hat eine Grösse von 80 auf 60 m und der Bau insgesamt eine Höhe von 21 m. Es handelt sich um eine gewaltige gestufte Terrasse, da die Spitzenpyramide fehlt. Auch dieses Heiligtum wurde aus grossen liegenden Lehmziegeln erstellt, die aber viel flacher sind als diejenigen der Sonnenpyramide.[142]

Eine genauere Untersuchung der verwendeten Ziegel ergab interessante Hinweise auf Sozialstrukturen und Arbeitsweisen, die zur Zeit der Errichtung der beiden Pyramiden im Moche-Tal bestanden. Ein Grossteil des für die Herstellung der Adobe verwendeten Materials war tonhaltige Erde von brauner Farbe, daneben fand auch rötlicher und grauer Ton Verwendung. Von besonderer Bedeutung sind die Markierungszeichen, die in den feuchten Lehm eingedrückt worden waren und auf den Ziegeln als "Fabrikmarken" erscheinen. Insgesamt wurden ca. hundert verschiedenartige Zeichen festgestellt, was auf hundert verschiedene Produktionsgruppen hinweist. Es waren Stammesgruppen und Familienverbände des Moche-Tales, welche durch ihre Arbeitsleistung den Tribut an die Oberschicht der Priester und Priesterkönige entrichteten. Da die gleichen Markierungszeichen in unterschiedlicher Anzahl in den Bauten angetroffen wurden, kann man annehmen, dass die Zahl der Familienmitglieder der tributleistenden Volksstämme verhältnismässig stark schwankte. Die Erbauung der gewaltigen Pyramiden erstreckte sich über eine lange Zeitdauer. Es wurde beispielsweise festgestellt, dass die Plattform des Sonnenheiligtums erst hundert Jahre nach dem Unterbau fertiggestellt wurde. Auch in den später entstandenen Bauteilen finden sich Ziegel mit den gleichen Markierungen, wie sie bei Beginn der Bauten Verwendung fanden. Dies beweist, dass die Volkseinheiten der Tributpflichtigen über viele Generationen hinweg die gleiche Sozialstruktur bewahrten.

Nicht nur für die Herstellung des Baumaterials wurden die Familienverbände herangezogen, sondern auch für die eigentlichen Bauarbeiten. Heute noch lässt sich feststellen, dass einzelne Partien von "geschickteren Händen" ausgeführt worden waren, während grössere Komplexe von unsorgfältiger Arbeit zeugen und auf weniger erfahrene Leute eines bestimmten Volksstammes hinweisen. Offenbar haben die Baugruppen ihre eigenen Ziegel verarbeitet, denn sorgfältiger und nachlässiger gebaute Komplexe unterscheiden sich auch in den Markierungszeichen.[143]

Zwischen den beiden Pyramiden dehnte sich früher eine Häuserstätte aus, von der noch einzelne Erhöhungen zeugen, welche die Mauerreste von Bauten enthalten. Dass die Umgebung der beiden Kultstätten einmal ein grosser Siedlungsraum war, geht auch aus einem Gräberfeld hervor, das sich einen Kilometer lang nördlich und südlich am Flusse des nah gelegenen Cerro Blanco und hinter der Huaca de la Luna über die sandige Ebene hinzieht. Aus den zahlreichen Grabfunden konnte der deutsche Amerikanist Max Uhle die Mochica-Epoche eindeutig bestimmen.[144] Die Keramikmalereien geben auch Kunde davon, dass die Krieger in dieser Epoche besonders geehrt wurden, was auf eine militärische Struktur der Mochica-Gesellschaft hinweist. Man sieht auf den Vasen die Nachbildungen von Kriegern in voller Rüstung; sie tragen Keulen, Kriegsäxte, Speere und Wurfhölzer sowie Schilde. Dies alles weist darauf hin, dass die einzelnen Gebiete eine grosse Bevölkerungsdichte erreicht hatten, und sich organisierte Staatswesen zu bilden begannen. Es gab Kämpfe um Land, Wasserzufuhren und Macht. Befestigte Zufluchtsstätten wurden gebaut, um Schutz vor feindlichen Angriffen zu bieten oder als Ausgangsbasen für eigene kriegerische Unternehmungen zu dienen. Einzelne Dörfer stritten sich um die Vorherrschaft oder schlossen Bündnisse mit andern grösseren Siedlungen ab.

Diese Entwicklung lässt sich besonders deutlich im Virú-Tal (nördliche Küste) nachweisen, weil verschiedene archäologische Untersuchungen in jenem Gebiet eine fast lückenlose Besiedlung von der vorkeramischen Zeit bis zur spanischen Eroberung feststellten, und zwar von den ersten sesshaften Bauern bis zu den Bewohnern der eigentlichen Städte. Man fand die Dörfer der frühen Ackerbauer anfänglich als planlose Ansammlungen von Wohnbauten. Im Zentrum jeder Dorfschaft befand sich eine kleine Pyramide oder ein Tempel. Aus einer solchen Siedlung entwickelte sich "das grosse Dorf", welches aus zahlreichen Häusern bestand, die sich auf einem beschränkten Raum zusammendrängten. Das Charakteristikum dieses Siedlungstypus besteht darin, dass es noch keine Strassen und keine geplanten Durchgänge zwischen diesem Wirrwarr von Häusern gab. Mit der Zeit entstanden geplante Siedlungen, die aus rechteckigen Bauten bestanden (Lehmbauten oder Adobe-Ziegelbauten). Eine gemeinsame Aussenmauer umgab nunmehr das ganze Dorf. Die Wohnbauten gruppierten sich auch in dieser Epoche um ein

Kulturzentrum. Jorge E. Hardoy, welcher umfangreiche Forschungen durchführte, setzte diese Entwicklung in die Zeit von 400 v.Chr. bis zur Zeitwende. In die gleiche Periode fällt auch der Bau von Bewässerungsanlagen, Strassen und militärischen Werken. Es war ein Zusammenwirken verschiedener Elemente, welche die Grundlage für die Entstehung von Städten schufen. "... Während der vier Jahrhunderte vor der christlichen Zeit vollzog sich im Virú-Tal eine Entwicklung in Richtung einer politischen Zentralisierung, welche zum Bau von Bewässerungskanälen und Strassen führte. Dies wiederum erlaubte eine bessere Ausnützung der natürlichen Ressourcen des Tales. Zusammen mit dem höher entwickelten Ackerbau und der wachsenden Produktivität stieg auch die Bevölkerungszahl, was wiederum die technische Entwicklung der Menschen anspornte...".[145]

Um die Zeitwende bestand im Virú-Tal eine festgefügte, mehr oder weniger durchorganisierte Gesellschaft, die entweder eine einheitliche Regierung besass, oder sich aus der Föderation verschiedener "Dorfstaaten" gebildet hatte. Das ganze Tal stellte nunmehr eine wirtschaftliche und kulturelle Einheit dar, die einzelnen Dörfer waren gegenseitig voneinander abhängig. Innerhalb der Dorfschaften lässt sich mit der Entwicklung der Landwirtschaft, des Bauwesens und des Handwerks eine wachsende Spezialisierung der Arbeitskräfte feststellen. Doch kann man diese Siedlungen noch nicht als eigentliche Städte bezeichnen, da ihnen immer noch einige wesentliche urbane Merkmale fehlten. Aber unverkennbar zeigte sich ein zunehmender Hang zu grossen, aber weniger zahlreichen Siedlungen.[146]

12. Die vorspanischen Städte Gross-Perus

Eine Siedlung in Indo-Amerika war nach der Definition von Jorge E. Hardoy ("Precolumbian Cities") eine **Stadt,** wenn sie folgende Charakteristiken und Funktionen aufwies:[147]

- Gross und stark bevölkert im Verhältnis zu ihrer geographischen Lage
- Permanente Siedlung
- Mindest-Bevölkerungsdichte entsprechend der Zeit und der Lage
- Mit urbanen Strukturen und einem urbanen Grundriss versehen, erkennbar an Strassenführungen und Raumgliederung
- Ein Ort, wo Menschen arbeiten und leben
- Urbane Funktionen enthaltend: Markt — politisches und administratives Zentrum — religiöses Zentrum — militärisches Zentrum — intellektuelles Zentrum. (Die einzelnen Funktionen können sich in verschiedenen Zusammenstellungen ergänzen und besitzen entsprechende Institutionen)
- Residenz der herrschenden Klasse und das Bestehen einer differenzierten Gesellschaft samt ihrer entsprechenden hierarchischen Machtstruktur
- Zentrum einer urbanen Wirtschaft mit einer Bevölkerung, die bis zu einem gewissen Grade von der Agrarproduktion abhängig ist (die durch Menschen erbracht wird, die in ihrer Mehrheit ausserhalb der Stadt wohnen). Ein Teil der Arbeitskräfte innerhalb der städtischen Siedlung verarbeitet Rohstoff für einen Markt, der grösser ist als die Stadt selbst
- Dienstleistungszentrum für die umliegenden Gebiete und Entwicklungskern für technischen und urbanen Fortschritt
- Mit einer städtischen Lebensweise, die sich deutlich von der ländlichen oder halbländlichen Lebensweise unterscheidet

In den ersten Jahrhunderten nach der Zeitwende begann die Erbauung von grossen Tempelzentren, um die sich Siedlungen zu bilden pflegten, anfänglich oft nur von Priestern, Tempeldienern und Handwerkern im Dienste der Religionsgemeinschaften bewohnt. In der Bauweise dieser Anlage können wir entsprechend den Regionen Hochland, Nordküste, Südküste drei verschiedene Typen unterscheiden:

1. Hochlandbauten mit mächtigen Tempelanlagen und Siedlungen in Stein erstellt.
2. Bauten an der Nordküste mit grossen Pyramiden und städtischen Zentren aufgrund der "Wasserbau-Föderationen" und den daraus entstandenen "Wasserbau-Reichen".
3. Kleinere Kultbauten und Siedlungen an der Südküste, die innerhalb der einzelnen politisch voneinander unabhängigen Talschaften entstanden waren.

Alle diese Anlagen weisen Merkmale auf, dass sie als religiöse Zentren geplant worden waren oder sich als Mittelpunkte bestimmter politischer Gebiete herausgebildet hatten. Die Historiker bezeichnen im allgemeinen diese Epoche (500 — 1 100 n.Chr.) als "Expansionistische Zeit", die dann von der eigentlichen **"Städtebauer-Zeit"** abgelöst wurde.

a. Tiahuanaco

Auf einer Höhe von 4 000 m in Bolivien, etwa 21 km südöstlich vom Titicaca-See gelegen, befindet sich eine alte Ruinenstätte. Es sind die Überreste von zwei ausgedehnten Pyramiden und von zwei Grossbauten, welche die frühere Bedeutung von Tiahuanaco anzeigen. Eine dieser Anlagen bildete eine Plattform von 135 m Länge 130 m Breite samt einem Innenhof. Das grösste Bauwerk war eine Terrassenpyramide von etwa 15 m Höhe, die ein mächtiges Wasserbecken mit Überlaufkanal besass, und die auch einen kleinen Komplex von Wohnbauten enthielt. Für die Erstellung der Tempel und Pyramiden wurden Steine verwendet, die kunstvoll behauen sind. "... In keinem Teil der Welt habe ich behauene Steine gesehen, die mit solcher mathematischen Genauigkeit und mit so erstaunlicher Geschicklichkeit geschaffen wurden wie in Peru, und in keinem peruanischen

Gebiet gibt es Steinarbeiten, welche die Bauwerke von Tiahuanaco übertreffen würden...".[148]

Es erregte die Verwunderung der Fachleute, dass Steinblöcke von vielen Tonnen Gewicht verwendet werden konnten. Als Baumaterialien dienten Andesit (eine harte Gesteinsart der Anden) und Sandstein. Die Steinquader ermöglichen dank ihrer glatten Flächen ein fugenloses Aneinanderreihen. Für den Zusammenhalt der Steine verwendeten die Erbauer von Tiahuanaco Kupferklammern oder Bronzebolzen. Es handelte sich dabei um Metallteile, die in die T-förmig gemeisselten Vertiefungen eingehämmert oder eingeschmolzen wurden. "... Ferner haben die Quader abwechselnd Vertiefungen und kleine hervorragende Teile, ähnlich den Zapfenlöchern und Zapfen, um sich gegenseitig in horizontaler Lage festzuhalten... Dies alles zeigt uns, mit welchen Mitteln ein Volk, dem der Zement unbekannt war, seinen Bauwerken Standfestigkeit und Dauer zu geben vermochte...".[149]

Auf dem Ruinenfeld hat man auch eine Anzahl von grossen menschlichen Statuen entdeckt. Die grösste bisher aufgefundene Stele ist eine 7,3 m hohe Menschenfigur aus rotem Sandstein. Die Darstellung wirkt auf den Betrachter steif und leblos. Alle bisher entdeckten Steinfiguren zeigen Abbildungen von Männern. (In keiner der verschiedenen Kunstperioden von Tiahuanaco und in keiner Kunstaussage — weder in Steinfiguren und Steinreliefs noch auf keramischen Gefässen — wurde je ein weibliches Wesen dargestellt.)

Von besonderer Bedeutung ist das grosse Tor, das sich heute am Eingang des Hofes der Plattform befindet. Die Skulptur wurde aus einem einzigen Andesitblock gemeisselt und ist als "Sonnentor" bekannt. Der Steinblock ist ungefähr 3 m hoch und 3,75 m breit, das Gewicht wird auf 10 Tonnen geschätzt. Mit Sicherheit hatte das Sonnentor eine religiöse Funktion. Darauf weist schon die grosse Gestalt in der Mitte des Steinfrieses hin. Die Figur besitzt menschliche Züge, ihr Haupt ist von einem Strahlenkranz umgeben. Es scheint sich um das Heiligenbild einer Gottheit zu handeln, die Tränen in Form von Pumas vergiesst.[150]

Die Ruinenstätte von Tiahuanaco deutet auf eine frühere grosse Siedlung als Hauptstadt eines Reiches hin. Diese Annahme scheint auch darum berechtigt zu sein, weil man im ganzen Andengebiet (im Hochland wie auch an der Küste) das Leitmotiv des Sonnentor-

Das Sonnentor von Tiahuanaco
 Etwa 21 km südöstlich vom Titicacasee, auf einer Höhe von 4000 m in Bolivien gelegen, befinden sich die Ruinen der alten Kultstätte von Tiahuanaco. Von besonderer Bedeutung ist das grosse Tor, "Sonnentor" genannt, welches aus einem einzigen Andesitblock gemeisselt worden war. Der Steinblock ist ungefähr 3 m hoch und 3,75 m breit. Das Gewicht wird auf 10 Tonnen geschätzt. Mit Sicherheit hatte das Sonnentor eine religiöse Funktion. Das Bild auf der Vorderseite ist ein Ausschnitt aus dem Mittelstück des Frieses. Es stellt einen Gott-Priester dar. Die Figur besitzt menschliche Züge, ihr Haupt ist von einem Strahlenkranz umgeben. Der Priesterkönig nimmt die Huldigung der achtundvierzig maskierten Figuren entgegen, die auf dem Fries dargestellt sind.

Reliefs immer wieder antrifft, und zwar in der Keramik wie auch in den Textilien. Ferner setzen die grosszügigen Bauwerke und die Steinhauerarbeiten von Tiahuanaco eine gut organisierte und geordnete Gesellschaft voraus. Nur eine straffe Leitung, die eine Oberschicht unter einem mächtigen Fürsten ausüben konnte, war in der Lage, über das notwendige Heer von Arbeitskräften zu verfügen.

Was aber den Forschern auffallen musste, war, dass in dieser Stätte sich offenbar keine Wohnbauten befanden, mit Ausnahme von geringen Wohnmöglichkeiten für Priester und Wächter. "... Die Häuserruinen, die bis jetzt gefunden wurden, sind noch ungenügend, um die permanente Besiedlung durch eine hierarchisch aufgebaute Gesellschaft mit städtischen Institutionen zu bestätigen...". Dennoch ist Jorge Hardoy, von dem die obige Aussage stammt, der Ansicht, dass Tiahuanaco für seine Zeit ein beträchtliches urbanes Zentrum war und während Jahrhunderten permanent bewohnt wurde.[151]

Sicher jedoch war diese hochgelegene Stätte ein bedeutendes religiöses Zentrum. Manche Forscher nehmen an, dass grosse Volksmengen in regelmässigen Pilgerfahrten zu den kultischen Festen nach Tiahuanaco strömten: auf alle Fälle beweisen die mächtigen Tempelanlagen und Pyramiden den früheren religiösen Charakter der Ruinenstätte. Mit Hilfe moderner Untersuchungsmethoden gelang es, die Bauzeiten zwischen dem 3. und 4. Jahrhundert nach Christus festzulegen.

Wahrscheinlich kamen Tiahuanaco auch noch andere Funktionen zu. In jener Epoche war die Zucht von Lamas und Alpacas bereits ein bedeutender Wirtschaftszweig in den hochgelegenen Gebieten der Anden. Wolle, Wolltücher und getrocknetes Fleisch wurden auch in den tiefer gelegenen Regionen, besonders an der Küste, sehr geschätzt. Ausserdem bezogen die Küstenbewohner aus dem Hochland getrocknete Kartoffeln und eine Art Kartoffelextrakt. Umgekehrt begehrten die Menschen des Altiplano (Hochlandes) den Mais als Nahrungsmittel und für die Zubereitung von Maisbier. Ferner schätzten sie die Baumwolle des Tieflandes für die Herstellung bestimmter Textilien. Es ist deshalb wahrscheinlich, dass Tiahuanaco nicht nur ein religiöses Zentrum bildete, sondern zugleich die Stellung eines bedeutenden Marktplatzes einnahm.[152]

b. Die Stadt Huarí und der Stil von Tiahuanaco

In der Epoche von 600 — 1000 n.Chr. breitete sich ein Kunststil — wahrscheinlich in Verbindung mit dem religiösen Kult von Tiahuanaco — in fast allen Teilen Perus aus. Die Forschungen der letzten Jahre haben ergeben, dass das Zentrum auf der bolivianischen Hochfläche erstellt worden war, ehe sich sein Stil im Bergland und an der Küste zu verbreiten begann. Dies geschah durch Übernahme von Stilelementen, die mit Tiahuanaco in Zusammenhang standen. An den Keramikgefässen und auf den Textilien erschienen immer wieder die Motive des Sonnentores: Pumas, Kondore und andere Figuren, die im Profil dargestellt wurden und häufig auch geometrische Elemente enthielten. Man kann annehmen, dass die Verbreitung des Tiahuanaco-Stiles durch die Pilger geschah, welche an den religiösen Feierlichkeiten teilnahmen. Die Übernahme des Kultes durch entferntere Völkerschaften scheint von einem politischen Druck begleitet gewesen zu sein. Festungsbauten, Waffen als Grabbeilagen und Darstellungen von Kriegern auf Keramikgefässen deuten auf eine Periode der Unruhen, der Expansionen und der Eroberungslust hin. Sicher gab es in dieser Epoche auch Kriegszüge zwischen benachbarten Siedlungen und Talschaften. Diese Entwicklung war wohl das Ergebnis einer Stärkung der politischen Organisation und Festigung der Macht einzelner Gruppen innerhalb ihrer Stammesgemeinschaften.[153]

Nach der Ansicht von R.P. Schaedel waren Urbanisierung, Militarismus, Säkularisierung und Klassenbildung die entscheidenden Strömungen der Tiahuanaco-Periode. Es wird dabei vorausgesetzt, dass ein militärisches Vordringen der Hochlandbewohner nach der Küste diese tiefgreifenden Umwälzungen und soziopolitischen Veränderungen bewirkt hatte. Dadurch wurden die Voraussetzungen für die Bildung von grossräumigen Staaten geschaffen, wie sie sich im Chimú-Reich an der Küste und im Inka-Reich im Hochland später herausbildeten. Ein neuer Siedlungstyp entstand während der Tiahuanaco-Periode, nämlich das "urbane, weltliche Zentrum". Diese Anlage stellte eine Zwischenform dar zwischen dem relativ undifferenzierten grossen Dorf und der hochdifferenzierten Stadt (die Schaedel als "city" bezeichnet). Das weltliche Zentrum wurde durch eine grossräumige und in verschiedene Segmente aufgeteilte Siedlung

gebildet, welche eine Anzahl durch ihre Funktion verschiedener Baukomplexe aufwies:
- Ansammlung von Wohnräumen
- Ansammlung von eigentlichen Häusern in rechteckigen, ummauerten Gevierten
- Verwaltungsgebäude als gesondert dastehende Grossbauten
- Zeremonialbauten wie Pyramiden und Anlagen von Plätzen für Kultzwecke

Diese genannten Charakteristiken finden wir, einzeln oder kombiniert, bereits in den "grossen Dörfern" der früheren Epochen. Durch folgende Bauten wurden nun diese Merkmale nach innen zusammengefasst und nach aussen abgetrennt und bedingten (nach Schaedel) den Übergang vom "grossen Dorf" zu einer Siedlung mit urbanen Strukturen:
- Grenzwälle und Verteidigungsmauern zur Abgrenzung nach aussen
- Trennmauern im Innern
- Zugangsstrassen zur Innenstadt sowie Strassen und Wege innerhalb der städtischen Siedlung
- Kanäle, welche die Stadt mit dem Bewässerungsnetz der umliegenden Talschaft verbinden, sowie Verteilerkanäle im Innern der Stadt; Abwassergräben. (Besser ausgebaute Städte enthielten zudem auch Wasserreservoirs)
- eigene Vorratshäuser und Gartenanlagen

"Während sowohl Urbanisierung wie auch Säkularisierung in der vorangehenden Zeit als beginnender Trend erscheinen, wurde dieser Entwicklungsprozess in der Tiahuanaco-Epoche beschleunigt und entscheidend festgelegt."[154]

Es ist deshalb anzunehmen, dass der Stil von Tiahuanaco in Verbindung mit dem Kult von einer städtischen Siedlung als einem Machtzentrum ausgegangen war. Im peruanischen Departement Ayacucho wurde die grosse Fundstätte **Huari** entdeckt, die einem ausgedehnten Reich als Hauptstadt hätte dienen können. Die Ruinenstätte hat eine Ausdehnung von 10 km^2; immer noch kann man ummauerte Anlagen sowie Bauwerke und Überreste zahlreicher Häuser erkennen. Manche Häuserruinen erheben sich bis zu einer Höhe von 8 m. Sämtliches Mauerwerk besteht aus rohen, mit Lehm verbundenen Feldsteinen, und war ursprünglich mit Lehm verputzt (Pirca-Mauern).

"...Obwohl wir keine Beweise für einen vorausgegangenen Plan besitzen, finden wir im Bau der Stadt doch eine gewisse Regelmässigkeit, beispielsweise in der Anordnung der 12 m hohen Feldsteinmauern. Das gleiche gilt für die Anlage der Plätze und Strassen. Auch die Häuser weisen eine regelmässige Form auf. Im allgemeinen wurden die Wohnbauten ohne Fenster erstellt. Trotz der Stellung als Verbreitungszentrum einer Kultur war Huarí eine Stadt, welche sich kontinuierlich entwickelt hatte bis zu ihrem Höhepunkt um 900 n. Chr. Die Blütezeit dieser urbanen Siedlung fiel zusammen mit der ersten imperialen Expansion der Tiahuanaco-Kultur, deren Hauptstadt Huarí war...
Zwei Jahrhunderte später war die Stadt (welche als Mittelpunkt von grösseren abhängigen Gebieten gedient hatte) bereits verlassen. Dadurch wird auch der Niedergang der militärisch-religiösen Gesellschaft aufgezeigt, welche Huarí einst zum Blühen gebracht hatte...
Die Bedeutung dieser Stadt liegt darin, dass sie möglicherweise als Ausbreitungszentrum jener Prinzipien für Stadtplanung und urbane Bauweise gedient hatte, welche sich über ganz Peru auszubreiten begannen...".[155]

Zwischen 1000 und 1300 nach der Zeitwende zerfiel aus unbekannten Gründen der Kult von Tiahuanaco, und damit begann auch der Niedergang und schliesslich das vollständige Verschwinden des damit verbundenen Kunststiles. Die alte Wallfahrtsstätte war bereits Jahrhunderte früher nicht mehr besucht worden, die Tempel wurden verlassen und das Zeremonienzentrum geriet in Vergessenheit. Als 1533 die ersten Spanier im bolivianischen Hochland erschienen, wussten die Anwohner der Ruinenstätte keine Auskunft über die ehemalige Bedeutung von Tiahuanaco zu geben. Pedro Cieza de Léon besuchte ein Jahrzehnt später das frühere Heiligtum, er schreibt darüber in seiner Chronik: "...Ein Teil dieser Bauwerke existierte schon sehr lange vor der Inka-Herrschaft, und die Indianer behaupten, dass die Inka ihre grossen baulichen Anlagen in Cuzco nach dem Plan dieser Anlagen errichtet hätten...Ich habe die

Steinfigur von Tiahuanaco

Auf dem Ruinenfeld von Tiahuanaco hat man auch eine Anzahl von grossen menschlichen Statuen entdeckt. Die Darstellungen aus Stein wirken auf den Betrachter ernst und feierlich. Es scheint, dass die "steinernen Männer" das starre Zeremoniell der Priester dieser Kultstätte zum Ausdruck bringen. Bemerkenswert sind die feinen Verzierungen, die überall an der Stele eingemeisselt wurden. Es kann angenommen werden, dass fein gearbeitete Stoffe dafür als Vorlage dienten.

Eingeborenen gefragt, ob diese Bauten von den Inkas stammten. Sie lachten über diese Frage und wiederholten, dass die Bauten viel, viel älter seien, aber sie könnten mir nicht sagen, wer sie errichtet hatte. Die Indios hätten jedoch von ihren Ahnen gehört, dass die Bauwerke alle über Nacht auf einmal dagewesen seien...".[156]

c. Chan-Chan, die Hauptstadt des Chimú-Reiches

In der "Periode der Städtebauer" bildete sich eine Anzahl von kleineren Staaten, die sich teilweise bekämpften oder auch zu grösseren Gebilden zusammenschlossen. An der Nordküste, wo die Mochicas früher bereits eine Hochkultur entwickelt hatten, entstand das grösste und wichtigste dieser Königreiche, nämlich **Chimú** (auch Chimor genannt). Was sich in der Mochica-Epoche erst angebahnt hatte, erreichte nun seinen Höhepunkt. Gewaltige Bewässerungsanlagen wurden errichtet, die bis zu fünf Täler miteinander verbanden. Die Chimú erreichten einen Grad an staatlicher Macht und staatlicher Integration, den es bisher im Küstengebiet Gross-Perus noch nicht gegeben hatte. Dieses Reich entstand im Jahre 1370, als der Herrscher der Chimú die benachbarten sechs Täler mit Waffengewalt unter seine Herrschaft brachte. Schliesslich umfasste das Chimú-Reich alle Küstentäler Nord- und Mittel-Perus, von Tumbes im Norden bis Paramonga im Süden, ungefähr 900 km entlang der Küste. Da dieser Staat zur Zeit der Eroberung Gross-Perus durch die Spanier (1532) noch bestand, wenn auch nur als inkaisches Vasallenreich, besitzen wir ausser den archäologischen Funden durch die Berichte einzelner spanischer Chronisten auch geschichtliche Zeugnisse. Die historischen Quellen geben uns Kunde von der grossen Macht des als Gott verehrten Herrschers und von einer stark privilegierten Oberschicht. Vor der "Städtebauer-Epoche" hatte die herrschende Schicht in den verschiedenen Tälern verstreut um die zahlreichen Heiligtümer herum gelebt. Nun entstanden grössere Städte, in denen sich der Adel niederliess. Die Dörfer wurden zum Teil aufgegeben, und die Bevölkerung der Küstentäler begann sich in der Hauptstadt Chan-Chan oder in anderen urbanen Zentren anzusiedeln. Beispielsweise ging im Virú-Tal die

Zahl der Dorfschaften plötzlich stark zurück, nämlich von 100 Siedlungen auf 40 Dörfer.[157] Jedes Tal besass nunmehr seinen städtischen Mittelpunkt. Zur Hauptstadt des gesamten Reiches hatte sich Chan-Chan in der Umgebung der heutigen Stadt Trujillo entwickelt. Da Stein und Holz in den Küstengebieten relativ selten sind, wurden die Städte zum grössten Teil aus **Adobe** (luftgetrockneten Ziegeln) und aus **Tapia** (gestampften Lehmmauern) erbaut. Die Qualität der Lehmziegel war so gut, dass noch in unserem Jahrhundert, gemäss einer Mitteilung des Archäologen Max Uhle, Adobeziegel von Chan-Chan zum zehnfachen Preis der übrigen Bauziegel gehandelt wurden.[158]

Über seine Untersuchungen, die George Squier in der zweiten Hälfte des letzten Jahrhunderts in der Ruinenstätte von Chan-Chan vorgenommen hatte, schreibt er: "... Die äussere Mauer (des "Palastes") besitzt eine Höhe von 25 – 30 und mehr Fuss (7,5 – 9 m), sie ist an der Basis 10 Fuss (3 m) dick und hat einwärts geneigte Seiten, so dass sie oben kaum die halbe (Basis-)Dicke besitzt. Vom Boden beginnend ist die Mauer 5 – 7 Fuss (1,5 – 2,1 m) hoch aus rauhen Steinen erstellt, die in zähem Lehm eingebettet sind, dem man wohl noch andere Stoffe beimischte, um das Bindemittel wirksam zu machen. In Abständen von wenigen Fuss kann man aus der Mauer die Enden grosser Stämme der **Caña Brava** oder des Bambusrohres hervorragen sehen, welche in den Boden eingerammt worden waren, um der Mauer mehr Festigkeit zu geben. Es ist möglich, dass diese Stämme durch andere, horizontal liegende Holzstrünke untereinander verbunden waren und dadurch der Mauer grössere Stärke und Bindung verliehen ...".[159]

Die Küstenebene ist heute noch mit Überresten von Wohnbauten, Strassenanlagen, Pyramiden, Wasserbehältern und Aquaedukten übersät. Schätzungsweise bedeckt das ganze Ruinenfeld von Chan-Chan eine Fläche von 20 km^2, während die zentrale Zone ungefähr 4 km in Richtung Nord-Süd und 1,5 km in Richtung Ost-West umfasst. "... Die äusseren Merkmale von Chan-Chan und sein Plan waren vollständig verschieden von allen vorspanischen Städten in Amerika. In den urbanen Siedlungen wurde nämlich das Zentrum aus einem Gebäude oder einer Gruppe von Gebäuden gebildet, deren Grösse und Stellung den Grad der Beherrschung anzeigten, welche die entsprechende Religionsgemeinschaft oder die herrschende Schicht

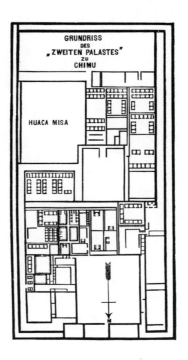

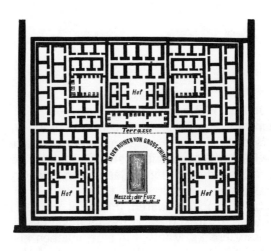

Grundriss eines Vierecks zweiter Ordnung

Zwei Grundriss-Pläne von Chan-Chan
Die Innenstadt von Chan-Chan setzte sich aus zehn einzelnen Stadtteilen (sog. "Palacios") zusammen. Es handelte sich dabei um längliche Rechtecke oder quadratisch erstellte Komplexe.

Der obere Plan der vorderen Seite zeigt den Grundriss des "Zweiten Palastes".

Diese zehn "Palacios" waren ihrerseits wieder in kleinere Einheiten unterteilt. Auch diese Unterteilungen besassen jeweils den Grundriss eines Vierecks. Man hat in einer solchen kleineren Einheit insgesamt 39 Gebäude festgestellt, jedes 2 – 5 Wohnräume enthaltend. Im ganzen gab es in dieser Unterabteilung 111 Wohnräume, ausserdem 22 kleinere Lokale (s. unterer Plan der vorderen Seite).

über die umliegende Bevölkerung ausübte. Es war eine übliche Erscheinung auch in den ersten urbanen Kulturen des Nahen Ostens und des Mittelmeerraumes, sowie Jahrhunderte später in den Städten des mittelalterlichen Europas und der spanischen Kolonien in Amerika. Aber dies war nicht der Fall in Chan-Chan... Kein einziges Gebäude scheint eine beherrschende Stellung innegehabt zu haben wie etwa die 'Zikkurats' der Babylonier und Assyrer, die Tempel der Maya und Azteken, die gotischen Dome in Europa und die kolonialspanischen Kathedralen...".[160]

Eigenartigerweise war die ganze Innenstadt von Chan-Chan in zehn einzelne "Stadtteile" unterteilt, die ihrerseits von Lehmziegelmauern umgeben waren und sich durch Grösse und Anlage deutlich voneinander unterschieden. Es handelte sich dabei meist um längliche Rechtecke oder auch beinahe quadratisch erstellte Komplexe. Möglicherweise waren die Stadtteile nicht alle zur gleichen Zeit entstanden, sondern man fügte sie allmählich aneinander. Jedes dieser Quartiere (in der spanischen Überlieferung auch "Palacios" genannt) hatte jeweils nur ein einziges Verbindungstor zur Aussenwelt und besass eine Reihe von Strukturelementen, die sich in Varianten wiederholten: einen Repräsentationsbereich, eine Anzahl von Wohnungen, die nach üblicher Art auf drei Seiten einen Hof bildeten oder in einfacher oder doppelter Reihe nebeneinanderstanden, eine Zisterne (Wasserbehälter), eine Tempelpyramide, eine Zone, die den Gräbern vorbehalten war, ferner Sumpfgebiet und unbebautes Land.[161]

Warum wurden nun die einzelnen Quartiere von Lehmziegelmauern umgeben, die manchmal eine Höhe bis zu 10 m erreichten? Beherbergten diese Komplexe ganze Gruppen, welche aus politischen, sozialen oder wirtschaftlichen Gründen gezwungen waren, sich zu isolieren? Squier ist der Ansicht: "... Man beschreibt (die "Palacios") wohl besser als Abteilungen oder Stadtviertel, von denen jedes seine zu Gemeindezwecken oder aus gesellschaftlichen Gründen getrennt gehaltene Einwohnerschaft hatte. Doch hätte eine solche Abtrennung wohl ebensogut ohne die hohen und massiven Mauern erreicht werden können, welche die Stadtviertel umschliessen, und die ebenso stark und eindrucksvoll sind wie die Umfassungsmauer, welche die ganze Stadt auf der Landseite begrenzt zu haben scheint. Vielleicht stellte jede Abteilung oder jedes Viereck eine eigentliche Festung oder Zitadelle dar . . .".[162]

Es besteht die Ansicht, dass die Quartiere als Unterabteilungen der Chimú-Gesellschaft vielleicht von Familienverbänden bewohnt wurden oder gesonderte Herrschaftsbereiche von Fürsten und deren Hofstaat darstellten, die dem Herrscher der Hauptstadt unterstanden. ". . . Da wir die gleichen städtischen Grundzüge wie Strassen, Plätze, Unterkünfte und Mauern in jeder 'Zitadelle' wiederholt vorfinden und auch die gleiche Benützungsart feststellen, können wir annehmen, dass jeder Bezirk eine homogene soziale Gruppe beherbergte, deren Mitglieder zu der gleichen Schicht der Chimú-Gesellschaft gehörten. Die Wichtigkeit von Lagerräumen, die Anzahl der ausgegrabenen Wasserstellen, die Strassenanlagen und die Qualität der Architektur sind deutliche Hinweise darauf, dass diese 'Zitadellen' die Wohngebiete der Elitegruppen von Chan-Chan gewesen sind . . ." (Jorge E. Hardoy.[163])

Die zehn befestigten Stadtteile der Chimú-Hauptstadt können somit als die Wohnsitze der Oberhäupter verschiedener Familienverbände angesehen werden, deren Vereinigung im gleichen städtischen Organismus die erreichte politische Föderation bekräftigen sollte. Darnach scheinen die einzelnen Stammesverbände (Ayllús) nebeneinander gleichberechtigt mit einem gemeinsamen Oberhaupt gelebt zu haben. Nach dieser Ansicht war Chan-Chan die obligatorische Residenz der Fürsten der einzelnen Talreiche, die im Chimú-Reich zusammengeschlossen worden waren, ein Zusammenschluss, der erst auf politischen Druck oder durch militärische Interventionen möglich geworden war. Die Einfügung der verschiedenen Oasengebiete in eine gemeinsame "Wasserbauföderation", jedes Gebiet von einem eigenen Fürsten regiert, stellte wohl keine wirkliche Verschmelzung der einzelnen Täler in einem gemeinsamen Staate dar. Gemäss dieser Auffassung spiegelte die erstaunliche Konstruktion der Hauptstadt zugleich den Aufbau des ganzen Reiches wider.[164]

Im heutigen Ruinenfeld lassen sich immer noch zwei der früheren Stadtquartiere deutlich erkennen. Eine dieser Anlagen ist über 500 m lang und 400 m breit, der Gebäudekomplex wurde als Rechteck erstellt. Ausserhalb der Umfassungsmauer befindet sich eine grosse ausgehobene Fläche. Von den Spaniern wurden diese Brunnen oder Reservoirs "Pukios" genannt und wegen der Feuchtig-

Flugaufnahme der Ruinenstätte von Chan-Chan
   Im heutigen Ruinenfeld von Chan-Chan lassen sich immer noch zwei der früheren Stadtquartiere deutlich erkennen. Die Flugaufnahme zeigt den "Zweiten Palast", der 500 m lang und 400 m breit war. Wie die übrigen Stadtteile besass auch dieser "Palast" Lehmziegelmauern, welche den Komplex von den übrigen Quartieren trennte. Beherbergten die einzelnen Stadtquartiere wohl gewisse Familienverbände, welche aus politischen, sozialen oder wirtschaftlichen Gründen gezwungen waren, sich zu isolieren? Wir können annehmen, dass jeder Bezirk eine homogene soziale Gruppe beherbergte. Die Wichtigkeit von Lagerräumen, die Anzahl der ausgegrabenen Wasserstellen, die Strassenanlagen und die Qualität der Bauten (aus Adobe-Ziegeln erstellt) sind deutliche Hinweise darauf, dass diese "Paläste" die Wohngebiete der Elite-Gruppen von Chan-Chan gewesen sind.

keit als Landwirtschaftsland benützt. George Squire gibt Angaben über eine solche "... tiefe Ausgrabung, die vermutlich einen Wasserbehälter darstellte, und heute noch von einer 5 Fuss (1,5 m) hohen Mauer begrenzt ist...". Die Beschreibung würde gemäss einer Bemerkung des amerikanischen Archäologen auch auf hundert andere ähnliche, grössere oder kleinere Ausgrabungen in der Ruinenstätte passen: "...Sie ist 450 Fuss (137 m) lang, 195 Fuss (59,4 m) breit und 60 Fuss (20 m) tief. Die Wände fallen mit zwei Stufen oder geneigten Flächen ab und waren von oben bis unten mit unbearbeiteten Steinen sorgfältig gemauert. An der südlichen Seite und nahe am linken Ende befindet sich ein Vorsprung nach der Art eines Balkons, von welchem vermutlich Treppen bis zum Schachtboden hinunterführten... Der Boden der Ausgrabung, die derart tief unter dem allgemeinen Niveau liegt, ist verhältnismässig feucht und zwar in genügendem Masse, um das Wachsen einer Anzahl schöner Feigenbäume zu ermöglichen...".[165]

Innerhalb der ummauerten Stadtquartiere befanden sich neben den Wohnbauten, Lagerräumen, Tempeln, Plätzen und Strassen auch grosse, offene Flächen (**"Canchones"**), deren Verwendung unklar geblieben ist. Da nur ein Teil der Gesamtfläche als eigentliches Wohngebiet überbaut wurde (nämlich zwischen 13 und 28%), kam den "Canchones" (35%) eine besondere Bedeutung zu. Sehr wahrscheinlich diente dieses Land als Anbaufläche. Es war aber zu klein, um die Bewohner eines Quartieres ernähren zu können, selbst wenn Düngung und künstliche Bewässerung vorgenommen wurden. Vielleicht dienten die "Canchones" als eine Art Reserveäcker im Kriegsfall oder in Notzeiten, oder sie fanden Verwendung als Umschlagplätze für Lama-Karawanen und Träger (trotz ihrer ungünstigen Verkehrslage, da die abgeschlossenen Gevierte nur einen einzigen, schmalen Eingang aufwiesen). J. Hardoy ist der Ansicht, dass die offenen Flächen landwirtschaftlichen Zwecken dienten, als eine Art Reserve, oder für intensiven Gartenbau der Stadtbewohner, analog der Anbauflächen innerhalb der Mauern von mittelalterlichen Städten in Europa.

Jedes Quartier wies einen oder mehrere Plätze in leicht erhöhter Lage auf, die über eine Rampe erreicht werden konnten. Sehr wahrscheinlich dienten diese **Plazas** kultischen oder sozialen Zwecken. Eine Verwendung als Marktplätze war sozusagen unmöglich, da der Zugang zu diesen Gebieten sehr erschwert war. Das architektonische Merkmal von Chan-Chan bildeten die Mauern. Heute sind sie zum grössten Teil verwittert, aber auf Luftaufnahmen kann man den Grundriss noch deutlich feststellen. Man erkennt den trapezoiden Querschnitt, der auf der Mauerkrone breit genug war, dass man darauf gehen konnte. Es gab verschiedene Arten von Mauern: die grossen Umfassungsmauern der einzelnen Stadtquartiere und die Mauern innerhalb dieser Viertel zur Abgrenzung kleinerer Einheiten. Bisher konnten die Funktionen der Mauern nicht zufriedenstellend geklärt werden. Am naheliegendsten wäre der Verteidigungszweck der Anlagen. Gegen diese Auffassung spricht aber die Tatsache, dass die "Zitadellen" unterschiedliche Umfassungsmauern hatten. Bei einzelnen Quartieren finden sich drei hohe, parallele Mauern, mit schmalen Korridoren dazwischen. Andere Viertel werden nur von einfachen, niederen Mauern begrenzt. Auffallend ist das Fehlen von grösseren Toren. Gewöhnlich führte nur ein schmaler Korridor in die Wohnbezirke der einzelnen Quartiere. Alle Mauern wurden aus Adobe-Ziegeln oder Tapia-Lehmwänden erbaut, manchmal ruhten die Lehmziegel auf steinernen Fundamenten.[166]

Die architektonische Kunst von Chan-Chan zeigt eine hochentwickelte handwerkliche Spezialisierung auf, die auch in den anderen Kunstgebieten, den Goldschmiedearbeiten, der Keramik und bei den Stoffen festgestellt werden kann. Man bemerkt eine starke Vereinfachung der Formen und eine Beschränkung der dekorativen Motive. Dies weist auf eine gewisse "Industrialisierung" hin, indem fast immer Hohlformen angewendet wurden, besonders zur Herstellung der Reliefs an den mit Hilfe von gestampftem Lehm errichteten Wänden. Auf diese Weise waren die äusseren und inneren Oberflächen der massiven Tapia-Mauern von serienweisen Zeichnungen belebt, die aus kleinen, nach Art der Teppichmuster sich wiederholenden Figuren bestanden. Vor allem Tiersymbole und Darstellungen von Körpern im Profil dienten, in geometrischen Reihen angeordnet, als Wandschmuck.[167]

Die Bauten waren voneinander durch lange, schmale Zwischenräume getrennt. Die Erbauer von Chan-Chan legten offenbar keinen Wert auf die Schaffung eines grosszügigen Stadtbildes mit entsprechenden Strassenzügen und offenen Räumen. Innerhalb der einzel-

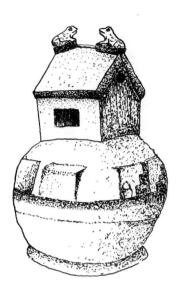
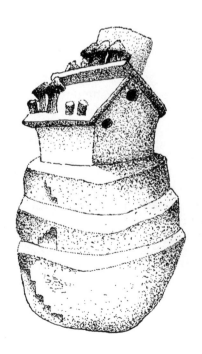

Zwei Vasen von Chan-Chan
    Das Volk der Chimú, welches an der Nordküste Perus ein grosses Reich errichtet hatte, stattete seine Gräber auf das reichste aus. Neben kostbaren Geweben, Schmuck und Geräten, bildeten die Gefässe aus rotbraunem oder schwarzem Ton die wichtigsten Grabbeigaben. Die Töpfer der Chimú formten Gefässe in Gestalt von Menschen und Tieren, von Pflanzen und Früchten, von Flössen und Häusern. ''. . . Der Vasenkörper bildete für die Künstler gleichsam nur einen Vorwand, ihre Phantasie spielen zu lassen und den Hohlkörper des Gefässes mit immer neuen figürlichen Formen zu umkleiden . . . Aus den farbigen Tonerden der heimischen Flusstäler entstanden ohne die Kenntnis von Töpferscheibe und Glasur Gefässe von höchster Vollendung . . .'' (Georg Kutscher).
    Die auf der Vorderseite abgebildeten beiden Hausmodelle wurden als Schmuck an den Tontöpfen verwendet. Beim oberen Bild bemerkt man eine Anordnung, die bei den Chimú-Häusern oft angetroffen wird: Die Türe befindet sich in einem höher gelegenen Teil des Hauses — dies wohl als Schutzmassnahme —, so dass für Einstieg und Ausgang eine Leiter notwendig war.

nen Viertel gab es zwar rechtwinklig miteinander verbundene Strassen, aber keine schien wichtiger gewesen zu sein als die andere. Breitere Trennkorridore bestanden nur zwischen den verschiedenen Quartieren, das soziale Leben hatte sich wohl hauptsächlich innerhalb der einzelnen Baukomplexe entfaltet.

Vasenbild eines Chimú-Hauses

Die Häuser bestanden aus Adobe-Ziegeln und waren meistens an eine grosse Mauer angelehnt. In vielen Fällen war die Vorderwand durch eine Reihe von Pfeilern ersetzt, so dass die Luft besser Zutritt hatte. Neben den festen Bauten, die meistens auf einer niedrigen Plattform errichtet waren, gab es andere, die einen mehr pavillonartigen Charakter aufwiesen und nach allen Seiten offen standen. "... Um jeden der freien Plätze sind die Häuser der frühen Einwohner mit grosser Regelmässigkeit gruppiert... Einige der Häuser und Gemächer sind klein und sehen aus, als ob sie für Wächter bestimmt gewesen wären. Andere sind verhältnismässig geräumig, da sie innerhalb ihrer Wände eine Ausdehnung von 25 auf 15 Fuss (7,5 auf 4,5 m) erreichen...".[168]

Als Deckenmaterial für die Decken wurden Stroh und Binsen verwendet. Als Stützen dienten Balken und Stämme des Algarrobo-Baumes. Häufig verlieh eine dicke Lehmschicht dem Dach eine grössere Festigkeit. Neben den einfachen Satteldächern war eine andere Konstruktion sehr beliebt, bei der die hintere Hälfte des Daches ein weites Stück über den First vorragte.[169]
"... Die Dächer der Gebäude waren nicht flach, sondern liefen oben in einen First zusammen, wie es die noch stehengebliebenen Giebel beweisen. Jedes Gemach war vom nächsten völlig getrennt durch Zwischenräume, die bis zu den höchsten Spitzen des gemeinschaftlichen Daches hinaufreichten. Es finden sich keine Spuren von Fenstern. Licht und Luft hatten nur durch die Türe Zugang in die Innenräume... Alles in allem scheinen in dieser Unterabteilung eines Stadtviertels 39 Gebäude bestanden zu haben, jedes mit 2 — 5 Wohnräumen. Im ganzen gab es hier 111 Wohnräume, ausserdem 22 kleinere Lokale am Hauptplatz."[170]

Es ist nicht leicht, eine Bevölkerungsdichte für die ganze Stadt anzugeben aufgrund der Bevölkerung, die innerhalb der ummauerten Stadtteile und deren Unterabteilungen lebte. Wohl geben die festgestellten Wohnräume einigen Aufschluss, aber die Schätzungen für alle zehn Quartiere schwanken zwischen 16 000 und 35 000 Bewohnern. Ausserhalb dieser zehn "Zitadellen" befand sich in einem weiten Umkreis eine grosse Anzahl von Wohnhäusern und Hütten, in denen das einfache Volk wohnte. "... In Anbetracht der ausgedehnten Ruinenfelder von Chan-Chan müssen wir annehmen, dass die gesamte Einwohnerschaft viel grösser war als diejenige, die man für die befestigten Stadtviertel ausgerechnet hat... Die Gesamtbevölkerung der Stadt lag während ihres Höhepunktes wohl kaum unter 100 000 Personen...".[171]

d. Die Küstenstädte der Chimú-Zeit

Wir finden viele der urbanen und architektonischen Elemente von Chan-Chan auch in einer Reihe von Küstenstädten vor. Neben der Hauptstadt waren **Pacatnamú** und **Farfán** (im Jequetepeque-Tal), **Purgatorio** (im Leche-Tal) und **Apurlé** (im kleinen Tal des

Hochrelief an Lehmmauer in Chan-Chan
    Der charakteristische Zug des architektonischen Dekors in Chan-Chan war das Wandrelief. Die Ornamente wurden mit Hilfe von Hohlformen hergestellt. Serienweise Zeichnungen belebten die äusseren und inneren Oberflächen der Lehmwände. Nach Art der Teppichmuster schmückten die sich wiederholenden Figuren die massiven Tapia-Mauern. Vor allem Tiersymbole und Darstellungen von Körpern im Profil erscheinen in diesen Reliefs.

Motupe-Flusses) die wichtigsten urbanen Siedlungen des Chimú-Reiches. Sie dienten als Zentren der einzelnen Täler sowie als Sitze der lokalen Oberschichten. Trotz der Gesamtverwaltung in Chan-Chan besass sehr wahrscheinlich jede Oasenregion eine gewisse Selbstverwaltung. Man kann auch annehmen, dass die Täler in landwirtschaftlicher Beziehung voneinander unabhängig waren. Schon die primitiven Beförderungsmittel hätten einen regelmässigen Transport der Nahrungsmittel von einem Tal zum anderen verunmöglicht (dies geschah wohl nur in Notzeiten). Sicher herrschte ein Handel zwischen den einzelnen Regionen des Chimú-Reiches, aber dieser Tauschhandel beschränkte sich wohl auf den Austausch von Luxusgütern. In den lokalen Verwaltungszentren befanden sich nicht nur die regierenden Eliten, die Städte hatten ihre spezialisierten Handwerker und Künstler. Auch Marktplätze gab es in den urbanen Siedlungen, wo die Produkte der Talbewohner im Tauschhandel umgesetzt wurden.

Man stellte ausser den Städten auch andere Siedlungen fest — besonders in den oberen schmalen Talgebieten — die auf den militärischen Charakter der Bauten hinweisen und den Zweck hatten, die tiefer liegenden Anbauzonen gegen drohende Angriffe seitens der Gebirgsbewohner zu schützen. Beispiele für solche Festungsanlagen waren Chicamita im Chicama-Tal und Galindo im Moche-Tal. In jedem Tal gab es eine Anzahl von Bauerndörfern, die sich in der Nähe der bewässerten Felder befanden. Chiquitoy Viejo im Chicama-Tal war ein solches Bauerndorf. Es scheint sich um eine planmässig angelegte Siedlung gehandelt zu haben. Die städtischen Elitezentren an der Nordküste entstanden zu dem Zeitpunkt, als die landwirtschaftliche Bevölkerung eine Grösse und ein Niveau der kulturellen Entwicklung erreicht hatte, welche eine Aufteilung der Aktivitäten zuliess. Das dadurch entstandene Gleichgewicht zwischen ländlichen und städtischen Tätigkeiten zeigte sich jedoch nicht in der Gesellschaftsstruktur, denn die Macht konzentrierte sich ausschliesslich in den Händen der städtischen Oberschichten. In dieser Hinsicht zeigen die Mauern von Chan-Chan und anderer Stadtzentren in symbolischer Weise zugleich den Unterschied auf zwischen der städtischen Minderheit und den ländlichen Massen, zwischen der urbanen Verwaltungselite und der bäuerlichen Bevölkerung.[172]

Unter den im Chimú-Staate vorgefundenen Grossbauten ragt die Festung von **Paramonga** wegen ihrer Grossartigkeit hervor. Es handelt sich um eine Militäranlage, welche das südliche Reichsgebiet gegen den Inkastaat absichern sollte. Der Bau entstand vermutlich in der Periode der kriegerischen Auseinandersetzungen der beiden Staaten in der zweiten Hälfte des 15. Jahrhunderts. Die Festung gehörte zu einer Verteidigungslinie, welche in der Nähe der Meeresküste über eine befestigte Anhöhe verlief und sich einige Dutzend Kilometer ins Landesinnere bis zu den ersten Andengipfeln hinzog. Der Zugang zu Paramonga entsprach strategischen Bedürfnissen: geschützte und gestaffelte Portale, geplante Wegführungen und eine Reihe von gut angelegten Wachtstuben. Als Baumaterial wurde mit kleinen Steinen verstärkte Adobe verwendet. Die Festung weist eine terrassenförmige Struktur auf und befindet sich auf dem oberen Teil einer natürlichen Erhebung. Die Anlage wurde viereckig erstellt und ist in drei übereinanderliegende Terrassen gegliedert, die eine Gesamthöhe von etwa 20 m erreichen. An der Basisterrasse befinden sich vier verlängerte Bastionen, welche der Verbreiterung der Verteidigungsfront dienten und eine Anzahl Ecken, Vorsprünge und Einzüge enthalten. Sicherlich wurde dieser architektonische Typus aus der stufenförmigen Tempelpyramide entwickelt. Bemerkenswert ist die Anpassung der ganzen Anlage an die topographischen Gegebenheiten. Der Grundriss der Festung entspricht den unregelmässigen Umrissen des Hügels. Auf der oberen Terrasse von Paramonga haben sich Räume mit Nischen erhalten, die mit Stuck verziert sind und verschiedene Farben (rot, weiss, gelb) aufweisen. Man schliesst daraus, dass die Festungsanlage auch eine repräsentative und religiöse Funktion erfüllte. Dies geht zudem aus der ausserordentlichen Sorgfalt der Baukonstruktion hervor.[173]

Geographisch anschliessend an das Chimú-Reich entwickelte sich im Süden die **"Kulturzone von Chancay"**. Diese Kultur entstand in den Flusstälern Chancay, Chillón und Rimac während der Chimú-Periode, nämlich zwischen dem 13. und dem 15. Jahrhundert. Mit Ausnahme geringer Unterschiede (besonders in der Keramik) befanden sich Zivilisation, handwerkliches Können und Lebensweise in den Gebieten der mittleren Küstenzone auf der gleichen Höhe, wie sie im grossen Chimú-Reich bestanden. Pisquillo Chico und Lumbra im Chancay-Tal sowie Zapallan im Chillón-Tal waren die wichtigsten

Die Festung Paramonga

Unter den im Chimú-Staate vorgefundenen Grossbauten ragt die Festung von Paramonga hervor. Es handelte sich um eine Militäranlage, welche das südliche Reichsgebiet gegen den Inka-Staat absichern sollte. Der Bau entstand vermutlich in der zweiten Hälfte des 15. Jahrhunderts als Teil einer Befestigungsanlage, die sich von der Meeresküste bis zu den ersten Andenhöhen hinzog. Als Baumaterial verwendeten die Chimú-Baumeister Adobe, die mit kleinen Steinen verstärkt waren. Die Festung weist eine terrassenförmige Struktur auf und befindet sich auf dem oberen Teil einer natürlichen Erhebung. Die Anlage wurde viereckig erstellt und ist in drei übereinander liegende Terrassen gegliedert, die eine Gesamthöhe von etwa 20 Metern erreichen.

Die Baukonstruktion wurde mit ausserordentlicher Sorgfalt errichtet und fügt sich noch heute harmonisch in die Landschaft ein.

Tambo Colorado

An der peruanischen Südküste bestanden weit weniger ausgeprägte städtische Zentren als im Norden.

Im Pisco-Tal befindet sich Tambo Colorado, die besterhaltene Ruinenstätte Perus, die aus Lehmziegeln erstellt worden war. Es handelte sich um ein Verwaltungszentrum, bestehend aus Lagerhäusern und Unterkunftsräumen für Truppen und Beamte. Immer noch lassen sich an den Mauern die ursprünglichen gelben und roten Farben feststellen. Es konnte nicht eindeutig geklärt werden, ob Tambo Colorado in der Zeit der unabhängigen Kleinstaaten des südlichen Küstenraums erbaut worden war, oder ob diese Siedlung kurz nach der Unterwerfung der Gebiete durch die Inka-Verwaltung erstellt wurde. Die Bauweise passte sich dem niederschlagsfreien Küstenklima an, die trapezförmigen Nischen weisen auf die Inka als Erbauer hin.

urbanen Zentren dieser Kultur. Eigenständige Merkmale lassen sich in der Anlage der Siedlungen feststellen, welche aus ummauerten, rechteckigen Bauten bestanden. Auch in diesem Falle bedeutete die Erstellung von regelmässigen Gevierten ein Element von Ordnung und Einschränkung gegenüber den früher ordnungslosen Grundrissen der Küstendörfer. Charakteristisch für die Kultur von Chancay war ferner noch die Erstellung grosser Friedhöfe in einem gewissen Umkreis der bewohnten Zonen.

Vom Osma-Tal (100 km südlich von Lima) bis zu den Küstentälern des Südens (Chincha, Pisco, Nazca, Ica) erstreckte sich ein Reich, welches als **"Territorium der Ica-Chincha"** bezeichnet wird. Dieses politische Gebilde entstand ebenfalls in der Epoche des Chimú-Reiches. In den siebziger Jahren des 15. Jahrhunderts wurde das Territorium, welches aus unabhängigen kleinen Reichen oder Konföderationen bestand, von den Inka erobert. An der peruanischen Südküste bestanden weit weniger ausgeprägte städtische Zentren als im Norden. Zwar lassen sich einige kleinere urbane Siedlungen nachweisen, aber die ländlichen Formen herrschten vor. Vermutlich besass jedes Tal seine selbständige Regierung und unterschied sich auch durch seine Sozialstruktur bis zu einem gewissen Grad von seinen Nachbargebieten. **Tambo de Mora** im Chincha-Tal war das bedeutendste Zentrum jener Epoche. Die Siedlung wies eine eindeutig urbane Struktur auf, mit Mauern, Pyramiden, Wohnhäusern und Strassenzügen. Aber die Stadt erlangte nie die Bedeutung, welche die städtischen Zentren der Nordküste innehatten.

Im Pisco-Tal findet sich **Tambo Colorado,** die besterhaltene Ruinenstätte Perus, die aus Lehmziegeln erstellt worden war. Es handelte sich um ein Verwaltungszentrum, bestehend aus Lagerhäusern und Unterkunftsräumen für Truppen und Beamte. Immer noch lassen sich an den Mauern und in den Nischen die ursprünglichen gelben und roten Farben feststellen. Bisher konnte noch nicht eindeutig geklärt werden, ob Tambo Colorado in der späten Ica-Chincha-Periode erbaut worden war, oder ob diese Siedlung kurz nach der Unterwerfung der Südgebiete durch die Inkaverwaltung erstellt wurde. In den Tälern von Pisco, Nazca und Acarí wurden keine städtischen Zentren oder grössere Dörfer gefunden.[174]

e. Cuzco, die Hauptstadt von Tahuantinsuyu

In seinem berühmten Werk "History of the Conquest of Peru" beschreibt William Prescott die Stadt Cuzco zur Zeit ihrer Besetzung durch die Spanier (am 15. November 1533) wie folgt: ". . . Der spanische Befehlshaber ritt geradewegs auf den grossen Platz. Dieser war von Reihen niedriger Gebäude eingefasst, unter denen sich einige Paläste der Inka befanden. Auf einem Palaste, der von Huayna Capac erbaut worden war, erhob sich ein Turm. Der untere Teil wurde von einigen ungeheuren Hallen gebildet, in welchen die peruanischen Edelleute bei stürmischem Wetter ihre Feste feierten . . .
Auch wenn die Hauptstadt der Inka das von den Conquistadoren erträumte Eldorado nicht ganz erreichte, so erregte Cuzco doch die Bewunderung der Spanier durch die Schönheit seiner Gebäude, durch die Länge und Regelmässigkeit seiner Strassen und durch die Ordnung sowie die Zeichen von Wohlhabenheit und oft auch von Luxus, die bei dieser grossen Bevölkerung sichtbar waren . . .
Es ist doch gewiss, dass Cuzco die Hauptstadt eines grossen Reiches und der Wohnsitz des königlichen Hofes und des vornehmsten Adels war. Auch wohnten Künstler und sehr geschickte Handwerker aller Art in der Stadt, welche in den Palästen ihre Beschäftigung fanden. In Cuzco gehörten auch zahlreiche Einwohner zu den Besatzungstruppen, es war zudem der Ort, wo die Einwanderer aus den entferntesten Landesteilen zusammenströmten . . . Die vornehm Gebäude — und es gab davon sehr viele — waren aus Steinblöcken erbaut oder mit Steinen eingefasst. Zu den vornehmsten Gebäuden gehörten die königlichen Bauten, da jeder Monarch für sich einen eigenen Palast erbaute. Zwar war ein solches Gebäude niedrig, hatte aber eine grosse Grundfläche. Die Mauern hatte man oft mit verschiedenen Farben bemalt, einige Tore bestanden sogar aus buntem Marmor. 'In der Feinheit der Steinarbeiten (bemerkte ein Conquistador) übertrafen die Indios uns Spanier bei weitem, obgleich die Dächer ihrer Häuser mit Stroh statt mit Ziegeln bedeckt sind, doch ist dieses Stroh mit höchster Kunstfertigkeit geflochten worden' . . .".[175]

". . . Die Stadt Cuzco ist auf felsigem Gelände erbaut, und Berge umgeben sie von allen Seiten. Zwei kleine Flüsse fliessen durch sie

Palast des Inka Roca in Cuzco

Die königlichen Paläste, deren Mauern in den Strassen von Cuzco stellenweise noch heute stehen, wurden in verschiedenartiger Weise erbaut. Es gibt darunter Festungswälle aus polygonalen, kissenartig gewölbten Blöcken. Andere Königsbauten, wie der Palast des Inka Roca, zeigen lange Quaderreihen leicht gebuckelter, regelmässig behauener Steine.

hindurch, an deren Ufern der Stadtkern angelegt worden ist... In ganz Peru gab es keine Stadt, wo man die Atmosphäre der Vornehmheit so stark verspürte wie in Cuzco, denn hier befand sich die Hauptstadt des Reiches und der Regierungssitz des Inka-Kaisers. Mit der Hauptstadt verglichen, sind die Städte der Provinzen blosse Dörfer, die weder nach einem ordentlichen Plan angelegt noch eine wichtige Verwaltung besitzen. Cuzco dagegen ist eine Stadt von ausgesprochener Vornehmheit, und die Erbauer müssen Menschen von hoher Stellung gewesen sein. Häuser, deren beträchtliches Alter man schon an dem kunstvoll gefügten Mauerwerk aus grossen Steinen erkennen kann, bilden lange, doch enge Strassen. Die übrigen Häuser bestanden aus Holz, Stroh und Adobe-Ziegeln, und wir haben keine gebrannten Ziegel gesehen und keine Spuren von Kalk oder Mörtel wahrgenommen..." (schreibt Pedro Cieza de Léon).[176]

"...Da Cuzco an mehr oder weniger steilen Abhängen erbaut wurde, waren die früheren Baumeister genötigt, ein ausgeklügeltes System von Terrassen anzulegen. Damit stellten sie die ebenen Flächen her, welche die Bauwerke tragen mussten. Die Stützmauern der Terrassen waren alle ein wenig einwärts geneigt. Es handelte sich um sogenannte "zyklopische Bauwerke", denn sie bestanden aus Blöcken von unregelmässiger Grösse und den verschiedensten Formen. Alle Steine aber wiesen genau angepasste Fugen auf. Wo lange Flächen durch solche Mauern gebildet wurden, unterbrach man die so entstandene Eintönigkeit durch das Anbringen von Nischen. Diese Nischen waren oben enger gehalten als unten, wie bei fast allen Fensteröffnungen und Türen der Inka-Bauten.

Einige Stützmauern haben ein derart wuchtiges Aussehen, dass der Betrachter durch die Grösse der Quadern beeindruckt wird. Das Mauerwerk setzt sich aus harten und schweren Blöcken zusammen. Beispielsweise bestehen die Steinwände des Inka-Roca-Palastes aus festem, feinkörnigem Gestein, einige Blöcke wiegen mehrere Tonnen, und alle sind mit höchster Genauigkeit ineinandergefügt. In der Mauer befindet sich ein Block von erstaunlicher Grösse, den schon die Chronisten der Conquista-Zeit als den "Zwölfwinkel-Stein" beschrieben haben. Der Block besitzt diese zwölf Winkel in der Tat, sie passen sich genau in die Fugen der anliegenden Steine ein oder der Block nimmt die Kanten anderer Steine in seinen Fugen auf...".[177]

Nische in Terrassenmauer ob Cuzco

George Squier, dem wir obige Angaben verdanken, stellte auch fest, dass die Gebäude in Cuzco um einen Hof herum angelegt worden waren. Nach diesem Hof öffneten sich beinahe alle Innenräume des Gebäudes, doch besassen die Räume keine Verbindungen untereinander. Eine Aussenmauer mit einem einzigen Zugang schirmte den Bau nach der Strasse hin ab, Fensteröffnungen nach der Strassenseite fehlten gewöhnlich. Der Eingang war breit und hoch genug, dass ein Reiter ohne Schwierigkeit hätte durchreiten können. ''... Aus den immer noch vorhandenen Angeln und Verschlussvorrichtungen kann man mit Sicherheit auf das Vorhandensein von Türen schliessen... Die Mauern der Gebäude sind wie die Stützmauern der Terrassen leicht nach innen geneigt und werden gegen den oberen Rand zu etwas dünner. Sie setzten sich aus behauenen Steinen zusammen, aus braunem Trachyt, dessen rauhes Gekörn ein besseres Zusammenhalten der Blöcke bewirkt, als dies durch andere Gesteinsarten möglich wäre. Die Mauersteine der verschiedenen Gebäude weisen unterschiedliche Grössen auf, nämlich zwischen einem und acht Fuss (0,3 bis 2,4 m) und zwischen sechs Zoll (15,25 cm) und zwei Fuss (60 cm) Dicke. Die Steine liegen alle in regelmässigen Schichten angeordnet, zuunterst befinden sich die grössten Steine, deren Dicke nach oben gleichmässig abnimmt, wodurch eine gute Wirkung für das Auge erzielt wird. Alle Fugen sind von einer Genauigkeit, wie man dies bei unseren neuen Gebäuden nicht antrifft, und die auch keine Überreste alter Kunstwerke in Europa aufweisen... Die Bemerkung der alten Chronisten ist also wahr, dass bei einigen Bauwerken die Mauerfugen so fein und dicht aneinanderliegen, dass es unmöglich wäre, die dünnste Messerklinge oder eine Nadel einschieben zu können. Die ganze Welt hat nichts an Steinbearbeitung und Genauigkeit der Mauerfugen aufzuweisen, was die Bauten Cuzcos übertreffen würde...".[178]

Durch genaue Untersuchungen wurde festgestellt, dass keine Bindemittel verwendet worden waren, trotz der gegenteiligen Behauptung einzelner spanischer Chronisten. Die königlichen Paläste, deren Mauern in den Strassen von Cuzco stellenweise noch heute stehen, wurden in verschiedenartiger Weise erbaut. Es gibt darunter Festungswälle aus polygonalen, kissenartig gewölbten Blöcken, die Vorsprünge an den unteren Kanten mancher Blöcke dienten wahrscheinlich dem Ansetzen von Hebebäumen beim Transport. Andere Paläste, aus einer späteren Zeit, zeigen lange Quaderreihen leicht gebuckelter, regelmässig behauener Steine.[179]

Die Qualität und die Farben der Steinquader waren unterschiedlich, je nach der Funktion des Gebäudes: ein dunkelgrauer bis schwarzer Stein wurde für die Sonnentempel und die Paläste verwendet, während die weniger repräsentativen Bauten und Festungsanlagen aus Diorit und Kalk erstellt wurden, Gesteinsarten, die leichter erhältlich waren. Auch grosse Blöcke von Adobe-Ziegeln fanden beim Bau Verwendung, wobei gewöhnlich der Unterbau — der weniger wichtigen Häuser — aus Steinmauern bestand.

Wir können uns den strengen Eindruck von Cuzco vorstellen, wenn wir uns die Einfachheit dieses architektonischen "Stils" vor Augen halten.[180] Ein Hauptplatz, wie etwa **Huacapata**, war lediglich der Raum, der von den Mauern der umgebenden Paläste gebildet wurde. Alle Gebäude besassen spitz zulaufende Strohdächer. Die Mehrzahl der "Strassen" muss eher als enge und steile Gassen bezeichnet werden, die, mit Pflastersteinen versehen, gradlinig zwischen den Steinmauern verliefen.[181]

Die untergeordnete Bedeutung, welche den Strassen innerhalb der Hauptstadt zukam, liegt wohl in der fehlenden Transportmöglichkeit begründet. In Cuzco marschierten Träger und Lasttiere (Lamas) in gleichem Tempo, was breite Strassen überflüssig machte. Sogar bei den grossen religiösen Festen genügte das vorhandene Strassensystem, weil ja auch bei solchen kultischen Veranstaltungen keine Fahrzeuge verwendet wurden.

Als Residenz des Herrschers, seines Hofes und seiner Leibgarde war Cuzco das administrative, religiöse und geistige Zentrum des Inkareiches. Auch die königlichen Sippenverbände, die Priesterhierarchie und die zahlreichen Beamten wohnten in der Hauptstadt. Ausserdem befanden sich die Fürsten und Häuptlinge der unterworfenen Völkerschaften wenigstens zeitweise am königlichen Hof. In den äusseren Bezirken siedelte die "Arbeiterbevölkerung", welcher die Bebauung des Bodens für die Oberschicht oblag. Auch die Dienstleute des Adels und die zahlreichen Bauarbeiter mussten in Cuzco wohnen. Diese Schicht bildete in den Vorstädten den Hauptteil der Einwohnerschaft. Die Inka-Herrscher hatten angeordnet, dass gewisse spezialisierte Handwerker aus dem ganzen Reich nach Cuzco übersiedeln mussten. Zusammen mit den zahlreichen niederen Verwaltungsbeamten bildeten diese Spezialisten eine wichtige Gruppe der Stadtbewohner.

Die Bewohner Cuzcos können nach der Sozialstruktur wie folgt eingeteilt werden:

1. Oberschicht:

— Sapay-Inka (der oberste Herrscher)
— Beamten-Adel, durch Angehörige der Inka-Familie gebildet
— Curacas (die Fürsten der unterworfenen Völker), die zeitweise in Cuzco wohnten

2. Mittelschicht:

— Verwaltungsbeamte, aus den Sippenverbänden von Cuzco gestellt
— Spezialarbeiter, wie beispielsweise die privilegierten Gold- und Silberschmiede aus dem Chimú-Reich, Architekten, Steinmetze

3. Unterschicht:
- Bauern, welche die Felder des Inka-Adels bearbeiteten
- Dienstleute des Inka-Adels
- Bauarbeiter
- Soldaten

Wie das Gesamtreich war auch die Hauptstadt von Tahuantinsuyu in vier Teile geteilt. Ausserdem gab es eine "Obere Hälfte" (Hanan-Cuzco) und eine "Untere Hälfte" (Hurin-Cuzco), eine Einteilung, die dem Dualismus der indianischen Religionsvorstellung entsprach und wahrscheinlich die frühere Sippeneinteilung widerspiegelt. Als Trennungslinie von "Ober-Cuzco" und "Unter-Cuzco" dienten entweder das Huatanay-Flüsschen (wie dies beispielsweise Garcilaso de la Vega annimmt) oder dann die Verlängerung der Königsstrasse, die von Nordwesten kommend das Reichsviertel Antisuyu mit dem Reichsteil Contisuyu im Südwesten verband (eine Ansicht, die G. Squier vertritt).

Cuzco hatte zwei Mittelpunkte: den grossen zentralen Kultplatz **Huacapata,** von dem aus die vier Hauptstrassen nach den vier Reichsteilen (Suyus) ausgingen, und den Haupttempel **Coricancha.**

Der Huacapata-Platz war bedeutend grösser als die gegenwärtige "Plaza de Armas", welche in der Kolonialepoche entstanden ist. In der Zeit der Inka-Herrschaft zog sich der Huacapata von Nordosten nach Südwesten hin, seine Ausdehnung betrug 550 m auf 250 m, mit einem offenen Gelände, das mehr als 10 ha umfasste. Das Huatanay-Flüsschen trennte den grossen Platz in zwei trapezförmige Hälften. Jede dieser Hälften hatte ihre ganz bestimmten Funktionen. Nördlich des Baches lag das kleinere Gebiet, in Form und Grösse der heutigen "Plaza de Armas" entsprechend. Dieser Teil wurde Aukaipata genannt und diente als Zeremonialplatz. Hier erwarteten der Sapay-Inka und seine Würdenträger an bestimmten Tagen das Aufgehen der Sonne, auf diesem Platz wurden die religiösen Feierlichkeiten und die militärischen Paraden der jungen Inka-Adeligen abgehalten. Auf der Aukaipata nahm der Herrscher auch die symbolische Verteilung von Maisbrot und Maisbier vor. Ferner diente dieses Gelände als Marktplatz.

Auf der Südwestseite des Flüsschens befand sich der grosse Platz, welcher Cusipata (Freudenplatz) genannt wurde. Hier veranstaltete man die Volksfeste mit den Volkstänzen und dem gemeinsamen Umtrunk von Chicha (Maisbier). Auch die kleinen Äcker für den Anbau von Mais, der kultischen Zwecken diente, befanden sich am Rande dieses Platzes.[182]

Das dem Sonnengott gewidmete Heiligtum (Coricancha) gehörte zum Grossartigsten, was aus dem Inkareich je bekannt wurde: "... Der Sonnentempel hatte über 400 Fuss (121,5 m) Umfang und war von einer starken Mauer umgeben. Der ganze Bau bestand aus glatten, vierkantigen, bestens zusammengefügten Steinen. Einige dieser Blöcke waren ausserordentlich gross und herrlich. Weder Mörtel noch Kalk wurden verwendet, nur das beim Hausbau übliche Pech ... Der verwendete Stein schien mir schwärzlich, rauh und von ausgezeichneter Qualität. Das Bauwerk hatte viele Tore mit kunstreich verzierten Pfosten. Auf halber Mauerhöhe lief ein Goldstreifen, zwei Spannen breit und vier Finger stark. Die Pfosten und die Tore waren mit goldenen Platten bedeckt. Innerhalb der Mauer standen vier kleinere Gebäude, alle in derselben Weise geschmückt ... Das Dach war aus Stroh. In die Mauer waren zwei Bänke eingebaut, die von der aufgehenden Sonne beschienen wurden. Die Steine waren äusserst geschickt durchbrochen, und in die Öffnungen waren Smaragde und andere Edelsteine eingelassen. Diese Bänke waren einzig für den Sapay-Inka bestimmt, anderen Menschen war es bei Todesstrafe verboten, darauf Platz zu nehmen ..." (Pedro Cieza de Léon).[183]

Vom Zentrum der Stadt, dem die öffentlichen Bauten und Paläste der königlichen Familiensippe ein städtisches Aussehen gaben, unterschieden sich die Aussenbezirke, die einen halbländlichen Charakter aufwiesen. Steinbauten fehlten dort wohl vollständig, die Gebäude wurden aus Adobe-Ziegeln errichtet. Frühe Beschreibungen der Inka-Hauptstadt lassen vermuten, dass Cuzco eine gewisse Ähnlichkeit mit einer heutigen Gartenstadt hatte, gebildet aus einem Zentrum von urbanem Charakter, umgeben von zahlreichen Wohnquartieren, welche ihrerseits wieder von Ackerland umgeben waren.[184]

Der Ursprung von Cuzco und der Beginn der Inka-Dynastie sind eng miteinander verknüpft. Die Legenden und die mündlichen Überlieferungen bezeichnen Manco Capac und seine Schwestergattin Mama Occlo als Gründer dieser Stadt und auch des Inkareiches. Der

Name "Cuzco" bedeutet "Nabel" und weist auf die zentrale Stellung der künftigen Hauptstadt des Reiches in der Inka-Welt hin. Als historischen Kern der verschiedenen mythischen Erzählungen können wir annehmen, dass Cuczo ungefähr in der Zeit um 1200 n.Chr. entstanden ist. Während zwei Jahrhunderten war die 3400 m hoch gelegene Siedlung kaum etwas anderes als ein "Grosses Dorf". Unter Inka Roca, dem 6. Herrscher der Dynastie, erlebte Cuzco eine Reihe von wichtigen Veränderungen. Der Inka eroberte Caitomarca (ca. 20 km entfernt) und kanalisierte die Gewässer unterhalb und oberhalb von Cuzco, "welche bis zum heutigen Tag das Ackerland der Stadt bewässern" (Sarmiente de Gamboa). Bis zur Regierungszeit von Inka Roca hatten die Herrscher im "Haus der Sonne" gelebt. Dieser Fürst liess nun einen eigenen Palast für sich und seine Sippe erstellen, und von nun an erbaute jeder Herrscher für sich und sein Ayllú einen eigenen Wohnsitz. Mit Pachacuti, dem "Weltveränderer" (1438 — 1471), begann das Inka-Volk von Cuzco aus einen unaufhaltsamen Siegeszug nach Süden und Norden sowie nach den westlichen Küstengebieten. Dieser neunte Inka erweiterte auch Cuzco beträchtlich, indem alle Dörfer rund um den alten Siedlungskern in die Stadtplanung einbezogen wurden. Die Bewohner der Dorfschaften liess Pachacuti in andern Gebieten ansiedeln. Viele der öffentlichen Bauten werden diesem Inka zugeschrieben. Auch der Sonnentempel soll von ihm erweitert und verschönert worden sein. Ferner erbaute Pachacuti an den Abhängen der benachbarten Hügel zahlreiche Ackerbau-Terrassen zur Erhöhung der landwirtschaftlichen Erträge des Tales. Ferner soll — nach der Überlieferung — die Trockenlegung des Sumpfes nördlich der Residenz der früheren Herrscher von Pachacuti durchgeführt worden sein. An dieser Stelle liess der Eroberer-Inka den grossen Zeremonialplatz Huacapata anlegen, von dem aus dann die vier Reichsstrassen gingen.

Es ist nicht möglich, die Einwohnerzahl von Cuzco einigermassen genau anzugeben. Die spanischen Chroniken der Conquistazeit enthalten widersprüchliche und ungenaue Angaben.
Folgende Beispiele zeigen dies auf:
Juan Ruiz de Arce, der im November 1533 unter Pizarro an der Besetzung von Cuzco teilnahm, nennt 4000 Wohnhäuser.[185]
Padre Vicente de Valverde, der erste Bischof von Cuzco, spricht in seinem Brief vom März 1539 an den spanischen König von 3000

bis 4000 Wohnhäusern in der Stadt und von 15 000 bis 20 000 Wohnhäusern in den Vorstädten.[186]
Pedro Sancho de la Hoz kommt im Jahre 1534 auf 100 000 Wohnhäuser im ganzen Tal.[187]
Verschiedene Chronisten der Eroberungszeit geben eine Bevölkerungszahl von 40 000 Menschen bekannt. Da aber die Spanier (wie wir aus anderen Zusammenhängen wissen) nur die Familienhäupter zählten, würde diese Zahl mindestens 200 000 Einwohnern entsprechen.

Alle die genannten Angaben sind für die Auswertung zu wenig aussagekräftig, da man nicht weiss, für welche Zone sie Gültigkeit hatten:
— das gesamte Tal von Cuzco
— die Hauptstadt mit den umliegenden Dörfern
— der Siedlungskern samt den Vorstädten
— nur das eigentliche Stadtzentrum

Die heutigen Schätzungen der Fachleute für den Siedlungskern samt den Vorstädten schwanken zwischen 200 000 — 300 000 Menschen.

Die Hauptstadt des Inkareiches wurde erstmals im Februar 1533 von Europäern betreten. Es waren die drei spanischen Hauptleute, welche von Pizarro ausgesandt worden waren, um das Lösegeld für Atahualpas Freilassung einzutreiben. Der Chronist Cristóbal de Mena berichtet darüber: "... Sie langten in der Stadt Cuzco an, dort trafen sie auf einen General Atahualpas namens Quizquiz ... Darauf schickte er (nämlich der General) die Spanier zu einigen Tempeln mit fensterlosen Räumen, in welchen die Indios die Sonne anbeteten. Die Räume waren an jener Seite, die der aufgehenden Sonne gegenüberliegt, mit grossen goldenen Platten verkleidet ... Die Christen traten in die Räume und begannen mit Kupferstangen die Goldplatten herunterzureissen. Die Indios wollten ihnen dabei unter keinen Umständen helfen, weil ein solches Tun nach ihrer Überzeugung ihren sofortigen Tod zur Folge gehabt hätte. Sie brachten deshalb den Christen aus der ganzen Stadt goldene Gefässe in Mengen, damit sie diese Goldgefässe als Lösegeld für den Inka entgegennähmen ... Es ist kaum zu glauben, wie viel Gold es in den verschiedenen Gebäuden gab! ..."[188]

Als Francisco Pizarro — nach der Hinrichtung von Atahualpa — am 15. November 1533 mit dem spanischen Heere und indianischen Hilfstruppen Cuzco besetzte, waren die Paläste und Tempel ihres Goldschmuckes bereits vollständig beraubt. Das Lösegeld hatten die Spanier zwar erhalten, aber der Tod des unglücklichen Inka konnte dadurch nicht verhindert werden. Im April 1536 versuchten die Indios in einer das ganze Land umfassenden Empörung das fremde Joch wieder abzuschütteln. Der von Spaniens Gnaden eingesetzte Manco Capac II führte den Aufstand an. Er belagerte (wenn auch erfolglos) mit grosser Heeresmacht die in der Hauptstadt eingeschlossenen spanischen Kriegsleute.

Über die Zerstörung des indianischen Cuzco lesen wir in einem Augenzeugenbericht: "... Dann begannen die Häuser in den Stadtvierteln, die sich über die Hänge unterhalb des Berges erstreckten, zu brennen. In demselben Masse, wie der Brand sich ausdehnte, gewannen die Indios an Boden und errichteten überall in den Strassen Barrikaden und Fallgruben. An jenem Tage herrschte ein starker Wind, und weil die Dächer aus Stroh waren, griff das Feuer immer mehr um sich, und die ganze Stadt schien auf einmal ein Flammenmeer zu sein ... Auf den Mauern der ausgebrannten Häuser konnten die Indios fast unbehelligt entlanglaufen, weil man mit den Pferden nicht an sie herankam. Die Spanier hatten Tag und Nacht keine Ruhe. Sobald es Nacht wurde, gingen sie daran, die Mauern einzureissen, um freie Flächen zu gewinnen ... Sie zerstörten Kanäle, damit der Feind nicht die Felder unter Wasser setzen konnte, denn das hätte die Pferde in ihrer Bewegungsfreiheit behindert ... Sechs Tage ging es so fort unter äusserster Gefahr und Anstrengung, in deren Verlauf sich die Feinde fast der ganzen Stadt bemächtigten und den Spaniern letztlich nur noch der Hauptplatz mit den umliegenden Häusern verblieb ...".[189]

13. Die inkaischen Festungsanlagen

a. Sacsahuamán

Die Befestigungskunst der Inka hatte einen hohen Grad erreicht. Eine Anzahl von Befestigungsbauten, sowohl im Hochland wie auch an der Küste, sind noch teilweise erhalten geblieben und geben uns Kunde von Qualität und Beschaffenheit dieser Anlagen. Sie wurden mit viel Sinn für militärische Erfordernisse gebaut: gemauerte Terrassen an der Hügelseite, Bastionen und vorspringende Verteidigungslinien, mehrfache Mauerringe und Verteidigungsgräben.

Die Hauptstadt des Inkareiches war nicht durch Ringmauern geschützt, wie es bei einigen anderen Inkastädten der Fall war. Das von hohen Bergen umgebene Tal von Cuzco war beinahe uneinnehmbar, und die Zugänge hatten befestigte Anlagen. Dennoch hatte die Stadt ein grosses Befestigungswerk in einer beherrschenden Lage, nämlich die Festung Sacsahuamán. Diese stand auf der steilen Bergkuppe, welche zwischen den kleinen Wasserläufen Huatanay und Rodadero gelegen in das Tal hineinragt.[190] Kein indianisches Bauwerk in ganz Amerika kann dem Beschauer einen solchen Eindruck von Riesenhaftigkeit vermitteln wie Sacsahuamán. Die wichtigste Festung des Reiches soll vom grossen Eroberer-Inka Pachacuti geplant und in Angriff genommen worden sein. Sein Sohn Topa Yupanqui trieb die Bauarbeiten kräftig voran. Aber auch nach fünfzig Jahren Bauzeit war Sacsahuamán beim Eintreffen der Spanier immer noch nicht vollendet. Drei terrassenartig übereinandergesetzte Mauern, aus riesigen Steinblöcken errichtet, bildeten in Richtung Cuzco eine massive Verteidigungslinie, während auf der gegenüberliegenden Seite nur eine einfache Mauer vorhanden war, da sich dort ein unübersteigbarer Berghang befindet. Auf einer Länge von 540 m erreichten die drei Sperrmauern eine gesamte Höhe bis zu 18 m. Von diesen Wallmauern zeigt der äusserste und am tiefsten gelegene Wall die beste Struktur. Seine Blöcke sind am besten behauen und weisen die grössten Längen-, Tiefen- und Höhenmasse auf. Beispielsweise ist ein Steinquader, der zu dieser

Aussenmauer, gehört 8,3 m hoch, 4,25 m breit und 3,65 m tief. Der grösste monolithische Block wird auf ein Gewicht von weit über 100 Tonnen geschätzt. Drei Türen finden sich in den Mauern: die **tiu-puncu**, die **achuana-puncu** und die **viracocha-puncu**. Die dem Schöpfergott Viracocha geweihte Eingangstüre führte zum höchsten Teil der Festung, der den Gipfel von Sacsahuamán wie eine Zitadelle beherrschte. In der Inkazeit schützte ein hoher Erdwall die ganze Anlage. Innerhalb jeder der drei Mauern verlief ein Rundgang als Schützengraben (ähnlich, wie dies bei der Küstenfestung Paramonga der Fall war). Die Bauweise der drei Verteidigungslinien folgte einem besonderen strategischen Gesichtspunkt. Jede Mauer bildete nämlich — wie bei einer Säge — eine Linie von vor- und zurückspringenden Zacken. Die zackenartigen Linien wurden durch hervorstehende Winkel (wo die massivsten Steine Verwendung fanden) und eingezogene Ecken gebildet. Jeder vorspringende Winkel gab seitliche Deckung und erlaubte es, Angreifer, welche in die befestigte Anlage bereits eingedrungen waren, von oben und von der Seite her zu bekämpfen.

Der obere Teil der Festung bestand aus einem dreieckigen Platz, der von mit Zinnen gekrönten Tortürmen begrenzt war. Die Turmbauten sicherten den Gipfel der Festung. Der wichtigste Turm hatte einen runden Grundriss und war seiner Struktur nach mit acht strahlenförmig angelegten Sektoren versehen. Dieser Zitadellenkern wurde "Runde Festung" (**moyoc-marca**) genannt. Er enthielt eine eigene Quelle. Hier befand sich das Zentrum des gesamten Gebäudekomplexes, und an dieser Stelle residierte auch der Inka, wenn er in Sacsahuamán weilte. Die beiden anderen Türme hatten die Inka-Baumeister mit quadratischem Grundriss erstellt. In diesen Bauten befanden sich die Wachtmannschaften. Unterhalb der Zitadelle gab es ein Netz von Strassen und Gängen, welche die drei Türme miteinander verbanden. Es war ein unterirdisches Labyrinth, das in seiner komplexen Anlage den oberirdischen Strukturen der Festung entsprach.[191]

Es ist nicht verwunderlich, dass die spanischen Chronisten von Sacsahuamán äusserst beeindruckt waren: "... Das grösste und stolzeste Werk, welches sie (die Inka) ausführen liessen, um ihre ungeheure Macht zu zeigen, war die Festung von Cuzco. Von einem Menschen, der die Anlage nie gesehen hat, kann ihre Grösse unmöglich geglaubt werden. Wer das Werk aber selbst gesehen hat, und es mit Aufmerksamkeit studierte, wird zum Schluss kommen, dass die Festung durch Zaubergewalt entstanden sein musste. Es war eine Anlage, die durch Dämonen errichtet wurde und nicht von Menschen. Man kann nämlich unmöglich annehmen, dass die vielen und grossen Steinblöcke, welche die drei Mauern — besser gesagt die drei Felsenreihen — bilden, aus Steinbrüchen stammen. Die Indios hatten ja weder Eisenwerkzeuge noch Stahlgeräte, mit denen sie die Steine hätten herausbrechen oder bearbeiten können. Wie die Blöcke aber bis zur Festung herangebracht wurden, ist nicht weniger wunderbar, da die Indios weder Karren noch Ochsen noch das entsprechende Seilzeug besassen, um die Steine fortzuschaffen. Auch gab es keine ebenen Wege, die zur Beförderung dienen konnten, sondern nur steile Berge und schroffe Abhänge, über welche der Steintransport bergauf und bergab mit Menschenkraft zu geschehen hatte. Viele der Blöcke mussten zehn, zwölf, fünfzehn Meilen (50, 60, 75 km) herangeschafft werden . . . Die Quader des am nächsten gelegenen Steinbruchs stammen von Muyna, einem Ort, der fünf Meilen (25 km) von Cuzco entfernt liegt. . ." (Garcilaso de la Vega).[192]

George Squier gibt uns über Sacsahuamán noch folgende interessante Angaben: ". . . Die Schutzwehren bestehen aus drei Zügen von ausserordentlich starken Mauern, von denen jede eine Terrasse mit Brustwehr trägt. Die Wälle verlaufen fast parallel und haben entsprechende aus- und einspringende Winkel auf ihrer ganzen Länge, die 1800 Fuss (540 m) beträgt. Die äusserste Mauer hat eine (gegenwärtig noch bestehende) durchschnittliche Höhe von 27 Fuss (8,10 m). Die zweite Mauer befindet sich 35 Fuss (10,5 m) dahinter und ist 18 Fuss (5,4 m) hoch. Der dritte Steinwall befindet sich weitere 18 Fuss (5,4 m) zurück und erreicht an der höchsten Stelle 14 Fuss (5,2 m). Die Gesamthöhe des dreifachen Steinkranzes beträgt somit 59 Fuss (17,7 m) . . . Der bemerkenswerteste Zug der Festungsmauern an den einem Angriff ausgesetzten Seiten ist ihre Übereinstimmung mit modernen Verteidigungswerken, indem nämlich der Zick-Zack-Verlauf angewendet wurde. Diese Anlage ist nicht etwa die Folge des Bodenverlaufes gewesen, sondern verrät klar einen festen, vorher überdachten Bauplan. Das Material der Mauern besteht aus Kalksteinblöcken von ungleicher Grösse und

Sacsahuamán

Die Hauptstadt des Inka-Reiches war nicht durch Mauern geschützt, wie es bei einigen anderen Städten der Fall war. Dennoch hatte Cuzco ein grosses Befestigungswerk in einer beherrschenden Lage, nämlich die Festung Sacsahuamán. Drei terrassenartig übereinandergesetzte Mauern, aus riesigen Steinblöcken errichtet, bildeten eine massive Verteidigungslinie. Auf einer Länge von 540 Metern erreichten die drei Sperrmauern eine gesamte Höhe bis zu 18 Metern. Von diesen Wallmauern zeigt der äusserste und am tiefsten gelegene Wall die beste Struktur. Seine Blöcke sind am sorgfältigsten behauen und weisen die grössten Längen-, Tiefen- und Höhenmasse auf. Beispielsweise ist ein Steinquader, der zu dieser Aussenmauer gehört, 8,3 Meter hoch, 4,25 Meter breit und 3,65 Meter tief. Der grösste monolithische Block wird auf ein Gewicht von weit über 100 Tonnen geschätzt.

Form. Ohne Zweifel ist dieses Werk das grossartigste Beispiel des Zyklopenstils in Amerika. Die äusserste Linie ist die massivste Mauer. Jede vorspringende Ecke wird durch einen ungeheuren Steinblock gebildet, der in einigen Fällen bis an die obere Terrassenfläche hinaufreicht, gewöhnlich aber einige andere grosse Steine trägt, die seine Grösse aber nicht erreichen... Alle Blöcke sind nach aussen ein wenig geglättet und an den Fugen scharf behauen sowie gegen die anstossenden Flächen abgeschrägt. Die oberen Mauerlinien bestehen aus kleineren und regelmässigen Steinen. Sie sehen weniger imposant aus.

Jede Mauer stützt eine Terrasse oder Plattform, die mit grossen rohen Steinen und den Splittern der bearbeiteten Blöcke aufgefüllt ist. Der obere Rand jeder Mauer stieg ursprünglich 6 − 8 Fuss (1,8 − 2,4 m) über die Terrasse empor und bildete eine Brustwehr, mit einer inneren Stufe versehen, auf welche die Verteidiger steigen konnten, um ihre Geschosse auf die Angreifer herabschleudern zu können. Um ein hinderliches Ansammeln von Wasserlachen hinter den Mauern zu verunmöglichen, brachten die Erbauer eine Anzahl von Abzugskanälen an, die durch die Steinwände führten, und zwar nahe an der Terrassenbasis bei jedem zweiten Winkel...

Wasser wurde der Festung durch Leitungen aus dem Rodadero-Flüsschen und aus weiteren Bächen zugeführt, welche hoch oben in den Huatanay fliessen, nahe seinen Quellen. Die Kanäle dieser Wasserleitungen verlaufen zum Teil unterirdisch, und der Ursprung einiger zuströmender Gewässer ist unbekannt...''. Während des Aufenthaltes von Squier in Cuzco waren zwei Ingenieure längere Zeit damit beschäftigt, herauszufinden, an welcher Stelle ein bestimmter Kanal durch Indios, die durch Überlieferung vom Verlauf dieser Wasserleitung Kenntnis hatten, verstopft oder angezapft worden sei. Das Bemühen der Fachleute war aber vergeblich.[193]

Sacsahuamán ist das beste Beispiel für den inkaischen Festungsbau und zeigt, welch hohen Grad an Können die Steinarchitektur und die Steinbearbeitung erreicht hatten. Auch wenn die Erstellung solch gewaltiger Werke ans Wunderbare grenzt, so darf man doch nicht vergessen, dass den Inka-Herrschern fast unermessliche Arbeitskräfte zur Verfügung standen: Nach der Überlieferung sollen − aufgrund der Dienstpflicht − 30 000 Mann über Jahrzehnte an der Erbauung von Sacsahuamán gearbeitet haben. Die Faktoren Arbeits-

Eckbastillon von Sacsahuamán

kraft und Zeit spielten also in jener Epoche eine völlig andere Rolle, als dies in unserer modernen Zeit der Fall ist. Im allgemeinen nehmen die Forscher an, dass dieses Festungswerk eher eine Fluchtburg als eine Verteidigungsanlage von Cuzco war. Die zahlreichen Wohnräume und Lagergebäude im Innern der Festung deuten darauf hin, dass hier ein sicherer Zufluchtsort für die Bewohner im Falle eines Angriffes auf die Stadt geschaffen worden war.

Im grossen Aufstand der Inkavölker gegen die spanische Besetzung des Landes war Sacsahuamán ein wichtiges Bollwerk der indianischen Verteidigung. Fernando Pizarro beschloss deshalb, die Festung erobern zu lassen und beauftragte mit diesem schwierigen Unternehmen seinen Bruder Juan. ''. . . Da man sich dem Festungswerk nur über die bergwärts liegenden Zugänge nähern konnte, war es nötig, die Aufmersamkeit des (indianischen) Feindes nach einer anderen Seite abzulenken. Kurz vor Sonnenuntergang verliess Juan Pizarro die Stadt mit einer stattlichen Reiterschar und schlug eine der Festung entgegengesetzte Richtung ein, damit das indianische Heer glauben sollte, er beginne einen Plünderungszug. Aber in der Nacht kehrte er heimlich zurück und fand zu seinem Glück die Zugangspässe nicht besetzt. Auf diese Weise gelangte er an den Aussenwall der Festung, ohne von der Besatzung bemerkt zu werden. Der Eingang (von Sacsahuamán), eine schmale Öffnung in der Mitte des Walles, war nunmehr mit grossen Steinblöcken verschlossen, die eine feste Mauer mit dem übrigen Verteidigungswerk bildeten. Es brauchte viel Zeit, diese Steine herauszubrechen, ohne die Besatzung aufzuwecken. Eine solche Angriffstaktik war den Indios, die äusserst selten des Nachts angreifen, so fremd, dass sie nicht einmal Schildwachen aufgestellt hatten.

Als das Aufbrechen der Mauer gelungen war, ritten Pizarro und seine Reiter durch das Tor nach der zweiten Brustwehr. Aber ihr Unternehmen hatte nicht heimlich genug stattfinden können, und so begegneten sie im innern Hof ganzen Scharen von Kriegern, welche die Spanier mit einem Hagel von Wurfgeschossen empfingen, der diese zum Anhalten zwang. Pizarro erkannte, dass keine Zeit zu verlieren war. Er liess daher die Hälfte seiner Reiter absitzen, stellte sich an ihre Spitze und begann, mit seinen Leuten wiederum eine Bresche in das Festungswerk zu schlagen ... Trotz eines Hagels von Steinen, Wurfspiessen und Pfeilen, der auch den Tapfersten abzuschrecken drohte, führte er seine Mannschaft vorwärts und ermutigte sie, das Zerstörungswerk fortzusetzen ... bis eine weitere Bresche geschlagen war, breit genug, die Reiter hindurchzulassen. Die Angreifer ritten dann alles nieder, was sich ihnen widersetzte. Die Brustwehr wurde nun geräumt, der (indianische) Feind verliess in eiliger Flucht den eingeschlossenen Raum und suchte auf einer Art von plattem Dach oder Söller Schutz. Hier sammelten sich die Indios wieder, und richteten grosse Mengen von Wurfgeschossen auf die Spanier, während die übrige Besatzung der Festung Felsstücke und Balken schleuderte. Immer unter den vordersten Kämpfern, drang Juan Pizarro auf den Söller, indem er seine Leute durch Worte und sein Beispiel anfeuerte. In demselben Augenblick jedoch flog ein grosser Stein gegen seinen ungeschützten Kopf und warf ihn zu

Boden... Hernach übermannte ihn der Schmerz und Juan Pizarro wurde in die Stadt Cuzco hinuntergebracht, wo er trotz allen Bemühungen zu seiner Rettung vierzehn Tage nach der Verletzung in schwerem Todeskampfe starb..." (W. Prescott).[194]

Schliesslich wurde der Aufstand von den Spaniern niedergeschlagen. Die alte Hauptstadt des Inkareiches war während der Kämpfe niedergebrannt und zerstört worden. Für den Wiederaufbau von Cuzco verwendeten die neuen Herren in grossem Masse das Mauerwerk von Sacsahuamán und liessen alle Steine der stolzen Festung mit Ausnahme der Grundquader abtragen.

b. Ollantaytambo

Ollantaytambo war ein bedeutendes Verwaltungszentrum in der östlichen Provinz Antisuyu und bildete zugleich einen Schutzwall gegen die Stämme der Amazonas-Tiefländer. Die Anlage bestand aus der kleinen städtischen Siedlung, der ummauerten Festung und dem Sonnentempel mit dem Haus der Tempeljungfrauen. "... Die Aussenmauern der Festung winden sich in einer Zick-Zack-Linie hinauf, dann biegen sie in einem rechten Winkel ab und ziehen sich bis zu einer Stelle hin, wo ein mehr als 1000 Fuss (300 m) hoher Absturz

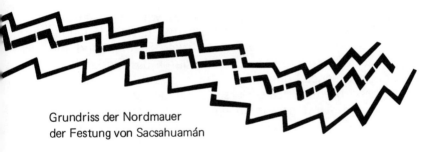

Grundriss der Nordmauer
der Festung von Sacsahuamán

eine Sicherung nicht mehr notwendig machte. Diese Mauern sind ungefähr 25 Fuss (7,5 m) hoch, aus rohen Steinen errichtet. Auf der Aussen- und Innenwand sind sie mit Stuck bekleidet und mit Zinnen versehen. Sie haben auf der inneren Seite eine Erhöhung, auf die sich die Verteidiger der Festung stellen konnten...".[195]

Welchen militärischen Wert die Festungsanlage besass, mussten zu ihrem Leidwesen auch die Spanier erfahren. Ollantaytambo bildete lange Zeit das Hauptquartier des aufständischen Manco Capac. Erst später verlegte der Inka sein Quartier. Trotz wiederholter Versuche, gelang es den spanischen Truppen und ihren indianischen Verbündeten nicht, die Festungsstadt zu erstürmen. Der junge Pedro Pizarro, ein Vetter des Eroberers von Peru, berichtet über einen solchen Kriegszug: "... Wir alle ruhten zunächst aus und rüsteten uns dann zu einem kriegerischen Unternehmen nach Tambo (Ollantaytambo), um den Inka, der sich dort verschanzt hatte, zu vertreiben. Denn dort sammelte er immer wieder seine Kriegsleute und schickte sie von Zeit zu Zeit gegen das nahe gelegene Cuzco... Nur Gabriel de Rojas blieb mit den Schwächsten unserer Mannschaft in Cuzco. Alle anderen von uns zogen vor Ollantaytambo. Als wir dort anlangten, erfasste uns ein grosser Schrecken. Denn der Platz ist aussergewöhnlich gut befestigt mit hohen Terrassen und riesigen aus Stein gehauenen Mauern. Die Festung hat nur einen Zugang, direkt neben der steilen Bergflanke. Auf dieser Flanke wimmelte es von Kriegern, die eine grosse Menge von wuchtigen Steinen bereithielten, um sie auf die Spanier hinunterrollen zu lassen, wenn sie sich dem Eingang nähern würden. Das Tor war hoch und hatte auf beiden Seiten grosse Mauern. Aber es war mit dicken Steinen und mit Lehm zugemauert bis auf ein kleines Loch, durch das hindurch ein Indio gerade noch kriechen konnte.

Der sonst sehr breite Yucay-Fluss ist bei der Stadt Ollantaytambo eng und tief. Und gerade an dieser Stelle staffeln sich am Steilhang die befestigten Terrassen übereinander, eine höher und unbezwingbarer als die andere. Vor Ollantaytambo und dem beschriebenen Torweg ist eine kleine ebene Fläche angelegt, die mit einer Terrassenmauer an den Fluss grenzt. Wir überschritten den Fluss, besetzten die genannte Fläche und wollten das Tor erstürmen. Aber da wälzten die Indios solche Ladungen von Steinen den Berg herunter und überschütteten uns mit einem Hagel von Schleudersteinen und Pfeilen, dass diese auch einer weit grösseren Zahl von Spaniern als uns den Tod gebracht hätten. Ein Pferd wurde getötet und einige Spanier verletzt... Zwei- oder dreimal versuchten wir den Sturm auf die Stadt, aber jedesmal schlugen sie uns zurück. So ging es den ganzen Tag, bis zum Sonnenuntergang. Dann leiteten die Indios den Fluss auf die kleine Ebene, auf der wir uns befanden, ohne dass wir dies bemerkt hatten. Länger an diesem Ort zu bleiben, wäre das Verderben von uns allen gewesen... Fernando Pizarro gab den Befehl zum Rückzug...".[196]

Das eindrucksvolle Befestigungswerk gliedert sich in eine Anzahl von steilen Terrassen, die je durch eine Treppe unter sich verbunden sind. Es ist eine Folge von sechs Terrassierungen, die heute den am besten erhaltenen Teil des Festungsbaues darstellen. Die unterste Anlage besteht aus nicht sehr grossen, fast gleichförmigen Blöcken, deren Reihen jedoch nicht immer horizontal verlaufen. Eine ähnliche Struktur hat die nächste Terrasse, aber die Blöcke sind wesentlich grösser. Auch verstärken wuchtige Steine die Ecken. Die dritte Anlage wird von einer Mauer mit noch grösseren Steinen gestützt, und die vierte Terrassenstufe weist eine polygonale Anordnung, aus sehr grossen Blöcken bestehend, auf, die von kleinen Steinen umgeben, sehr sorgfältig miteinander verbunden sind. Auf der fünften Stufe befindet sich ein prächtiges Tor im "Trapez-Stil", das den Weg nach einer Mauer mit trapezförmigen Nischen freigibt. Diese Nischen sind in Granit ausgeführt und zeugen von sehr sorgfältigen

Die Monolithen von Ollantaytambo

Auf dem Gipfel des Befestigungswerkes von Ollantaytambo befindet sich das erstaunlichste Zeugnis inkaischer Steinhauerarbeit. Es sind sechs riesig behauene Steinblöcke, die eine Art "Wand" bilden. Die Monolithen bestehen aus einem blassrötlichen Granit, der eben behauen wurde, mit einzelnen vorstehenden Buckeln. Die Blöcke erreichen Höhen bis zu 4,05 Metern und Breiten bis zu 2,2 Metern. Hinter der Monolithenwand befindet sich ein altes Heiligtum, so dass die fein behauenen Steinblöcke vielleicht als "Verkleidung" dieser Kultstätte dienen mussten. Eine andere Theorie nimmt an, dass die sechs Monolithen als Fundament eines neuen Tempels gedacht waren.

Steinhauer-Arbeiten. Auf der obersten Terrasse stellt man fest, dass die Anlage unvollendet geblieben ist. Zahlreiche Steine — einige von gigantischem Ausmass — liegen herum. Manche Blöcke sind ganz oder beinahe fertig zugerichtet. Die Arbeiten wurden von den Steinmetzen und Erbauern plötzlich aufgegeben.[197] Auf dem Gipfel des Hügels befindet sich das erstaunlichste Zeugnis der inkaischen Steinhauerarbeit: sechs riesige behauene Steinblöcke, die eine Art "Wand" bilden. Diese sechs Monolithen haben Ollantaytambo besonders bekannt gemacht. Es sind Blöcke aus einem blassrötlichen Granit, der nicht kissenartig vorgewölbt ist — wie die Megalithen in Sacsahuamán — sondern eben behauen wurde, wobei einzelne Vorsprünge angebracht wurden. Zwischen die Monolithen hatte man schmale, granitene Fugenleisten eingelegt, anscheinend um das Gefüge der mächtigen Platten zu sichern. Mörtel oder ein anderes Bindemittel ist nirgends zu finden.[198]

Die Grössenmasse dieser (von I bis VI numerierten Monolithen) werden wie folgt angegeben:

> Höhe: zwischen 3,5 m (Monolith I) und 4,05 m (Monolith VI)
> Breite: zwischen 1,3 m (Monolith III) und 2,2 m (Monolith V)
> Tiefe: zwischen 0,7 m (Monolith III) und 2,0 m (Monolith VI)

Da die Blöcke nicht gleich dick sind, hat man diejenigen Monolithen mit geringerer Tiefe (III, IV, V) hinten mit Mauern aus polygonalen, fein gefügten Steinen verstärkt, so dass sie etwa die Dicke der Monolithen I und II erreichen. Diese Angleichung hat man wohl vorgenommen, weil die Monolithenwand nicht unmittelbar an die Felsen des Berghanges anschliesst. Zwischen den bearbeiteten Steinen und dem Berg befindet sich nämlich ein Gang von etwa 1,2 m Breite und 7,7 m Länge. Die natürliche Felswand ist mit einem einfachen Bruchsteinmauerwerk bedeckt, in dem sich drei kleine Trapeznischen befinden. Die Bedeutung dieses Ganges und der drei Nischen ist ein Geheimnis geblieben.

Heinrich Ubbelohde-Doering stellte eine interessante Theorie auf, welche den mit der Bruchsteinmauer verkleideten grünen Felsabhang mit der steinernen Wand der sechs kunstvoll behauenen Monolithen in Verbindung bringt: "Auf dem Burgberg gab es schon in sehr alter Zeit einen grünen Felsen, der als heilig galt, und der in einfaches Mauerwerk gefasst war, mit eingebauten kleinen — nicht sehr kunstvollen — Trapeznischen. Dieses einfache Heiligtum wurde in späteren Zeiten mit einem Mantel aus Granit-Monolithen umgeben. Die Überlieferung spricht von der Beisetzung der Eingeweide (und der Herzen) der Inka-Könige in Ollantaytambo, was auf eine sehr enge Beziehung der Tempelburg zu den Inka-Herrschern schliessen lässt. Aufgrund dieser (uns unbekannt gebliebenen) Beziehung wurde auch die Rückwand der Frontmonolithen in feinem Quaderwerk ausgebaut. Sie befand sich ja dem ärmlichen, aber durch sein Alter und eine spezielle Bedeutung geheiligten Bau der Vorzeit gegenüber. Das bestehende alte Heiligtum liess man unangetastet...".[199]

Es konnte nicht geklärt werden, ob die Monolithenwand lediglich als Verkleidung der alten Kultstätte dienen sollte oder ob die sechs Monolithen als Fundament eines Tempel-Baues gedacht waren. Ferner geht auch aus den Chroniken der Conquista-Zeit in keiner Weise hervor, aus welchem Grunde die Steinhauerarbeiten und die Bautätigkeit auf dem Burghügel von Ollantaytambo plötzlich eingestellt worden waren.

14. Machu Picchu: Felsenfestung? Heiligtum? Fluchtburg der letzten Inka?

Die Entdeckung — oder besser gesagt: Wiederentdeckung — von Machu Picchu durch den amerikanischen Historiker Hiram Bingham im Juli 1911 gehört zum Wunderbarsten in der an Wundern nicht armen Geschichte der peruanischen Archäologie. Der junge Amerikaner leitete eine Expedition der Yale-Universität, die es sich zum Ziele gesetzt hatte, die verschollene Zufluchtsstätte der mit der spanischen Besetzungsmacht kämpfenden letzten Inka zu finden. Auch Bingham fand dieses sagenhafte Vilcabamba nicht, er

Machu Picchu

Die Entdeckung von Machu Picchu im Juli 1911 durch den amerikanischen Historiker Hiram Bingham bildete in der Geschichte der peruanischen Archäologie einen Höhepunkt. Auf einem Berggipfel — 500 Meter über dem Urubamba-Fluss gelegen — hatte sich eine Inka-Stadt beinahe unversehrt bis in die Gegenwart hinein erhalten. Von Norden nach Süden weist die Siedlung eine Länge von 700 Metern und von Osten nach Westen eine Breite von 500 Metern auf. Die ganze Stadtanlage zählt 216 Gebäude: Paläste, Tempel, Wohnstätte und Wachposten. Zahlreiche Terrassen geben der alten Bergstadt das Gepräge von hängenden Gärten. Man hat errechnet, dass die Ernten, die auf diesen künstlich angelegten Ackerflächen möglich waren, eine Bevölkerung von tausend Menschen zu versorgen vermochten.

entdeckte aber eine bisher unbekannte Stadt, die sich bis in die Gegenwart hinein beinahe unversehrt erhalten hatte. Machu Picchu stellt darum ein aussergewöhnliches Forschungsobjekt für die Planung und den Aufbau einer urbanen Inka-Siedlung dar. Die alte Hauptstadt Cuzco war ja nicht nur durch Erdbeben erschüttert worden. Das Zentrum von Tahuantinsuyu hatte während der kriegerischen Auseinandersetzungen zwischen dem Heere Manco Capac II und den Eroberern schweren Schaden erlitten und musste von den Spaniern neu aufgebaut werden. Machu Picchu dagegen war von all diesem verschont geblieben. Seine Architektur spiegelt in erstaunlicher Weise den Aufbau der früheren Hauptstadt des Inkareiches wider. In dem ummauerten Gelände gab es zahlreiche Paläste, Tempel, heilige Plätze, neben bescheideneren Wohnhäusern. Von besonderer Bedeutung sind die sakralen Bauten: der "Tempel der drei Fenster", der "Palast der Sonnenjungfrauen" sowie der **"Torreón"**, ein aus einer natürlichen Höhle und einem Turm bestehender Bau. Ebenso bemerkenswert ist das **Intihuantana** ("der Pfosten, an dem die Sonne angebunden ist"), eine aus dem Felsgestein herausgehauene Anlage, von der man annimmt, dass sie der Beobachtung der Sommer- und Wintersonnenwende gedient habe. Solche "Observatorien" befanden sich in allen bedeutenderen Inka-Stätten, aber die spanischen Eroberer haben diese "Zentren der heidnischen Sonnenanbetung" zerstört. Das Intihuantana von Machu Picchu dagegen ist völlig erhalten geblieben, ein Beweis, dass die Spanier nie bis zu dieser Kultstätte gelangten.[200]

Hiram Bingham — seit zwölf Tagen von Cuzco aufgebrochen, im Urubambatal unterwegs, hatte nichts anderes erwartet, als ". . . höchstens die Ruinen von zwei oder drei Steinhäusern zu finden, ähnlichen Überresten, wie wir sie an verschiedenen Orten auf dem Weg zwischen Ollantaytambo und Torontoy angetroffen hatten. . .".[201] Dennoch bewog ihn diese Erwartung, den abschüssigen und gefährlichen Aufstieg zu wagen, als ihm ein indianischer Maultiertreiber mitteilte, auf dem Gipfel von Machu Picchu befänden sich "einige sehr gute Ruinen". Der amerikanische Forscher schreibt darüber: ". . . In diesem Lande kann man nie sagen, ob eine solche Mitteilung glaubwürdig ist. 'Es könnte auch gelogen sein', dies ist eine gute Bemerkung, die man allen vernommenen Aussagen hinzufügen muss. . .".[202] Von einem Indianerjungen begleitet, den man ihm als

Führer mitgegeben hatte, erklomm Bingham schliesslich den letzten Höhenzug. Nachdem der Vorberg umgangen war, stiess er angesichts des unverhofften Anblicks einen Überraschungsschrei aus: wie von der Luft getragen, stiegen hunderte von Ackerbauterrassen stufenförmig bergan. Sie wurden von langen Wänden aus festgefügten Steinblöcken gestützt, die ungefähr dreissig Meter lang und drei Meter hoch waren. "... So folgte ich mit Geduld dem kleinen Führer auf der breitesten Terrasse nach, wo einst eine schmale Wegführung bestanden hatte, in die Wildnis hinein, die sich darüber befand. Unvermittelt erblickte ich die Mauern von zerfallenen Häusern, die aus bestem Inka-Steinwerk erbaut worden waren. Nur mit Mühe konnte ich die steinernen Wände erkennen, denn sie waren von Bäumen und Moosen bedeckt, die während Jahrhunderten darübergewachsen waren. Aber im dunklen Schatten der Bambusgewächse und Schlingpflanzen tauchten hie und da Mauern von weissen Granitquadern auf... Plötzlich — ohne jede Vorwarnung — zeigte mir der Junge eine Höhle, die mit herrlich behauenen Steinen ausgekleidet war. Das musste die Begräbnisstätte eines Königs sein!..."[203]

Als er die Höhle wieder verliess, blickte Bingham empor, er war neugierig, welches Bauwerk die heilige Grotte krönen würde. Was er erblickte, schien ihm "... an Kühnheit und Pracht alles zu übertreffen...", was er je zuvor an inkaischen und vorinkaischen Ruinen gesehen hatte. Ein Turm (Torréon) bedeckte in Form eines Hufeisens den Felsen, der seinerseits dem Torréon als Sockel diente. Die Mauer des Unterbaues folgte der natürlichen Felskrümmung, ehe sie sich zum Turm verlängerte. So makellos war die Rundung, dass sie "... das gelungenste Beispiel für vorkolumbianisches Mauerwerk beider Amerika dastellt...". Der amerikanische Forscher verglich diesen Rundbau mit dem Sonnentempel der Inka-Hauptstadt. Der Turm war noch vollkommen erhalten. Nur die goldenen Götterbilder in den trapezförmigen Nischen der innern Wand fehlten.[204]

"... Es ist nicht leicht, Machu Picchu zu beschreiben...", so führt Bingham in seinem 1913 publizierten Bericht aus. "... Die Ruinen sind auf einem Bergrücken gelegen, der in einem prächtigen Gipfel endet, auf dessen Spitze die Überreste von Huayna Picchu liegen sollen. Auf beiden Seiten gibt es steile Abhänge mit einer grossen Anzahl von Terrassen, die offenbar landwirtschaftlich genutzt wurden. Es sind auch sogenannte **azequias** vorhanden, nämlich

El Torreón

Ein bemerkenswerter Bau von Machu Picchu ist der halbrunde Turm (Torreón), der einen heiligen Felsen umfasst, und dessen Felskörper aus der Tiefe einer Grabhöhle aufsteigt. Die Mauer des Turmes ist mit dem gewachsenen Felsen so fest verbunden, als ob beide aus einem Stück wären.

Die unregelmässige Kurve, welche den halbkreisförmigen Bogen des Torreón bildet, erinnert an den ähnlichen Halbkreis des Sonnentempels von Cuzco. Es besteht kein Zweifel, dass die beiden Bauten verwandt sind.

in Stein gefasste Wasserführungen. Aber es ist heute ziemlich schwierig festzustellen, woher das Wasser bezogen wurde. Es finden sich wohl drei Quellen hier... Da jedoch eine beträchtliche Wassermenge notwendig war, um die Bewohner eines so ausgedehnten Ortes wie Machu Picchu mit Wasser zu versorgen, hat vielleicht ein Bewässerungskanal viele Meilen weit durch die Berge bis zu einer Stelle geführt, von der aus eine zuverlässige Wasserversorgung gewährleistet war... Auf einem riesigen Granitblock befindet sich ein halbkreisförmiger Bau, der aus fast rechtwinkligen Blöcken besteht, und der im innern Teil schön gearbeitete Nischen aufweist. Unterhalb des Felsblocks liegt eine mit sorgsam bearbeiteten Steinen ausgemauerte Höhle, die sehr grosse Nischen enthält, wie ich sie schöner und höher noch nie gesehen habe. Es gibt viele Treppen aus Granitblöcken... Eine Treppe führt zu einem weiter oben am Bergrücken gelegenen Punkt, wo sich eine Stelle befindet, der ich den Namen "Heiliger Platz" gegeben habe.

Auf der Südseite dieses Platzes befindet sich eine Terrasse, gebildet aus grossen Blöcken nach der Art von Sacsahuamán sowie eine Art von halbkreisförmiger Bastion. Diese wurde aus sorgfältig behauenen, fast rechtwinkligen Steinen erbaut, die ähnlich den Quadern sind, aus welchen der halbkreisförmige Sonnentempel von Cuzco besteht. Auf der Ostseite des Heiligen Platzes stehen die Mauern eines rechtwinkligen Gebäudes, das 8,8 m lang und 11,3 m breit ist und Nischen sowie vorspringende zylindrische Steine aufweist... Auf der Westseite befindet sich ein merkwürdiger, im wahrsten Sinne des Wortes megalithischer Bau, der nach dem Platz hin ganz offen ist, während die übrigen Seiten vollständig geschlossen sind. Das Gebäude misst im Innenraum 7,8 m auf 6,3 m. Wie allen andern Bauten fehlt auch ihm das Dach. Erstellt wurde das Gebäude aus reihenweise angeordneten weissen Granitblöcken. Die Steine der untersten Reihe sind bedeutend grösser als diejenigen aller übrigen Reihen.

... Auf der anderen Seite erheben sich zahlreiche weniger wichtige Häuser, die indessen auch gut gebaut sind und dicht beisammen stehen. Bei vielen dieser Häuser ist die Bauweise einfach. Manche haben Giebel, fast alle weisen Nischen auf. Einige Bauten zeugen von ausserordentlich sorgfältiger Arbeit, wie man sie auch in Cuzco nicht schöner findet. Das verwendete Material ist ausschliesslich weisser Granit. Die Steinmetzarbeit ist hervorragend, und die Blöcke sind mit einer Präzision aneinandergepasst, die man nicht beschreiben kann... Auf der Nordseite des Heiligen Platzes steht ein weiteres Gebäude, das dem beschriebenen Bau der Westseite insofern ähnlich ist, als die dem Platz zugewandte Seite vollkommen offen steht... Dieses Gebäude misst im Innenraum 4,5 m auf 10,3 m. Sein augenfälligstes Merkmal ist eine Reihe merkwürdigster Fenster. Drei grosse Fenster, 1,22 m hoch und 0,91 m breit, sind in die Rückwand eingelassen und zeigen einen wunderbaren Ausblick über die dschungelbedeckten Berge...".[205]

Nach der Art seiner Konstruktion zu schliessen war Machu Picchu mit grosser Wahrscheinlichkeit ein militärischer Vorposten und gehörte in den Gürtel befestigter Orte, der von Sacsahuamán bis zu den Flussläufen des Vilcanota und des Urubamba reichte. Eine gepflasterte Strasse verband diese Siedlungen miteinander. Man hat bisher noch keine volle Klarheit erhalten, ob es sich um echte Festungen handelte, oder um befestigte kleine Bergstädte, welche die Grenzen des Inkareiches gegen die wilden Urwaldstämme des Amazonas-Tieflandes sichern sollten.

Machu Picchu ist kein typisches Beispiel für ein urbanes Zentrum im Andenhochland. Die Stadt ist im Gegenteil ein extremer Fall für die Anpassungsfähigkeit der Inka-Architektur an die ungünstigen Umweltbedingungen. Der Siedlungskern liegt auf einem schmalen Bergsporn, der auf allen Seiten steil abfällt, mit Ausnahme desjenigen Teiles, der gegen die hohe Bergspitze des Huayna Picchu emporsteigt. Eine lange und beschwerliche Treppe mit hundert Stufen läuft dem Kamm entlang. Die Siedlung wurde auf übereinanderliegenden, parallelen Ebenen in die Berghänge hineingebaut. Diese ebenen Flächen entstanden durch genaue Bodenregulierungen. Verschiedene Gruppen von Kultbauten befinden sich auf dem obersten Gürtel, wo der Bergkamm ziemlich eben verläuft. Ein grosser, unregelmässiger Platz liegt in dem vom Bergvorsprung am weitesten entfernten Teil in einer natürlichen Bodensenkung. Zu diesem Heiligen Platz gehört das in den Stein gehauene **Intihuantana**. Die in hellem Granit errichteten Bauten zeigen immer noch die verschiedenen Techniken der Steinbearbeitung auf: von roh behauenen Steinen, welche für die Erstellung der Terrassen Verwendung fanden, bis zu den sehr fein behauenen Quadern, die sorgfältig aneinander-

Das Intihuantana von Machu Picchu

Über den Tempeln befindet sich das Intihuantana-Heiligtum, zu dem eine aus dem gewachsenen Felsen gehauene Treppe hinaufführt. Aus einem breiten Sockel erhebt sich ein 66 cm hoher, vierkantiger Pfeiler. Das gesamte Heiligtum ist aus dem natürlichen Felsen herausgemeisselt.

"Intihuantana" bedeutet in der Quechua-Sprache "das Anbinden der Sonne" und meint damit die Wintersonnenwende. Das Heiligtum war der Ort, wo in kultischen Feiern die Sonne "angebunden" wurde, damit sie wieder nach Süden zurückkehren möge, um den südlichen Sommer zu bringen.

Da die Spanier alle heiligen Orte der Inka als "Werke des Teufels" zerstört hatten, ist die Unversehrtheit des Intihuantana von Machu Picchu ein weiterer Beweis, dass die Eroberer diese Befestigung nie betraten.

gefügt der Erstellung von Prunkgebäuden dienten. Sehr oft ist bei den Bauten der obere Teil der Wand nach innen gekrümmt, zur Abstützung der schrägliegenden Dächer. Die Grundrisse der Gebäude wurden einer bestimmten Hanglage oder einer entsprechenden Stellung des Geländes angepasst. Auf diese Weise ist der Grundriss eines Baues selten völlig rechteckig oder quadratisch. Wenn möglich herrschte die Trapezform vor.[206]

Machu Picchu liegt auf einer Höhe von 2300 m ü.M. und befindet sich 500 m über dem Urubamba-Fluss. Als Anlage für eine "geheimnisvolle Stätte" war dieser Ort aussergewöhnlich günstig gewählt. Von keinem Punkte des Tales konnte die Siedlung gesehen werden, während Späher auf dem Berg oben einen weiten Umkreis zu überblicken vermochten. Ursprünglich hatte die Stadt nur einen einzigen Zugang, der durch Schluchten und über Grate hinauf zum Berge führte und durch eine Zugbrücke abgesichert war. Die Bergfestung war im Norden, Osten und Westen durch die senkrecht abfallenden Berghänge unzugänglich. Gegen den engen Pfad nach der oberen Seite hin, in Richtung des Huayna Picchu, hätten wenige Krieger einem ganzen Heer den Zugang versperren können. Überall dort, wo der Abgrund nicht völlig unübersteigbar ist, schützten steinerne Gräben von 3 m Tiefe oder Mauern von 2 m Basisbreite und 4 m Höhe die Stadt. Die Mauern bestanden aus polygonalen Blöcken. Ausser diesen Schutzwehren ergänzten Wälle, um jede Baugruppe errichtet, das ganze Befestigungssystem.

Die landwirtschaftliche Zone von Machu Picchu ist von den Wohn- und Zeremonienvierteln durch eine Mauer getrennt, die sich dem Hang und den Unebenheiten des Geländes anpasst. Zahlreiche Terassen geben der Bergstadt das Gepräge von hängenden Gärten. Diese Andenes reichen vom Bergkamm hinunter bis zu den äussersten Grenzen, wo der Berg senkrecht abfällt. Man nimmt an, dass die Ernten, die auf diesen künstlich angelegten Ackerflächen möglich waren, eine Bevölkerung von tausend Menschen zu versorgen vermochten.[207]

Überblickt man die gesamte Stadtanlage, die aus 216 Gebäuden (Palästen, Tempeln, Wohnstätten und Wachposten) besteht, so kann man deutlich drei Bezirke unterscheiden:

— den Tempelbezirk mit dem Intihuantana-Heiligtum
  als Zentrum;

- das Palastviertel, das sich um den Torreón (den halbrunden Turm mit der Grabhöhle) gruppiert;
- das Wohnviertel der Handwerker, Bauern und Soldaten. In diesem Bezirk befand sich auch das ummauerte Grundstück der "Erwählten Frauen".

Von Norden nach Süden weist die Siedlung eine Länge von 700 m und in der West-Ostrichtung eine Breite von 500 m auf. Die Bauten sind oft horizontal und vertikal ineinander verschachtelt. Überall waren Treppen notwendig, um von einer Zone zur anderen zu gelangen. Auch waren viele Gebäudekomplexe untereinander durch Stufen verbunden. Es wurden mehr als hundert Treppen und über 3000 Stufen gezählt! Manche Treppen steigen im gewachsenen Felsen empor, andere sind aus Steinen zusammengefügt.

Machu Picchu war nicht der sagenhafte Zufluchtsort der letzten Inka, der in den spanischen Chroniken als Vilcabamba la Vieja bezeichnet wird. Es ist aber sehr erstaunlich, dass die Felsenfestung in keiner der oft sehr informationsfreudigen spanischen Quellen auch nur erwähnt wurde. War die "Heilige Stadt" vielleicht nur einem kleinen Kreis des höchsten Inkaadels bekannt, und hatten die Herrscher den Befehl gegeben, die Existenz dieser Stätte bei Todesstrafe zu verschweigen? Hiram Bingham erwägt die Möglichkeit, ob "das erhabenste Heiligtum des Reiches" nicht beim Zusammenbruch der Inka-Herrschaft als Versteck der schönen Sonnenjungfrauen diente, die man beim Eindringen der spanischen Soldateska in die Hauptstadt gerettet hatte. Nach einer indianischen Überlieferung liess nämlich der höchste Priester des Sonnentempels die **Acllas** samt einer Anzahl goldener Sonnenbildnisse durch eine Lamakarawane nach einer weit abgelegenen Gebirgsregion bringen. Als die Conquistadoren — erzürnt ob dem Verschwinden der begehrten Sonnenjungfrauen — die Einwohner von Cuzco darüber befragten, antworteten die Indios, "der Sonnenvater habe die Erwählten Frauen an einen unzugänglichen Ort gebracht, damit diese nicht von den fremden Weissen geschändet würden".[208]

Lebten diese Acllas fortan in der Abgeschiedenheit der den spanischen Eroberern verborgen gehaltenen Stadt Machu Picchu? Verliessen sie die Felsenburg nicht mehr und nahmen das Geheimnis mit in den Tod? In den Grabhöhlen fand die Yale-Expedition

Zwei Sonnenjungfrauen (Acllas) werden den
Spaniern als Beute überlassen

150 Mumien von jungen Frauen. Handelte es sich bei diesen Leichen um die letzten Sonnenjungfrauen? Wann haben die Wächter und die Bebauer der hängenden Terrassen die Stadt für immer verlassen — und aus welchem Grunde? Bingham fand nicht einen einzigen Goldgegenstand — eine erstaunliche Tatsache! — da sonst in allen Kultstätten des Inkareiches zahlreicher Goldschmuck vorhanden gewesen war. Den beutegierigen Spaniern konnten diese Schätze nicht in die Hand gefallen sein, da ihnen Machu Picchu mit Sicherheit unbekannt geblieben war.

Die Kenntnis um die Felsenfestung musste sich im Urubambatal bei einzelnen Indios erhalten haben. Zu ihrer Verwunderung stellten die Teilnehmer der von Bingham angeführten Expedition fest, dass eine Anzahl von Gräbern bereits durch Grabräuber ausgeraubt worden war. Auch die Namen der beiden Gipfel wurden durch die Überlieferung weitergegeben, so dass wir mit Sicherheit annehmen können, die Bezeichnungen "Machu Picchu" und "Huayna

Picchu" stammen direkt aus der Inkazeit. Simone Waisbard, die nach eigenen Aussagen 15 Jahre in Peru auf den Spuren Binghams forschte, fand in den Akten des Gerichtshofes von Lima eine Anweisung des Vizekönigs an Doktor Cuenca aus dem Jahre 1562, die auch das Gebiet von Machu Picchu erwähnte. In dieser Urkunde heisst es: "... Uns ist berichtet worden, dass Tupac Amaru und sein Bruder Titu Cusi Yupanqui (das heisst die letzten Inka) sowie weitere Häuptlinge und Indianerkrieger, welche gemeinsam im Tal von Biticos gegen uns aufgewiegelt haben, die bereits genannte Stätte Vilcabamba verlassen und alle indianischen Häuser der Repartimientos von Amaybamba und Picchu geplündert und verbrannt haben".

In einer notariell beglaubigten Verkaufsurkunde aus dem Jahre 1782 werden unter zahlreichen Ländereien, die namtlich aufgeführt sind, auch Machu Picchu und Guyana Picchu ausdrücklich genannt. Um so erstaunlicher ist es, dass die Ruinenstadt selbst völlig unbekannt geblieben war.[209]

Wann war Machu Picchu erbaut worden? Die Technik der behauenen Blöcke, die Trapeztüren und -fenster weisen eindeutig auf den Inkastil von Cuzco hin. Die Anlage einer solchen Stadt konnte nur von geübten Bauleuten vorgenommen werden. Man musste im voraus alle Probleme lösen, welche die Lage auf einem steil abfallenden Felsenberg sowie der sehr beschränkte vorhandene Raum stellten. Auch erforderte der Bau dieser Siedlung mit ihren vielfältigen Anlagen den Einsatz gewaltiger menschlicher Arbeitskräfte und setzte grosse technische Kenntnisse voraus. Machu Picchu konnte nur "... der Idee und dem Willen eines einzigen Menschen entsprungen sein." Der peruanische Kulturattaché in Paris, Alberto Jochamovits, welcher diese Äusserung getan hat, ist auch der festen Überzeugung, dass nur ein grosser Inkakaiser wie Topa Yupanqui ein solches Werk auszuführen vermochte.[210]

Allerdings weisen zyklopische Blöcke, auf denen beispielsweise der Haupttempel errichtet worden war, darauf hin, dass schon in viel älteren Zeiten auf dem Bergrücken eine Siedlung bestanden hatte. Wahrscheinlich erbaute einmal ein Indiovolk des Amazonasurwaldes in dieser unzugänglichen Höhenlage eine Siedlung. Welcher Inka vermochte diesen Stamm zu vertreiben und wann geschah dies? Was bewog schliesslich die Herrscher von Tahuantinsuyu, an dieser Stelle nicht nur eine Festung zu erbauen, sondern den Ort geheim zu halten? Warum wurden in dem Festungswerk auch zahlreiche Tempel errichtet und Grabgewölbe in den Berg gehauen? Was geschah schliesslich mit der grossen Schar der Arbeitsleute und Steinmetze nach Erstellung von Machu Picchu? Musste sie ihr Wissen über die Bergstadt mit dem Leben bezahlen?

Das Geheimnis der "Heiligen Stadt", die auf einem vom Urubambatal aus nicht zu erblickenden und nur schwer zugänglichen Bergkamm erstellt worden war, wird in den wesentlichen Punkten wohl kaum jemals entschleiert werden können.

15. Die Architektur im Alten Peru

Das Gebiet von Gross-Peru besitzt eine solche Fülle an klimatischen und ökologischen Voraussetzungen, dass die Formen der grossen Bauten (Tempel, Paläste und Festungen) wie auch der bescheideneren Wohnungsbauten immer beträchtlich voneinander abwichen. Dies ist auch heute teilweise noch der Fall. An der warmen und trockenen Küste entwickelten sich ganz andere Bauformen als im kalten Hochland oder an den östlichen Andenabhängen mit ihrem feucht-heissen Klima. Auch das vorhandene Baumaterial war in den drei Zonen sehr verschieden: Im Hochland waren mannigfache Gesteinsarten in jeder Menge vorhanden, während an der peruanischen Küste genügende Lehmvorkommen existierten. Beiden Regionen fehlte bis zu einem gewissen Grad das Bauholz, das an den Ostabhängen der Anden und in den tiefliegenden östlichen Gebieten der Urwaldzonen geschlagen werden konnte. Aus diesem Grunde bildeten Lehmziegel an der Costa, Steine in der Sierra und Holz in der Selva die bevorzugten Baumaterialien. Doch gab es auch im Hochland zahlreiche Wohngebäude der Bauern, die aus Lehmziegeln errichtet wurden. Auch fanden beim Bau der hochgelegenen Städte Lehmmauern Verwendung. So bestand beispielsweise das gesamte

Mauerwerk der Stadt Huari aus rohen, mit Lehm verbundenen Feldsteinen. Auch in Cuzco setzte sich der Unterbau vieler Gebäude aus Steinen zusammen, die in Ton verlegt wurden (sogenannte **Pirca-Mauern**).

In seinem Werk "Arquitectura Peruana" kommt Hector Velarde [211] zu folgender Periodisierung:

Präinkaische Periode

a. — Die andine megalithische Archaische Epoche im Hochland (800 v.Chr. — 200 n.Chr.)
— Die Archaische Epoche an der Küste (800 v.Chr. — 200 n.Chr.)

b. — Die andine megalithische Epoche im Hochland (200 n.Chr. bis zum Beginn der Inka-Herrschaft in den entsprechenden Gebieten, 15./16. Jh.)
— Die Epoche der Kulturellen Entwicklung an der Küste (200 n.Chr. bis zur Eroberung durch die Inka im 15. Jh.)

c. **Die Inka-Periode**
Vom Beginn der Inka-Herrschaft (im 13. Jh. bis zum Zusammenbruch des Inkareiches im Jahre 1532).

a. **Die andine megalithische Archaische Epoche im Hochland**

Diese Periode hat ihre Zeugnisse hauptsächlich im nördlichen Bergland hinterlassen. Gewöhnlich befanden sich die Bauten dieser Zeitspanne in unzugänglichen Höhenlagen. Die schroffen Berghügel und Gipfel wurden als Verteidigungsorte und zur Beherrschung der tieferliegenden Landwirtschaftsgebiete gewählt. Als typisches Beispiel der Archaischen Architektur gilt die Stadt **Yayno**. Diese megalithische (d.h. steinzeitliche) Siedlung wurde ca. 18 km südöstlich der heutigen Stadt Pomabamba errichtet. Als Baumaterial fand weisses Felsgestein Verwendung, ausserdem Steinplatten aus einem dunkleren Granit. Die Ruinenstätte enthält Überreste grosser Gebäude, die auf Terrassen und auf von Steinmauern gebildeten Plattformen errichtet wurden. Eine Palastruine besitzt Seitenlängen von 80 m sowie eine Höhe von 8 m. Ferner kann man in Yayno die Überreste von

Rundbauten sehen, die sich aus behauenen Steinen zusammensetzten. Im obersten Teil der alten Siedlung befinden sich runde Grabbauten, die aus Mauerwerk bestehen und von denen einige einen Durchmesser von bis zu 10 m besitzen. Diese Chullpas enthalten strahlenförmig angeordnete Kammern. Der unterste Teil der städtischen Anlage wird von drei dicken Mauern umgeben, die offene Durchgänge von Mauerring zu Mauerring haben. Ausserhalb der Bauruinen befindet sich eine Totenstätte mit unterirdischen Gräbern.[212]

"... Die Steine sind mit grosser Freiheit sowie mit Einfallsreichtum und Kühnheit bearbeitet. Grosse, natürliche Blöcke mit mehr oder weniger geglätteten Oberflächen fanden als wichtigste Bauelemente Verwendung. Diese Blöcke wurden in horizontalen Reihen angeordnet. Die leeren Räume, die dazwischen entstanden, wurden sorgfältig mit kleineren Steinen ausgefüllt. Das Niveau wurde dadurch ausgeglichen, dass alle acht bis zehn Reihen vorspringende Steine eingefügt wurden, die eine Art Kranzgesimse bildeten. Die Gestaltung der Ecken ist bemerkenswert: man könnte die so behauenen Steine als eigentliche monolithische Säulen bezeichnen..." (Hector Velarde).[213]

Neben den urbanen Siedlungen finden wir im Hochland auch zahlreiche Tempel und andere einzeln dastehende Bauten, deren Zweck nicht immer ersichtlich ist, neben unzähligen Grabanlagen. Die archäologische Zone von Yayno ist aussergewöhnlich gross und umfasst alle Berghügel zwischen Pomabamba und Piscobamba sowie die Ostabhänge der Cordillera Blanca (Provinz Huaraz, Callejón de Huaylas).[214]

Der deutsche Arzt und Forscher E.W. Middendorf, der 25 Jahre lang in Peru lebte, entdeckte sowohl im mittleren peruanischen Hochland wie auch im Callejón de Huaylas eine Anzahl von **Chullpas**. Er beschreibt diese Grabanlagen als kleine Rundbauten von etwa 2,5 m Durchmesser und ebensolcher Höhe. "... Chullpas sind alte indianische Grabstätten besonderer Art, wo die Leichen nicht beerdigt wurden, sondern wo man sie in kleinen gemauerten, turmähnlichen Hütten aufbewahrte, und zwar in hockender Stellung ... Ein niedriger Eingang, dessen Decke aus Steinplatten von einem Pfeiler getragen wurde, liess (mich) ins Innere blicken...". Da diese Art der Bestattung bei den Aymaras (Collas) häufig war, schliesst Middendorf, dass das Reich des Aymara-Volkes früher weit über die Gebiete des Titicacasees hinausreichte.[215]

Bemerkenswert an den archäologischen Zeugnissen ist vor allem die grosse Fertigkeit der Steinbearbeitung. Sämtliches Mauerwerk wurde in Trockenbauweise ohne Mörtel erstellt. Vereinzelt sind auch Steinskulpturen zu sehen. Von besonderem Interesse sind die "Heiligen Tiergehege", welche zur Aufnahme von Opferlamas in der Nähe von Zeremonialzentren errichtet worden waren. Es handelte sich um grosse Gevierte, die von hohen Steinmauern umgeben waren.

Als bedeutendstes Bauwerk dieser Epoche gilt die Tempelanlage von Chavín de Huantar (vgl. S. 71). An diesem Komplex lässt sich schon eine fortgeschrittenere Bautechnik feststellen: regelmässiges Mauerwerk und gleichförmige Steine, wobei die feine Glättung auf eine verbesserte Technik hinweist, Regelmässigkeit in der Anordnung der Steinreihen und völlig rechtwinklige Ecken. Ferner erkennt man den ausgeprägten Sinn für Rhythmik der Erbauer von Chavín. Je eine breite Reihe und zwei schmale Steinreihen wechseln miteinander ab. Ausserdem sind auskragende Skulpturen in das Mauerwerk eingefügt.

Die Bauweise der megalithischen Archaischen Periode stellt den Ursprung der Steinarchitektur im ganzen Andengebiet dar. Aus diesen Anfängen entwickelten sich als weitere Höhepunkte die Bauweise der Tiahuanaco-Kultur und später die Inka-Architektur. "... Man kann die Architektur dieser Anlagen (der megalithischen Archaischen Epoche) wegen des Fehlens von Werkzeugen und Techniken primitiv nennen, jedoch nicht wegen einer mangelnden Raumgestaltung...".[216]

Die Archaische Epoche an der Küste

Aus der Archaischen Epoche existieren an der Küste keine derart bemerkenswerten Überreste, wie sie im Hochland anzutreffen sind. Die Zeitspanne ist gekennzeichnet von der Entwicklung der frühen Zeremonialzentren wie Supe und Ancón. Auch haben sich in diesem Zeitraum an der Küstenebene primitive Dorfschaften gebildet. In den angetroffenen Bauten überwiegen die unterirdischen und halbunterirdischen Räume. Als Baumaterialien fanden Adobe-

Inka-Mauer mit Trapez-Türe
 Die Trapezform der Türen, Fenster und Nischen ist ein charakteristisches Merkmal der steinernen "Anden-Architektur". Bedeutende Kenner sind der Ansicht, dass sich die frühe Form dieser Gestaltungsart aus dem Bau der Eingangstüren entwickelt hatte. Der obere Türsturz wurde nämlich aus einer einzigen Steinplatte gebildet, deren Breite naturgemäss beschränkt war. Um den Eingang aber möglichst breit anzulegen, wurden die seitlichen Türwände nach unten hin schräg auseinandergezogen, was die Trapezform ergab. Die gleiche Form verwendete man auch später — besonders in der Epoche der Inka-Herrschaft — als architektonisches Element, obgleich dies von der Technik her nicht mehr notwendig war.

Ziegel und Kalk sowie Holz und Walknochen Verwendung (vgl. "Die Entwicklung von den Dorfgemeinschaften zu den städtischen Siedlungen", s. S. 69 ff.).

b. Die andine megalithische Epoche im Hochland

Charakterisiert wird die Periode durch die Steinbauten, welche eine bessere Bearbeitung und neue Elelmente aufweisen. Von besonderer Bedeutung ist das Verschwinden der Zwischenräume zwischen den verschiedenen Steinlagen, welche früher mit kleinen Steinen ausgefüllt werden mussten. Trapezförmige Nischen sowie Türen in Form von Trapezen treten nun auf. Dies ist ein architektonisches Element, das seither als eigentliches Leitmotiv der steinernen Anden-Architektur erscheint. Hector Velarde ist der Ansicht, dass sich die frühe Form dieser Gestaltungsart aus dem Bau der Eingangstüre entwickelt hatte. Der obere Türsturz wurde nämlich aus einer einzigen Steinplatte gebildet, deren Breite naturgemäss beschränkt war. Um den Eingang aber möglichst breit anzulegen, wurden die seitlichen Türwände nach unten hin schräg auseinandergezogen, was die Trapezform ergab. Die gleiche Form verwendete man auch später als architektonisches Element. Das Trapez wurde aus dem soliden Stein gehauen, obgleich diese Form nun nicht mehr notwendig war. Typisch für die Architektur war ferner das Fehlen aller Verzierungen. Den einzigen "Schmuck" bildeten die nackten Mauern, die lediglich an den Fugenstellen eine Art Mosaik aufwiesen.

In der späteren Phase der megalithischen Periode, die in der Mitte des ersten Jahrtausends unserer Zeitrechnung einsetzte, machte sich ein starker Einfluss der Kultstätte von Tiahuanaco geltend. Der Stil von Tiahuanaco weist sich durch ein hohes Niveau der Steinbearbeitung aus. Anfänglich sind die zyklopischen Mauern aus gigantischen, geglätteten Steinen charakteristisch für den Stil. Später wurden kleinere Steine verwendet, die man mit mehr Präzision bearbeitete und äusserst genau aneinanderpasste. Die aus den Steinquadern errichteten Mauern erwiesen sich auch gegen Erdbeben als sehr stabil. In der Umgebung von Tiahuanaco wurden Blöcke angetroffen, die 150 Tonnen wiegen. Die sorgfältig ausgeführten Arbeiten der Steinmetze (beispielsweise am berühmten Sonnentor) erinnern an Stuckarbeiten in Lehm. Daher wurde die Vermutung geäussert, dass die Adobe-Architektur der Küste die Steinarchitektur des Hochlandes beeinflusst hätte, insbesondere den Stil von Tiahuanaco.[217]

Chullpas: Grabtürme

Die für die Collas — den vermutlichen Erbauern von Tiahuanaco — besonders charakteristischen Bauwerke sind die **Chullpas**. Es handelt sich dabei um Grabbauten aus Stein, die besonders an der Westküste des Titicacasees und am Umayo-See (35 km von Puno entfernt) anzutreffen sind. Der Grundriss dieser Grabmonumente ist gewöhnlich rund. Die grössten Chullpas erreichen einen Durchmesser von 45 m und eine Höhe von 10 m. Ein Reliefband aus Stein (das gewöhnlich etwas vorsteht) trennt die senkrechte Wand des Grabbaues von der Decke, die den kuppelförmigen Verlauf eines Gewölbes nachahmt. Als Material für die Erbauung der Decken wurden grössere Stein- und Lehmblöcke verwendet. Wie ein künstlicher Grabhügel ruht der Bau auf der Begräbniskammer. Im allgemeinen führt aus der Grabkammer eine kleinere Türe nach Osten (Richtung Sonnenaufgang), ferner finden sich im Begräbnisraum einige Nischen.[218]

Die Epoche der Kulturellen Entwicklung an der Küste

Besonders charakteristisch ist das Aufkommen von Lehmverzierungen an den Aussenwänden der Grossbauten (Pyramiden und Huacas). Die Ornamente könnten sehr wohl von der Textilkunst übernommen worden sein. Es sind die gleichen Schmuckelemente, nämlich Ornamente und Motive, die sich serienmässig wiederholen. Verschiedene Anhaltspunkte weisen darauf hin, dass die grossartigsten Zeugnisse der Küstenarchitektur — die Huaca del Sol und die Huaca de la Luna — mit Verzierungen versehen waren, die nach Art von gigantischen bemalten Teppichen die Mauern verkleideten.

Anhand der unterschiedlichen Lehmziegel kann man die verschiedenen Epochen bestimmen. So weist sich die Periode des Chavín-Stils durch Kegelform aus. Im Süden der peruanischen Küste (Departement Ica) erscheint am Anfang der Entwicklung ein Lehmziegel in ovaler Form. Die noch vorhandenen Fingereindrücke lassen erkennen, dass die Bauelemente von Hand geformt wurden. Später überwiegt der Ziegel, der durch Verwendung von Pressformen hergestellt wurde. Neben den kleinen Adobe-Ziegeln fand auch der **Adobón** Verwendung. Es handelte sich dabei um grosse Lehmblöcke von 1 bis 1,5 m^3 Volumen, die an Ort und Stelle geformt wurden, und die man dann mit Lehmmörtel verband. Die Stadt Cajamarquilla beispielsweise wurde vollständig mit Adobón erbaut.

Allgemein kann man sagen, dass sich die gleichen architektonischen Elemente weiterentwickelten, die sich bereits in der Archaischen Epoche der Küstenarchitektur feststellen lassen. Die Kultbauten wurden mit weiten Plattformen erstellt, zu denen Treppen oder Stufenreihen führten. Gewöhnlich enthalten die Stufenpyramiden einen flachen Abschluss nach oben. Die Linienführung zeigt eine ausserordentliche Weite. Es ist ein rhythmisches Abwechseln von leeren und überbauten Räumen und Flächen. An den Wänden der Tempel und Pyramiden befanden sich Ornamente und

Bemalungen nach Art der Textilkunst von hohem künstlerischem Niveau.[220]

c. Die Inka-Periode

Für die öffentlichen Bauten der Hauptstadt, der Provinzstädte und der Festungsanlagen wurde im allgemeinen nur gutes Steinmauerwerk verwendet. Den Inka-Baumeistern standen beide Arten des behauenen Steins zur Verfügung: sowohl riesige Blöcke von unregelmässiger Grösse und unterschiedlichen Formen, wie auch die gleichmässig geschnittenen Steine, in Reihen verlegt. Für die Errichtung der grossen Festungsbauten, wie beispielsweise Sacsahuamán und Ollantaytambo, verwendete man hauptsächlich die megalithischen Blöcke, während die feinbehauenen Quader für die Errichtung der Königspaläste verwendet wurden. Aber auch die Erstellung von gepressten Lehmwänden war dem Inkavolk bekannt. Bei der Ruine von Pariache, am linken Ufer des Rimac-Flusses gelegen (23 km von Lima entfernt), stehen noch immer grosse Lehmwände. Eine dieser Mauern besitzt eine Länge von 28 m und eine Höhe von 8 m.[221]

In Cuzco lassen sich alle erwähnten Bauelemente nebeneinander feststellen: die Megalithmauern mit ihren grossen unregelmässigen Steinquadern, die Wände der Königspaläste und Tempelbauten, die aus feinbehauenen, in Reihen gelegten Steinen bestehen; daneben die Tapia-Mauern aus getrocknetem und gepresstem Lehm und die Pirca-Mauern, d.h. Bauelemente, die aus mit Lehm verbundenen Feldsteinen bestehen.

Grundsätzlich kann gesagt werden, dass die Inka-Architektur den inkaischen Staat widerspiegelt. Sie ist Ausdruck der Allmacht des Herrschers, der technischen Perfektion, der nüchternen Strenge und der Disziplin. ". . . Die aufs feinste geschliffenen und in kleinen Blöcken bearbeiteten Steine bildeten den Charakter dieser Architektur, welche in einer kalten und würdigen Geometrie die unterschiedlichen und freien Formen der vorinkaischen Architektur zusammenfasst . . . Die Inka-Architektur stellt einen Gewinn dar, was technische Perfektion, Einheit und vornehmen Stil anbetrifft, aber sie ist auch ein Verlust an Unabhängigkeit und Frische. Es war der Unterschied zwischen dem mehr Primitiven und dem mehr Klassischen, der sich innerhalb der gleichen architektonischen Entwicklung vollzog. Die bunten Malereien auf den Lehmwänden und die in das Gestein gehauenen Ornamente wurden ersetzt durch den nackten Stein, dem Edelmetalle als Verzierung dienen mussten oder über den

Königliche Baumeister und Landvermesser

bunte Teppiche gehängt wurden ... Die Paläste zeichneten sich aus durch die Üppigkeit und den Pomp der Innenräume. Sie standen als königliche Burgen mit ausgedehnten Flächen in den verschiedenen Provinzen des Reiches und wurden wie Festungen ummauert. Es ist bemerkenswert, wie sehr die Umfassungsmauer ein konstantes Element der inkaischen Architektur bildete. Die Mauer bedeutete Distanz, Herrschaft und Verteidigungswille. Der Grundriss eines Palastes wurde durch das Aneinanderreihen von einzelnen Kammern um einen Innenhof herum gebildet. Es waren weite Säle für den Inka-adel und kleinere Kammern für das Gefolge. Die einzelnen Räume besassen keine Verbindungen unter sich. Säle und Kammern öffneten sich alle auf den Innenhof und hatten eine gemeinsame Eingangstüre. Diese Türe war auch die einzige Öffnung, die für die Beleuchtung und Belüftung notwendig war, entsprechend dem trockenen und kalten Klima der Sierra mit ihrem starken Licht. Platten aus Gold und Silber bildeten den Schmuck der inneren Steinmauern. Ausserdem waren die Wände mit reichen Teppichen bekleidet. In den trapezförmigen Mauernischen befanden sich wertvolle Kunstgegenstände. All dies gab den Palästen den Eindruck von Herrlichkeit...".222

Die inkaische Architektur schuf nur wenige zweistöckige Gebäude, dies wohl nicht nur wegen der technischen Schwierigkeiten, sondern als Vorsichtsmassnahme in Betracht der häufigen Erdbeben.

Für die Erstellung ihrer Monumentalbauten verwendeten die Inka-Architekten Modelle aus Ton oder Stein. Im Museum von Cuzco befindet sich eine ganze Sammlung von solchen Objekten. Man kann Modelle für die Errichtung folgender vier Gebäudearten unterscheiden: Tempel, Militärbauten, Paläste, Grabbauten. Die Grösse dieser Stein- oder Tonmodelle ist unterschiedlich: von wenigen cm bis zu 20 cm Seitenlänge. Verschiedene Objekte weisen symbolische Verzierungen auf, welche wohl die Bedeutung des dargestellten Bauwerkes charakterisieren sollten. Genaue Übereinstimmungen zwischen einzelnen Modellen und den Ruinen bestimmter Gebäudekomplexe konnte man nicht nachweisen. Doch zeigen verschiedene Modelle eine relativ grosse Ähnlichkeit mit einzelnen Inka-Bauwerken wie beispielsweise Colcampata (Teil von Cuzco), Sacsahuamán, Coricancha (Sonnentempel von Cuzco) und andere. Luis A. Pardo, der diese Sammlung beschrieben hat, kommt zum Schluss, dass die Abweichungen zwischen Modell und Original durch folgende Möglichkeiten bedingt waren: Änderungen infolge nicht vorgesehener Anpassung an das Gelände, ferner Projektänderungen, bewirkt durch den Wechsel von "Architekt", "Ingenieur" oder den Inka-"Bauherrn". Es besteht auch die Möglichkeit, dass für das gleiche Bauwerk verschiedene "Pläne aus Ton" erstellt worden waren, das gefundene Modell jedoch nicht dem ausgeführten Projekt entsprach. Luis Pardo stützte sich bei seinen Schlussfolgerungen

Tonmodell

Für die Erstellung ihrer Bauten verwendeten die Inka-Architekten Modelle aus Ton oder Stein. Im Museum von Cuzco befindet sich eine Sammlung von Tempeln, Militärbauten, Palästen und Grabbauten. Die Grösse dieser Stein- oder Tonmodelle ist sehr unterschiedlich: von wenigen Zentimetern bis zu zwanzig Zentimetern Seitenlänge.

Von verschiedenen Völkern des Alten Peru wurden Modelle für die Erstellung ihrer Bauten schon lange vor der Inka-Herrschaft verwendet, wie aus zahlreichen Grabfunden hervorgeht. Da die Herstellung von Papier unbekannt war, kam den "Plänen aus Ton" eine grosse Bedeutung zu.

auch auf indianische Aussagen. Die Besitzer eines Modells beriefen sich manchmal auf mündliche Überlieferungen und beteuerten, es handle sich bei dem betreffenden Objekt um die Darstellung eines bestimmten Inka-Bauwerks.[223]

Hauptmann Cristóbal de Mena erzählt aus dem Jahr 1532 eine interessante Episode, die sich auf dem Marsch des spanischen Heeres nach Cajamarca ereignete und in der zwei Modelle von Befestigungswerken eine Rolle spielten: ". . . Da traf ein Häuptling von Atahualpa ein . . . Dieser Capitán brachte ein Geschenk von Atahualpa für die Christen mit. Es waren getrocknete Enten, was zu bedeuten hatte, dass (die Indios) gleiches mit den Christen vorhatten. Ausserdem brachte der Bote zwei aus Ton hergestellte schwere Festungen mit und bemerkte dazu, unterwegs gäbe es ähnliche Werke. . .".

Die — als Trinkgefässe benutzbaren — Tonmodelle sollten den spanischen Eroberern wohl die Kriegsmacht des Inka vor Augen führen, um sie vor einem weiteren Eindringen in das Land zurückzuschrecken.[224]

Auch für grössere Überbauungen oder für die Planung von Stadtgebieten scheinen solche Modelle bestanden zu haben. Garcilaso de la Vega beschreibt ein solches Objekt, das allerdings bereits in der frühen Kolonialzeit für den Besuch des königlichen Aufsehers Damián de la Bandera hergestellt worden war. Sicher benützten die Modellbauer Kenntnisse, die sich noch aus der Inkazeit erhalten hatten. Garcilaso de la Vega schreibt: ". . . Ich selbst habe das Modell der Stadt und der Provinz von Cuzco gesehen, das mit viel Geduld aus Ton, Steinen und dünnen Zweigen hergestellt worden war und zwar in feinster Arbeit. Darin konnte man die vier Hauptstrassen sehr gut erkennen, die von Cuzco strahlenförmig ausgehen und sich bis zu den Grenzen von Peru hinziehen. Und ausserdem war die ganze Stadt Cuzco dargestellt mit den grossen und den kleinen Plätzen, mit den Strassen und Gassen, mit den Gebäudekomplexen sowie den einzelnen Häusern, und zwar sowohl den nahegelegenen wie auch den entferntesten Bauten. Beim Betrachten dieses Modells erfasste mich ein grosses Staunen. Voller Bewunderung sah ich auch das vollständige umliegende Gebiet, das mit der gleichen Genauigkeit dargestellt war. Die Berge, Hügel, Täler, Ströme und Flüsse samt ihren Flussläufen (waren zu erblicken), kurz, das ganze Cuzco, wie es der geschickteste Kosmograph der Welt nicht besser hätte zeichnen können...".[225]

Bereits vor der Inka-Herrschaft wurden Modelle für die Erstellung von Bauten hergestellt, die Inka-Architekten setzten nur eine alte Überlieferung mit der Verwendung von Tonmodellen für ihre Planung fort. Schon bei den Mochica wurden solche Objekte gebraucht, wie dies aus zahlreichen Keramikfunden hervorgeht. Da sich an der Küste von den Wohnungsbauten der Bevölkerung keine Überreste erhalten haben, ist es anhand dieser Funde möglich, ein gewisses Bild der einfachen Bauten zu gewinnen: die Gebäude besassen einen rechteckigen Grundriss und hatten an der Seite häufig eine Galerie, ferner war ein Satteldach vorhanden. Auch die Chimú verwendeten Tonmodelle. Von besonderem Interesse ist ein noch vorhandenes Objekt aus Holz — eine äusserste Seltenheit bei diesem leicht zerstörbaren Material —, das in Zusammenhang mit Chan-Chan gesehen werden muss. Das Holzmodell weist Masse von 30 auf 60 cm auf und befindet sich heute im Museum für Völkerkunde in Leipzig. Christopher B. Donnan ("An Ancient Peruvian Architectural Model") definiert das Stück als architektonisches Modell und erkennt Bauelemente und Verzierungen, die typisch sind für Chan-Chan, wie Rampen, Säulen und ummauerte Höfe. Der Autor kann das Objekt allerdings keinem bestimmten Bauwerk der ehemaligen Hauptstadt des Chimú-Reiches zuordnen. Das Fundstück besteht aus Holz, mit Metall- und Muscheleinlagen. Eventuell handelt es sich um ein Teilstück, und das ganze Modell war grösser und komplizierter. Einige Löcher deuten daraufhin, dass weitere Teile angefügt worden waren. Folgende Übereinstimmungen zwischen Holzmodell und Baukörper in Chan-Chan sind bemerkenswert:

— Eingangshof mit Rampe in die Zitadelle
— Friese an der Wand
— runde Säulen
— charakteristischer trapezoider Querschnitt der Mauern[226]

Wie weitgehend Modelle für die Erstellung einzelner Gebäude oder für den Bau ganzer Komplexe oder Stadtviertel Verwendung fanden, können wir den spanischen Quellen nicht entnehmen. Aber die "Pläne aus Keramik und Stein" spielten in der peruanischen Architektur — vor allem bei den Inkabauten — mit Sicherheit eine entscheidende Rolle. Am stichhaltigsten ist wohl die Überlegung,

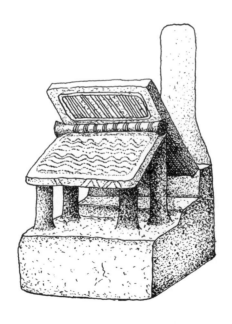

Modelle von zwei Chimú-Häusern
   Eine grosse Zahl von Keramikfunden gibt uns Kunde von den verschiedenen Bautypen, welche im Chimú-Reich angewendet wurden. Oft lässt — wie bei den zwei Modellen der Vorderseite — nur der Bügelhenkel erkennen, dass es sich bei dem Modell im Grunde um ein Gefäss handelt und nicht um ein Werk der Freiplastik.

dass Stil, Einheit, symmetrische Verteilung der Ornamente und geometrischer Grundriss der Inkabauwerke ohne Planung und massstäblich verkleinerte Darstellung unmöglich waren.

16. Baumaterialien und Bauweisen der Alten Peruaner

Zusammenfassend kann festgestellt werden, dass den Alten Peruanern — je nach Gegend und Vorkommen — eine ganze Anzahl von Baumaterialien zur Verfügung standen:
— Binsen (Enea und Totora)
— Hartgräser und Fasern (Ichú-Gras und Agaven-Fasern)
— Weideruten (Mimbres) und Äste, Palmen-Blätter
— Lehm in verschiedenen Arten und unbegrenzten Mengen
— Bauhölzer vieler Arten in den östlichen Gebieten sowie Erlenbäume in den Höhengebieten
— Steine (Yucay-Kalksteine, Diorit-Porphyr, Trachit und Andesit)

Für den Bau von Pontonbrücken wurden Binsengräser verwendet. Die Hartgräser und Fasern fanden, zu dicken Seilen geflochten, besonders bei der Erstellung der Hängebrücken und für die Befestigung der Dachbalken Verwendung. Ferner gebrauchten die Baumeister im alten Peru auch Weideruten und andere biegsame Zweige für den Bau ihrer Brücken. Alle diese Materialien, samt dem Holz, sofern es vorhanden war, fanden auch Anwendung beim Bau der Behausungen der einfachen Bewohner von Gross-Peru. Ebenso wurde der Lehm und der unbehauene Stein vom einfachen Volk benützt. An der Küste war der luftgetrocknete Ziegel das bevorzugte Baumaterial, auch für die Erstellung von Kultbauten und von Palästen der Elite, wie sie beispielsweise in Chan-Chan errichtet wurden. Die gleichmässig behauenen Steine blieben im ganzen Inkareich der Erstellung von Sonnentempeln, Inkapalästen und Verwaltungsgebäuden vorbehalten. Ausserdem verwendeten die Inka-Baumeister die vieleckigen, zubehauenen polygonalen Steine für den Bau von Stützmauern, Terrassen und Festungswällen.

Pater Bernabé Cobo schreibt in seiner "Historia del Nuevo Mundo": "... Die Häuser sind von verschiedenen Formen und Ausführungen, je nach dem Klima und den Möglichkeiten der Gegend. Und da das Reich so gross und vielgestaltig ist, gibt es mannigfache Häuserarten, die jeweils an das Klima und an die Materialien angepasst sind. Die 'Yunca'-Indios, welche die Provinzen der (Ost-)Anden (gegen das Amazonasbecken hin) bewohnen, machen ihre Häuser aus Holz und zwar so gross und luftig, wegen der gewaltigen Hitze in diesen Gebieten und wegen der reichen Fülle an Holz, das dort wächst. Sie errichten keine Wände, sondern schlagen lediglich eine Anzahl Pfähle in den Boden und legen dann das Dach darauf. Dieses fertigen sie aus dicht zusammengefügten Baumblättern an, sowie auch aus Bündeln von Zweigen des wilden Zuckerrohrs oder aus Ästen der Palmen, deren Enden sie gut vertäuen, um sich vor Regen und Wind zu schützen. In jedem dieser Häuser wohnen ungefähr 10 — 12 Einwohner, je nach Grösse und Möglichkeit... Im allgemeinen wohnen in einem solchen Haus alle Mitglieder der gleichen Familie und derselben Abstammung. Als die Indianer noch Heiden waren, feierten sie die Erstellung eines neuen Hauses mit Tänzen, Trinkfesten, zahlreichen Opfergaben und anderen abergläubischen Gebräuchen.

In den Ebenen und an der Meeresküste gibt es zwei Arten von Häusern. Die einen sind aus Rohrgeflecht, die anderen aus Erde und Adobe. Die ersten haben als Wände ein enges Geflecht aus Weidenzweigen,... welches manchmal mit Lehm bestrichen wird. Darüber befindet sich ein Dach, das — weil es nie regnet — nur aus einem Geflecht von dünnen Zweigen besteht. Es dient als Schutz gegen die Sonne... Dieses Dach ist nicht geneigt, sondern flach. Die Häuser besitzen einen viereckigen Grundriss, sie sind sehr einfach, klein und niedrig. Die meisten Dörfer der Meeresfischer bestehen aus solchen Behausungen.

Die andere Häuserart besitzt Wände aus Tapias (Lehmmauern) oder Adobes (luftgetrockneten Ziegeln). Früher machten die Indios, nicht wie wir Spanier es heute tun, die Tapias aus loser, ein wenig befeuchteter Erde. Sie waren fähig, diese Wände sehr gerade und glatt zu machen, da sie an den Seiten nicht Bretterwälle, sondern Mantas (gewobene Decken) und Rohrgeflechte anbrachten. Nachher verputzten sie die Wände mit dem gleichen Lehm. Aus diesen Tapias bestehen die vielen alten Mauern, die überall in diesem Tal von Lima anzutreffen sind, und die uns erlauben, Formen und Anfertigungsarten zu erkennen... Der Grundriss dieser Lehmhäuser war viereckig, manche hatten die Form von Rechtecken, andere von genauen Quadraten. Diese Behausungen waren höher als die Hütten mit Wänden aus Zweigen. Sie waren mit einer Art Binsenmatte bedeckt, die mit Lehm versehen wurde. Auch diese Dächer waren flach, ohne jede Abschrägung.

In den Berggebieten machten die Indios ihre Häuser aus Stein und Lehm und bedeckten sie mit Stroh. Die Steine sind unbearbeitet und ohne jede Reihenordnung aufeinandergeschichtet und mit Lehmbrocken aneinandergefügt. Die Wände sind dünn und sehr

Ruinen von Inka-Häusern

schwach. Entweder sind diese Häuser rund oder (viereckig) mit Satteldach versehen. Die Rundhäuser kommen häufiger in den kalten Gebieten vor, wie es beispielsweise in den Provinzen Collao der Fall ist, weil sie (durch ihre Bauart) besseren Schutz gewähren. Gewöhnlich sind die Häuser der einfachen Leute nicht höher als ein Estado (mannshoch), verschiedene Behausungen sind noch kleiner. Sie sind kreisrund gebaut mit einem Durchmesser von 14 bis 20 Fuss. Viele sind so klein und niedrig, dass man — falls man das Dach entfernen würde — meinen könnte, es handle sich um einen Brunnen. Die Dächer dieser runden Häuser haben die Form eines Trichters oder eines Gewölbes. Die Balken nämlich, mit denen die Indios die Dächer machen, sind manchmal gerade Stäbe, welche sich an den Enden gegenseitig überragen und somit einen Trichter bilden. Man verwendet auch krumme Stäbe oder biegt die Ruten entsprechend, damit das Dach die Form eines Gewölbes annimmt... Die andere Art von Häusern ist nicht sehr verschieden mit der Ausnahme, dass sie viereckig gebaut sind. Auf den beiden spitz zulaufenden Frontseiten sitzt ein steiles Satteldach. Die meisten Häuser (dieser Bauweise) sind klein, obgleich es auch grössere gibt. Im ganzen Holzwerk und im Dachgebälk werden keine Nägel verwendet. Denn über die Dachbalken legen (die Indios) ein Geflecht von Rohren oder Zweigen, welches mit Seilen oder dünnen Ruten befestigt wird und auf welches dann an Stelle von Ziegeln dicke Bündel von Ichú-Gras gelegt werden. Früher legten sie solche Mengen von Gras auf die Dächer, dass ich alte Häuser gesehen habe, mit einem mehr als zwei Ellen dicken Dach. In einigen Gegenden werden die Häuser auch mit dünnen Steinplatten bedeckt...

Alle hier beschriebenen Häuser besassen voneinander abgetrennte Räume, ohne jede Verbindung untereinander. Ferner wurden die Räume nicht geweisselt, die höchsten Häuptlinge jedoch pflegten die Wände mit verschiedenen Farben und Figuren zu bemalen. Dies geschah in primitiver Weise und ohne jede Meisterschaft. Weder die Häuser der Vornehmen noch diejenigen des gewöhnlichen Volkes hatten befestigte Türen, die man öffnen und schliessen konnte. Man legte nur ein Strohbündel oder eine aus Weide geflochtene Matte vor die Türe, um sie zu schliessen. Und wenn die Bewohner auswärts waren und sich niemand im Hause befand, sicherte man die Matte mit einigen Steinen. Andere Schliessungsarten wie Schlüssel und Schlösser kannten die Indios nicht... Die Eingänge waren klein und niedrig, ja, manchmal so wenig hoch und so eng, dass sie den Löchern von Backöfen glichen. Deshalb müssen wir (katholische Priester), wenn wir zu einem Kranken gehen, um ihm die Beichte abzunehmen, oft gebückt eintreten oder sogar auf allen Vieren gehen. Die Behausungen — mit Ausnahme derjenigen der Caziquen — sind also so klein und einfach, dass man sie eher Hütten als Häuser nennen kann. Sie besitzen keinerlei Komfort, keine Fenster, um das Licht eintreten zu lassen, auch keine Kamine, nicht einmal Abzugslöcher für den Rauch. Sie haben keinerlei Unterteilungen, keine Innenhöfe oder sonstwie abgeteilte Räume. Nur die Häuser der Häuptlinge weisen mehrere Räume auf und besitzen grosse Höfe, wo sich das Volk an seinen Festen zu Trinkgelagen versammelt...".[227]

Aus der Beschreibung des Jesuitenpaters gewinnt man ein anschauliches Bild über die verschiedenen Bauarten des einfachen Volkes im peruanischen Raum. Zugleich zeigt der Bericht auf, wie stark der soziale Unterschied zwischen der Inkaklasse und der grossen Masse der unterworfenen Völkerschaften sich auch im Bauwesen zeigte, wobei die bevorrechtete Stellung der früheren lokalen Herrscher weiterhin gewahrt blieb.

Von Interesse ist die Schilderung des Hirten und Lama-Züchters Prudencio Arquiñiba, die aus der heutigen Zeit stammt, über den Bau seines Hauses in der Sierra. Der in Santa Inés (Castrovirreyana) lebende Indio, der nur Quechua spricht, erzählt wie folgt:

— "Wir bauen ein Haus mit Steinen.
Wir legen einen Stein auf den andern, indem wir mit kleinen Steinchen verkeilen. Nachdem die Wand fertig ist, überdecken wir sie mit Lehm und schliessen so die Löcher der Wand aus Stein.

— Dann befestigen wir die Binsenstecken. Von Saqsaquero Sintu, der abgelegenen Sandbank, haben wir diese Stecken (die wie in unserer Quechua-Sprache "Qewana" nennen) gekauft. Mit Schnüren aus Lama-Wolle binden wir die Binsenstecken zusammen.

— Dann binden wir das Ichú-Gras zu Bündeln und laden es auf die Schultern. Wir benötigen nur einen einzigen Tag, um das Ichú-Gras zu schneiden.

- Wir verteilen das Ichú, um das Haus damit bedecken zu können. Dann legen wir das Gras über die Binsenstäbe. Wir befestigen die Bündel mit Seilen, die auch aus Ichú hergestellt wurden, an den Holzstäben, die in kleine Lücken gelegt wurden, damit sie der Wind nicht fortbläst.
- Wir beendigen ein kleines Haus mit der Arbeit von 3 — 4 Männern in acht Tagen. Ein Haus, das mit Stroh bedeckt ist, hält nur ein Jahr lang. Nach einem Jahr belegen wir das Haus wieder mit Stroh.
- Andere mit Ichú-Gras bedeckte Häuser sind mit Ichú-Seilen vertäut. Diese Hausdächer halten sich zwei bis drei Jahre. Wenn wir das Haus fertiggestellt haben, setzen wir uns hin, genehmigen einen Schluck, kauen Coca und essen gut.
- Andere Male faulenzen wir und singen.
  In diesem Hause leben wir, schlafen wir und kochen wir. In diesem Hause bewahren wir auch unsere Habe auf. Hier bringen wir auch unsere Kleider und Esswaren unter.
- Hier hinein versorgen wir auch unser "Heizmaterial", nämlich Dörrgras, Mist und Brennholz, alles Dinge die zum Kochen dienen.
  Für die Hühner bauen wir draussen einen kleinen Stall. Auch für die lieben Hunde erstellen wir ein Häuslein.
- Im Innern des Hauses befestigen wir Aufhänger, um unsere Kleider zu versorgen.
  Wir graben eine Grube, um unser Getreide zu lagern. Wir legen in den Speicher Gerste, Mais, Kartoffeln, Kartoffelmehl und Bohnen."[228]

Wenn man die Schilderung des Lama-Hirten Prudencio mit den Darstellungen von Pater Cobo über den Bau von Häusern der Sierra-Bewohner vergleicht, kann man feststellen, wie weitgehend sich die Bauweise und der Gebrauch von Baumaterialien — mindestens in den abgelegenen Gebieten Perus — bis in unsere Zeit erhalten haben.
Auf seiner Forschungsreise durch Peru stellte George Squier fest, dass "... die Wohnungen der gewöhnlichen Leute in der Sierra und der Gegend um Cuzco herum ... nicht aus Rohr und anderen Ma-

terialien erbaut wurden, sondern aus Stein und Adobe. Diese Wohnräume wurden aus rohen Steinen und verschiedenen Arten von Lehm errichtet und waren wahrscheinlich mit gelbem und rotem Stuck überzogen...". Auch im Dörfchen Yucay (im Urubamba-Tal) fand der Forscher Bauten, die aus Steinen und Lehm bestanden. "... Das Gebäude ist aus rohen oder teilweise behauenen Steinen errichtet, und das Bindemittel besteht aus einem zähen Stoff, den ich als Ton erkannt habe... Die Schwellen der Türe und der Nischen sind noch vorhanden und bestehen aus Holzstäben von der Dicke eines Männerarmes. Man hat sie dicht mit Agavenbast umwickelt, offenbar zu dem Zwecke, dem glatten Stucküberzug, der als Verputz diente, mehr Halt zu geben...".[229]

Verwaltungsgebäude und Paläste mit ihren
charakteristischen Strohdächern

Über die Bauweise der Paläste, Tempel und Festungen — also der Bauwerke für die Inka-Elite, die Kultgemeinschaft und die Verwaltung — berichtet uns Bernabé Cobo: "... Die Inka-Könige hielten sich eine grosse Zahl von Architekten und Steinmetzen, welche ihren Beruf aufs beste gelernt hatten und von ihrer Berufsausübung lebten. Sie übten keine andere Tätigkeit aus, als im Dienste des Königs Tempel, Paläste und Festungswerke im ganzen Reiche zu erbauen. Diese Gebäude wurden in grosser Zahl und bester Ausführung errichtet, wie wir dies immer noch aus den zahlreichen Ruinen und Überresten erkennen können, die in manchen Teilen des Landes vorhanden sind. Es gab nämlich keine Provinz im ganzen Inkareich, die nicht mit diesen Bauten in meisterhafter Steinbearbeitung ausgeschmückt worden wäre.

Der Grundriss der Tempel war nicht von besonderer Bedeutung, denn die Kultbauten bestanden gewöhnlich aus einem einzigen Raum. Die Festungen waren häufig von einer wenig hohen, aber dicken und langgezogenen Mauer umgeben. Dieser Wall enthielt allerdings keine Verstärkungen und Verteidigungsanlagen wie unsere (spanischen) Befestigungswerke. Eine grosse Mauer, nach der Art einer Burg oder einer Festungsanlage, umgab die Paläste und königlichen Bauten. Diese Umfassungsmauer hatte die Form eines Quadrates, und innerhalb des Schutzgürtels befanden sich zahlreiche Räume und Wohnungen. Als Schmuck enthielten diese (Wohnräume und Säle) auf der inneren Seite und manchmal auch an der Aussenwand zahlreiche die Mauer nicht durchbrechende Nischen. Das Dach und das Dachgewölbe aller Bauten bestand aus grossen Balken, die ohne Nägel mit Seilen befestigt waren und als eine Art Ziegel sehr gut gearbeitete Strohmatten enthielten...

Die Wände wurden teilweise aus viereckigen Quadersteinen erbaut, zum Teil auch aus nur an der Vorderseite und an den Kanten bearbeiteten Steinen. Diese Steine waren jedoch nicht gradlinig und regelmässig. Man bemerkt an den noch vorhandenen Ruinen eine Anzahl von viereckigen Steinblöcken mit Durchmessern von 12, 15 oder mehr Fuss. Dies weist auf die Kräfte hin, die notwendig waren, um solche Steine heranzuführen und an den entsprechenden Stellen aufzurichten... Wenn ich nun mit der Aufzählung des Mauerwerks beginne, so muss ich sagen, dass die dort verwendeten Steine am einfachsten zu sein scheinen. Meiner Ansicht nach jedoch waren sie sehr viel schwieriger zu bearbeiten als die fein behauenen Quadersteine. Denn mit Ausnahme der Vorderseite, die so glatt wie die Quader behauen wurde, ist ihre Form nicht regelmässig. Die

Inka-Mauer in Ollantaytambo

Der hohe Stand der Steinbearbeitung, welcher während der Inka-Epoche erreicht worden war, erregte das Erstaunen und die Bewunderung der spanischen Eroberer. Noch immer gilt die Aussage, die G. Squier im Jahre 1864 über die Inka-Mauern machte: ". . . Alle Steine aber wiesen genau angepasste Fugen auf. Wo lange Flächen durch solche Mauern gebildet wurden, unterbrach man die so entstandene Eintönigkeit durch das Anbringen von Nischen. Diese Nischen waren oben enger gehalten als unten, wie dies bei fast allen Fensteröffnungen und Türen der Inka-Bauten der Fall ist . . . Die Bemerkung der alten Chronisten ist also wahr, dass bei einigen Bauwerken die Mauerfugen so fein und dicht aneinander liegen, dass es unmöglich wäre, die dünnste Messerklinge oder Nadel einschieben zu können . . .".

Flächen mussten aber genau aufeinander passen ... Einige sind gross, andere klein, und ihre Form ist unregelmässig....

Gebräuchlicher waren Wände und Mauern aus geschnittenen Steinen. Gewöhnlich errichtete man sie senkrecht vom Boden bis zur gewünschten Höhe mit gleichmässigen Steinen ... Ausser diesen senkrechten Wänden erbauten die Indios auch andere Mauern mit noch grösserer Kunstfertigkeit. Sie erbauten diese Mauern nicht lotrecht, sondern nach innen geneigt. Die Steine sind genau quadratisch aber von solch einer Machart, wie sie die Goldschmiede für die Anfertigung eines Ringsteines benützen ... Man bemerkt auch eine andere Meisterschaft an diesen Arbeiten. Die Steine — unter sich in einer Reihe gleich gross — werden nach oben hin gleichmässig immer kleiner ... Die Indios gebrauchten keinerlei Bindemittel bei ihren Bauten, alles bestand aus trockenem Mauerwerk, sie verwendeten höchstens einen feinen, farbigen Ton, um die Löcher auszufüllen.

Wenn wir diese Gebäude betrachten, wundert es uns am meisten, mit welchen Werkzeugen und Techniken die Indios diese Steinblöcke von den Steinbrüchen heranführen konnten, ferner, wie sie die Steine bearbeiteten und dort aufstellten, wo sie nun stehen. Denn sie besassen ja keine Werkzeuge, ... wie sie von unseren spanischen Handwerkern verwendet werden. Auch fragt man sich, woher sie diese Mengen von Leuten hernahmen, die nötig waren, um solche Werke ausführen zu können. Denn es gibt Steinblöcke von solch erstaunlicher Grösse, dass hundert Menschen während eines Monates nicht ausgereicht hätten, um einen einzigen davon zu behauen. Aus diesem Grunde scheint die Auskunft glaubhaft, dass bei dem Bau der Festung von Cuzco gewöhnlich 30 000 Arbeiter beschäftigt waren ...".[230]

Immer wieder begegnen wir in den Chroniken der Conquista-Zeit und der Kolonialepoche Hinweisen, mit welcher Kunstfertigkeit die grossen Strohdächer über den Palästen, Tempeln und anderen öffentlichen Gebäuden durch die Handwerker im Alten Peru errichtet worden waren. George Squier beschreibt eine soche Konstruktion, die er noch angetroffen hat. Es handelt sich um das Dach eines Gebäudes in Acarpa unweit des Titicacasees: "... Es ist das sogenannte **Sondor-huasi,** auf dem immer noch, nach mehr als dreihundert Jahren, das ursprüngliche Strohdach liegt. Dies ist ein Beweis, wie viel Geschicklichkeit, Schönheit und Nützlichkeit sich

Altes Strohdach auf Inka-Gebäude

selbst bei einem so unscheinbaren und gewöhnlichen Material entfalten konnte, und was sich damit erreichen liess... Das dünne, lange und zähe Ichú-Gras dieser Berggegend eignet sich ausgezeichnet für die Herstellung von Dächern. Es liegt glatt auf und lässt sich gut verarbeiten.

Das Sondor-huasi ist ein kreisrundes Gebäude, das dem Aussehen nach aus getrockneten Lehmmauern besteht und einen äusseren Durchmesser von 16 Fuss (4,8 m) aufweist. Die Wände sind 14 Zoll (35,4 cm) dick und 11 Fuss (3,3 m) hoch. Sie sind aussen und innen vollkommen glatt und ruhen auf einem steinernen Fundament... Das Kuppeldach des Sondor-huasi ist — wie bereits erwähnt — noch vollständig erhalten. Seiner Konstruktion nach besteht es aus einem Kranz von Bambusstäben von gleicher Länge, Stärke und Verjüngung nach oben. Die dicken Enden der Stäbe ruhen auf der Gebäudewand, die dünnen Spitzen sind oben gleichmässig nach einwärts gebogen bis zu einem gemeinsamen Mittelpunkt. Die gleichmässige Biegung wird durch Bambusreifen erreicht und durch (nach oben) kleiner werdende Reifen in horizontaler Lage beibehalten. An denjenigen Stellen, wo sich die senkrechten und die waagrechten Bambusstäbe kreuzen, sind sie durch feine geflochtene Bänder aus Ichú zusammengebunden. Diese Grasbänder kreuzen sich gegenseitig. Ihre Anordnung zeugt von hoher Geschicklichkeit und grossem Geschmack. Über diesem Kuppelgerippe liegt eine feine Matte aus geflochtener Bambusrinde. Sie zeigt keine Nähte, so dass ich glaube, sie wurde an Ort und Stelle als ganzes angefertigt. Wie es auch sei, die Matte wurde aus verschiedenfarbigem Bast geflochten. Das rautenförmige Muster führte man so aus, dass Füllungen des Musters in der Grösse mit den nach oben abnehmenden vierseitigen Flächen des Dachgerippes übereinstimmen ... Über dieser inneren Matte liegt ein zweites, loses Geflecht, das grob und stark gearbeitet ist, und an welches man eine Art Pelz aus feinstem Ichú-Gras befestigte. Diese Matte hängt mit langen Fransen aussen an den Wänden des Baues hinunter. Weiter oben (am Dachwerk) folgt eine Querlage von grobem Gras und Bambusrohr. Darauf liegt wieder Ichú-Gras und die Lagen folgen sich, bis sich das Ganze zu einem abgestumpften Kegel aufbaut. Die nach aussen herausragenden Spitzen der Ichú-Schichten wurden abgeschnitten ...".[231]

17. Technische Probleme der Inka-Steinbauten: Materialbeschaffung — Transport — Behauen und Zusammenfügen der Steine

Trotz ihrer Bewunderung für die Inka-Bauten, die sie zum Teil noch unversehrt angetroffen hatten, sprechen die spanischen Chronisten sehr wenig über Techniken, Werkzeuge und Beschaffung des Baumaterials. Im allgemeinen beschränken sich ihre Nachrichten auf die Beschreibungen der Tempel, Paläste und Festungen. Sie waren sehr erstaunt, dass es möglich war, die grossen Bausteine über lange Strecken zu transportieren, auch die schön gehauenen Quader und besonders das genaue Zusammenpassen der Blöcke erregte ihr Erstaunen.

Eingehendere Untersuchungen machten erst die Forschungsreisenden des vergangenen Jahrhunderts. Sie beschäftigten sich nicht nur mit dem Aussehen, sondern fragten auch nach den technischen Voraussetzungen, George Squier beispielsweise suchte die Steinbrüche von Cuzco auf, um ein Bild über die Gewinnung der grossen Steine zu erhalten. "... Ehe man an die Trümmer (der Befestigungswerke) gelangt, kommt man zu den grossen Massen von Trachyt- und Basaltfelsen ... Hier war einer der wichtigsten Steinbrüche der Inkas, und an dieser Stelle wurden weitaus die meisten Steine gebrochen, welche man für die Erbauung der Gebäude von Cuzco benötigte. Ringsumher befinden sich mächtige Haufen von Steinsplittern, die mehr als eine halbe englische Quadratmeile bedecken. Zwischen den Steinabfällen liegen nach allen Seiten hin zerstreute Blöcke jeder Grösse und jeder Stufe der Bearbeitung herum: vom völlig rohen Block bis zum fein behauenen Werkstück, welches fertig zubereitet ist, um nun seinen Platz an einem bestimmten Bauwerk einzunehmen ... Im Steinbruch selbst finden sich keinerlei Beweise, auf welche Art die Bearbeitung der Steine erfolgte. Nach dem Losbrechen vom Felsen wurden die Blöcke sicherlich mit spitzen Hämmern und dann mit dem Meissel bearbeitet...".[232]

Aus den Funden wissen wir heute, dass die Werkzeuge für die Steinbearbeitung — Hämmer, Äxte, Meissel und Keile — gewöhnlich auch aus härterem Stein bestanden. Unter anderem wurden zwei Hämmer aus Quarzit gefunden. Bei der Baustelle von Ollantaytambo

Tempel und Palastbauten von Pisac
  Die Inka-Architektur spiegelt den inkaischen Staat wider. Sie ist Ausdruck der Allmacht des Herrschers, der technischen Perfektion, der nüchternen Strenge und der Disziplin.
  "... Die aufs feinste geschliffenen und in kleinen Blöcken bearbeiteten Steine bilden den Charakter dieser Architektur, welche in einer kalten und würdigen Geometrie die unterschiedlichen und freien Formen der vorinkaischen Architektur zusammenfasste..." (Hector Velarde).

lagen einige Diorithämmer. In der Nähe von Cuzco entdeckte man ferner einige Steinscheiben, die in der Mitte durchbohrt waren, damit ein Holzstil-hineingesteckt werden konnte. "...Solche Werkzeuge wurden wohl gebraucht, um die grossen Blöcke roh zuzubehauen..."(Squier).[232] Es ist unwahrscheinlich, dass für die Steinhauerarbeiten Werkzeuge aus Metall in grosser Anzahl benutzt worden sind. Die aufgefundenen Metallwerkzeuge hatten keine abgenutzten Schneiden, welche auf Steinbearbeitung hingewiesen hätten. Hingegen haben sich einige Bronzemeissel erhalten. Da Werkzeuge nur sehr selten an den Arbeitsstellen vorgefunden wurden, kann man den Schluss ziehen, dass diese Arbeitsgeräte aus, für die damalige Zeit, sehr wertvollen Materialien bestanden. Beim Verlassen eines Ortes wurden sie deshalb von den Steinhauern mitgenommen.[233]

"...Wie man die Blöcke vom natürlichen Felsen abtrennte, kann man hier, in den Steinbrüchen von Cuzco, wie auch an anderen Orten, anhand zahlreicher Spuren erkennen. Man machte dort, wo es möglich war, unter bestimmten Felsen Aushöhlungen, so dass ein Teil der Steinlagen nun überhing. Dann schnitt man in die obere Steinfläche eine Rinne ein, und zwar an derselben Stelle, wo der Bruch gewünscht wurde. In diese Rinne schlug man Löcher bis zu einer beträchtlichen Tiefe, nach der Art, wie es heute noch geschieht. Vermutlich wurden nun Keile aus trockenem Holz in die Löcher getrieben und Wasser in diese Rinne gegossen. Durch das Quellen der Holzteile wurde der Steinblock dann glatt abgetrennt...".[234]

J. Ogden Outwater, welcher genaue Untersuchungen über die Bauweise der Festung Ollantaytambo machte, kommt zum Schluss, dass im Steinbruch grosse, bereits von der Felspartie heruntergefallene Felsstücke, in kleinere Blöcke geschnitten wurden. Die Steinmetze trieben Schlitze in V-Form in die Steine hinein. Einige Steine weisen noch immer keilförmige Einschnitte, 8 cm lang und 2 cm tief, auf. "...Die Einschnitte wurden wohl gemacht, um dort Steinkeile hineinzutreiben. Damit wollte man den Felsen spalten, und zwar dem angebrachten Schlitz entlang. Es ist auch wahrscheinlich, dass die Aushöhlungen dazu dienten, Wasser in die Schlitze giessen zu können. Der jähe Temperaturwechsel (von der Nachtkälte, die das Wasser zum Gefrieren bringt, bis zu der Erhitzung der Steine durch die Tropensonne während des Tages) bewirkte eine starke Verbreiterung und Vertiefung der Spalten. Nachher konnten die grossen Steine verhältnismässig rasch entzweigeschnitten werden...".[235]

Alle Blöcke dieses Steinbruches weisen Splitterspuren auf. Es ist anzunehmen, dass vor dem Schneiden unter jeden grossen Felsen eine grössere Anzahl kleinerer Steine aufgehäuft wurde. Der abgehauene Felsenteil fiel dann auf diesen Steinhaufen und konnte so leichter gehandhabt und bearbeitet werden.

Für die Arbeiter baute man an Ort und Stelle eine Anzahl von Hütten. Bei den Steinbrüchen von Ollantaytambo wurden ungefähr 40 kleine Häuser gezählt. Unweit davon befanden sich Hangterrassen, auf denen die Arbeitsleute die notwendige Nahrung anpflanzen konnten.[236] Auch Squier fand bei den Werkplätzen von Cuzco "... die sehr einfachen, gemauerten Hütten der Steinbrecher. Ausserdem befand sich dort die anspruchsvollere Behausung des Werkmeisters oder Aufsehers, der eine kleine Mauer um sein Haus errichtet hatte. Auch hatte er eine Terrasse vor dem Hause angelegt, und noch auf andere Art seinen Geschmack und seine Liebe zur Behaglichkeit bewiesen...".[237]

Die angewandte Bautechnik in der Inkazeit muss unter folgenden drei Gesichtspunkten betrachtet werden:

— Die Technik in den Steinbrüchen, um die Bausteine zu gewinnen, wie sie oben dargestellt wurde.

— Der Transport der Steinblöcke zu der Baustelle.

— Die Techniken, welche nötig waren, um die Steine zu behauen, gegenseitig anzupassen und in den Bau einzufügen.

Der **Transport von Blöcken** mit schwersten Gewichten (bis zu 100 Tonnen) gab schon manches Rätsel auf. J. Ogden Outwater versuchte anhand der noch bestehenden Überreste, Spuren und Bauteile der alten Festung Ollantaytambo dieses Geheimnis zu entschlüsseln. Die von den Inkabaumeistern benützten Steinbrüche Cachiccata befanden sich 12 km vom Festungswerk entfernt, auf der anderen Seite des Flusses Vilcanota, der das 2750 m hoch gelegene Tal durchfliesst. Das Transportproblem bestand nun darin, die riesigen Steine vom Gipfel des Hügels — wo sich die Steinbrüche befanden — ins Tal hinunterzubringen, den Fluss zu überqueren und schliesslich die Blöcke bis zu der Festung hinaufzutransportieren. Aus der Inkazeit führt immer noch ein gut angelegter, 4,5 m breiter Weg im Zick-Zack-Kurs vom Steinbruch bis zum leichtgeneigten Talgebiet. Entlang dieses Weges wurde eine Anzahl grosser Blöcke gefunden, währenddem kleinere Steine nur im Steinbruch selbst oder dann in der Festung angetroffen wurden. (Dort sind immer noch 45 kleinere, nicht verwendete Bausteine, vorhanden.) Outwater zieht daraus den Schluss, dass diese kleineren Bausteine jeweils in einem einzigen Arbeitsgang vom Steinbruch bis zur Baustelle befördert werden konnten. Es handelte sich dabei um Blöcke von weniger als 5 Tonnen Gewicht, so dass der Transport mit Traggestellen möglich war. Bei einem Einsatz von 30 — 40 Männern genügte dazu wohl 1 Tag Arbeitsleistung. Die grösseren Steine jedoch konnten nicht getragen werden. Nicht nur ihr Gewicht verhinderte diese Transportmöglichkeit, auch das Volumen des Steinblockes verunmöglichte ein seitliches Herlaufen der Träger auf dem Weg (ein Quader von ca. 75 Tonnen Gewicht, der neben dem Weg gefunden wurde, besitzt beispielsweise solche Masse, dass er nur 90 cm schmaler als die Wegbreite ist).

An der Stelle, wo der Weg den Fluss kreuzt, befindet sich noch immer eine Furt. Das Gewässer ist hier breit und seicht und kann zu Fuss überquert werden. Vom anderen Flussufer führt der gut ausgebaute Weg in Form einer langen Rampe empor und zwar mit dem gleichen Gefälle von 10 Grad bis zu den Festungsbauten. Sehr wahrscheinlich wurden die kleineren Steine auch über den Fluss mit Hilfe der Holzgestelle getragen. Das Wasser war ja hier leicht zu durchwaten. Die grösseren Blöcke zog man mit Hilfe von Seilen und Rollen durch das Flussbett, wobei unter dem Wasser wohl ein aufgeschütteter Damm bestanden hatte. Durch diese Art des Transportes war es auch nicht notwendig, das Wasser des Flusses abzuleiten. Keine Spuren deuten darauf hin, dass dem Bachbett eine andere Richtung gegeben wurde. Die immer noch bestehende gute Beschaffenheit der Wegführung vom Flussufer zu der Festung lässt den Schluss zu, dass die grossen Blöcke auf Rollen transportiert wurden. Man legte 3 — 4 Baumstämme auf den gleichmässig ansteigenden Weg und zog mit Hilfe von Seilen und unter Aufbietung zahlreicher Arbeitsleute die riesigen Steine bis zur Baustelle hinauf.

Die grosse Entfernung vom Steinbruch bis zur Festung schloss die gesamte Überdeckung des Weges mit Baumstämmen aus. In den hochgelegenen Bergtälern war Holz eine Mangelware. Die "Rollengeleise" entstanden dadurch, dass die Stämme nach dem Hinübergleiten des durch Seile gezogenen Blockes aufgehoben und aufs neue vor der Last angebracht wurden. Als Rollmaterial fanden die Erlenstämme Verwendung, die in den Berggebieten eine durchschnittliche Länge von 9 m erreichen. Zu dieser Theorie des Transportes von schweren Blöcken gesellt sich ein wertvoller Fund, der die dargelegte Beförderungstechnik weitgehend zu beweisen scheint: am Anfang der Wegrampe nach der Festung liegt ein Stein von kubischer Form mit 1 m Seitenlängen. Noch immer befindet sich dieser Block auf zwei Rollen von Baumstämmen des Erlenbaumes (oder des Holunders) und zeugt, mit welcher Technik die Arbeiter der Inkazeit die schweren Steine auch bergan zu transportieren vermochten.[238]

    Die Methode, die schweren Steine mit Hilfe von Rollen zu befördern, würde auch das Phänomen der "müden Steine" erklären. Längs des Weges nach der Festung befinden sich einige Blöcke, die teilweise behauen sind. Sie wurden von den Arbeitern liegen gelassen, denn der Transport vom Steinbruch zur Baustelle war durch ein bestimmtes Ereignis unterbrochen worden. Wenn man sich den technischen Ablauf der Beförderung dieser Riesensteine vorstellt, so kommt man zum Schluss, dass diese Quader aus der durch die Baumstämme gebildeten Bahn gefallen sein mussten. Sie versanken dabei im Gelände. Einzelne blieben auch im Flussbett stecken. Wenn die Bauleute der Inkazeit mit Steinen arbeiteten, so achteten sie sehr darauf, dass die schwergewichtigen Blöcke nicht zur ebenen Erde fielen. Dies hätte die Hebelwirkung verunmöglicht. Schiefe Ebenen, seitliche Aufschüttungen, unterschobene Steine sollten dies verhindern, wie noch vorhandene Überreste beweisen. Fiel trotz aller Vorsicht ein Block beim Transport aus dem "Geleise" von Baumrollen zur Erde, vermochten die Bauleute den schweren Stein mit ihren sehr einfachen Hebebäumen aus Holz nicht mehr aufzuheben. Der Block blieb als "müder Stein" ("piedra cansada", wie er immer noch genannt wird) am Weg zur Baustelle liegen.

    Mit welcher Technik wurden die Steine so genau angepasst, dass die Blöcke fugenlos zusammenpassten? Dieses Phänomen ist am schwierigsten zu erklären. Keine Stelle der zahlreichen Berichte der

Eroberungsepoche oder der Kolonialzeit gibt darüber Aufschluss, wie eine technisch mögliche Bewältigung dieser Aufgabe geschah. Die Chronisten werden zwar nicht müde, ihre Verwunderung auszusprechen: "....Es übersteigt ferner alle Vorstellungskraft, sich auszudenken, wie derartig viele und gewaltige Steinblöcke so genau aufeinander gepasst werden konnten, dass kaum die Einschiebung einer Messerspitze möglich ist. Tatsächlich passen viele Blöcke derart zusammen, dass man nur mit Mühe die Fugen erkennen kann. Um (die Steine) derart aneinander anzupassen, war es notwendig, einen Stein über einen andern unzählige Male aufzuheben und niederzulegen. (Die Indios) hatten nämlich keinerlei Winkelmasse zur Verfügung. Ja, sie wussten nicht einmal eine Messlatte zu gebrauchen, um sich zu vergewissern, ob sich ein Block gut mit dem andern zusammenfügte..."(Garcilaso de la Vega).[239]

In seinem Kapitel über das Bauwesen "De los edificios y orden de fabricas de los Incas" schreibt Pater José de Acosta: "... Für die Erstellung aller Gebäude und Festungen, welche die Inka anordneten, — und zwar in Cuzco wie in den verschiedenen Teilen ihres Reiches — strömte eine grosse Zahl (von Menschen) aus allen Provinzen zusammen, denn diese Arbeit war aussergewöhnlich und ungeheuerlich. (Die Indios) gebrauchten ja keinerlei Mörtel noch hatten sie (Werkzeuge) aus Eisen oder Stahl zur Verfügung, um die Steine zu schneiden und zu behauen ... Alles geschah mit Hilfe von sehr vielen Leuten und durch aussergewöhnlich grosse Arbeitsleistungen. Um einen Block in den andern einzufügen und auf das genaueste einzupassen, waren sie gezwungen, dies viele Male "auszuprobieren". Die meisten (Steine) sind ja nicht gleichmässig und haben flache Seiten...".[240] Auch Pater Bernabé Cobo war der Meinung, dass "... die Einfügung der einzelnen Steine ein unzähliges Anpassen der verschiedenen Kantenflächen erforderte, was den Einsatz einer grossen Zahl von Arbeitskräften nötig machte...".[241]

George Kubler äussert sich in seinem 1962 erschienenen Werk "The Art and Architecture of Ancient America" zu der "... extremen Genauigkeit im Zusammenfügen der Steine..." wie folgt: "... Die polygonalen Mauern in Sacsahuamán weisen Eigenartigkeiten auf, welche Hinweise geben auf die Methode, wie diese Genauigkeit erreicht wurde. Viele Steine — vor allem die grösseren — weisen auf der Aussenseite immer noch die Stummel von Zapfen auf.

Zudem passen alle Blöcke in die entsprechenden konkaven Vertiefungen, welche in die darunterliegenden Steine eingeschliffen wurden. Im polygonalen Mauerbau ist kein einziger Stein auf eine ebene Unterlage gesetzt worden. Jeder Block passt in die gewölbte Fläche des darunterliegenden Steines, obgleich die Wölbung manchmal fast nicht wahrnehmbar ist. Die Übereinstimmung von Löchern oder Zapfen mit diesen gewölbten Flächen zeigt die Art und Weise auf, wie diese Steine bearbeitet wurden, so dass sie so genau zusammenpassten. Nach einer rohen Bearbeitung mit steinernen oder bronzenen Werkzeugen wurde jeder Block in einer schwingenden Bewegung gegen seine Unterlage gerieben. Zu diesem Zweck wurde der Stein mit Seilschlingen, welche an den Zapfen befestigt wurden, an einem hölzernen Gestell aufgehängt. Eine geringe Zahl von Arbeitern war dadurch in der Lage, die schwingenden Steine durch pendelförmige Bewegungen abzuschleifen, bis sie genau mit den Nachbarsteinen zusammenpassten ....". Kubler vertritt die These, dass bei allen Arten von Steinmauern das Prinzip des gegenseitigen Abschleifens angewendet worden sei. Dies wurde bewirkt, indem die Steine — wie oben beschrieben — aufgehängt wurden, oder durch ein entsprechendes Stossen und Ziehen der aufeinanderliegenden Steine.[242]

Alle diese Beispiele zeigen keine Lösung des Problems auf. Man muss sich nur vor Augen halten, dass nach den beschriebenen Methoden Steinblöcke mit einem Gewicht von vielen Tonnen unzählige Male an Bast-Seilen hätten hinaufgezogen und hinuntergelassen werden müssen. Nur so wäre es möglich gewesen, die notwendigen Korrekturen für das Ineinanderfügen der Blöcke vorzunehmen. Ähnliche (unbrauchbare) Vorstellungen hatten auch andere moderne Forscher. W.E. Middendorf z.B. schreibt zu diesem Thema: "... Kein Volk hat in dieser Beziehung (nämlich in der Steinbearbeitung) Gleiches oder auch nur Ähnliches geleistet. Dabei muss jedoch bemerkt werden, dass die Anordnung der Steine in Reihen nicht schnurgerade ist. Es scheint, dass jeder Stein mit seinem Nachbar-(Block) zusammen geschliffen wurde und zur Erreichung der genauen Fügung bald von dem untern (Stein), bald von dem obern etwas abgetragen werden musste...".[243] Selbst der um die Erforschung des Alten Perus verdiente Amerikanist J. Alden Mason übernimmt die — technisch unmögliche — Theorie, wie die Quader aneinander gefügt wurden: "... Man nimmt im allgemeinen an, dass der grosse

Teil der endgültigen Einpassung erst dann vorgenommen wurde, wenn die Steine an Ort und Stelle waren. Dies geschah, indem der neue Stein — möglicherweise mit Hilfe von Sand in den Zwischenräumen — so lange gegen den Nachbarstein gerieben wurde, bis er die richtige Form hatte...".[244]

Die Baufachleute unserer Zeit sind der Ansicht, dass die Blöcke an der Baustelle auf kleinen, aus Stein und Lehm errichteten, Plattformen aufgestellt wurden. Sehr wahrscheinlich wurden sie in dieser Stellung an allen Flächen behauen. Wenn man das Gewicht und das Volumen dieser Blöcke in Betracht zieht, so kann man mit Sicherheit annehmen, dass es unmöglich war, sie zu bewegen, nachdem sie einmal an Ort und Stelle gebracht worden waren. Nach dem Einsetzen der Blöcke bestand keine Möglichkeit mehr, irgend eine Anpassung in der Einfügung der bearbeiteten Steine vorzunehmen. Dabei war der Spielraum in der Aneinanderfügung der Blöcke äusserst gering: nicht nur die Kanten der entsprechenden Steine, sondern die beiden aneinanderliegenden Flächen mussten völlig aufeinander passen. Wie konnte nun dieses äusserst schwierige Problem gelöst werden? J. Ogden Outwater stellte die Hypothese auf, dass die Bauleute in der Inkazeit von den Höhlungen und Unebenheiten der einzelnen Quader genaue Abdrücke aus Lehm anfertigten. (Grosse Mengen vorgefundener Lehmteile an den Baustellen scheinen dies zu bestätigen. Ausserdem waren den Inkabaumeistern Tonmodelle für die Erstellung ganzer Bauteile bereits bekannt; siehe Seite 132 ff.). Die "moldes" dienten für die Behauung der einzufügenden Steine. Nach diesen Vorlagen wurden dem Steinblock die hervorstehenden Teile oder ausgesparten Partien eingemeisselt. War der Block entsprechend behauen, konnten die Kontrollen auf letzte Genauigkeit vom leichtgewichtigen Tonmodell zum ruhenden Stein immer wieder vorgenommen werden. Während der Ausführung dieser Steinarbeiten befand sich der Stein bereits auf der gleichen Höhe wie die bereits stehenden Bauteile. Mit Hilfe von Rollen und Seilen hatte man ihn über eine schiefe Ebene auf die Plattform hinaufgezogen. War der Block nun fertig behauen, wurde er mit Rollen und Seilen an seinen vorgesehenen Platz gestellt: der eingefügte Stein war nun zu einem neuen Bauelement geworden.[245]

Das Brechen der grossen Steinblöcke, ihr Transport, die Behauung und Zusammenfügung zu den gewaltigen Tempeln, Palästen und Festungen ist neben dem Strassenbau als die grösste technische Leistung des Inkavolkes bezeichnet worden. Das ständige Wiederholen der gleichen architektonischen Elemente deutet darauf hin, dass es sich bei der peruanischen Architektur um eine ungebrochene Entwicklung handelte, welche von den primitivsten Anfängen bis zu der Höhe der Inka-Architektur führte. Diese Elemente manifestierten sich vor allem in den trapezoiden Öffnungen von Fenstern und Türen sowie in den sich nach oben verjüngenden Mauern. Der trapezförmige Querschnitt hatte dabei in erster Linie funktionelle Bedeutung. Diese Konstruktion gab den Mauern grössere Stabilität als Ersatz für die fehlenden Fundamente und als Sicherheitsmassnahmen gegen Erdbeben. In der Anwendung und Weiterentwicklung bereits bekannter Techniken war also die eigenständige Inka-Architektur und -Bauweise entstanden, dem Niveau anderer Hochkulturen ebenbürtig.

Durch das im Jahre 1532 erfolgte Eindringen der Europäer in das peruanische Grossreich wurde diese Entwicklung jäh unterbrochen. In dem so bedeutsamen Gebiet des Bauwesens erkennen wir in besonderem Masse, wie verheerend sich der "Conquista-Schock" ausgewirkt hatte. Trotz der Bewunderung für die Bautechnik der Inkavölker seitens der Spanier wurde unter ihrer Herrschaft kein einziges Gebäude mehr im Inka-Baustil erstellt. Die Chronisten vermochten sich nicht einmal genauer über die angewandten Arbeitstechniken zu informieren, wie oben aufgezeigt wurde.

Die zwei Welten standen sich auch hier schroff gegenüber. "...Wenn man die inkaische Architektur vergleicht mit der spanischen Bauweise der gleichen Epoche, so stellt man fest, dass es keine Vergleichsbasis gibt: es ist die Ausdrucksweise von Menschen, die auf verschiedenen Planeten wohnten... Es handelte sich dabei nicht um die Entwicklung einer gleichen Art von Zivilisation. Der Bruch ist deshalb vollständig. Der statischen Ordnung der Inka folgte auf einen Schlag das total Dynamische der erobernden Spanier..." (Hector Valerde).[246]

"...Die Hand der Eroberer fiel schwer auf die ehrwürdigen Baudenkmäler Perus...", so drückt sich William Prescott in seiner Abhandlung aus, welche er seiner "Geschichte der Eroberung Perus" voranstellte. Nach der Auffassung des grossen Geschichtsschreibers hätten die Conquistadoren "... in ihrem blinden und abergläubischen Suchen nach verborgenen Schätzen unendlich viel mehr Zerstörung verursacht, als es Zeit oder Erdbeben taten...".[247] Diese Betrachtungsweise nimmt den Standpunkt vieler Historiker ein, welcher die Zerstörung der vorhandenen geschichtlichen Zeugnisse, wie es Bauten und Kunstdenkmäler waren, beklagte. Aber diese Ansicht zeigt zu wenig die fundamentale Tatsache auf, dass es den Eroberern nicht gelang — nicht gelingen konnte — die auf ganz anderen Werten beruhende Inka-Welt umzuformen, das heisst den europäischen Wertmassstäben anzupassen. Es vollzog sich durch die brutale Eroberung kein "Ineinandergehen" beider Zivilisationen, die Folge war ein unheilvoller Bruch. In dieser Beziehung lastete die Hand der Eroberer wirklich schwer auf den Kulturgütern — viel schwerer jedoch noch auf den Menschen der indianischen Völker.

Auch wenn der Sapay Inca in Tahuantinsuyu während der Inka-Herrschaft Tausende und Abertausende von Tributpflichtigen aufgeboten hatte, um Strassen zu erstellen, Tempel und Paläste zu erbauen oder Wasserführungen anzulegen — diese gewaltigen Leistungen geschahen innerhalb der indianischen Zivilisation selbst. Die Spanier jedoch missbrauchten die Mita, d.h. das öffentliche Arbeitsaufgebot, um sich zu bereichern oder um ihre Herrschaft weiter auszubauen. Die indianischen Arbeitsleute schufteten und starben in den Minen oder auf den Plantagen für eine fremde Sache und für fremde Herren. Fortan fehlte die Identifikationsmöglichkeit des einzelnen Menschen wie des ganzen Volkes, wie sie bisher in der Person des "Einzigen Inka" möglich gewesen war. Die Anstrengungen für grosse gemeinsame Werke wurden sinnlos und verloren ihre Bedeutung. Von symbolischer Aussagekraft ist die Antwort des letzten regierenden Inka auf die Vorhaltungen Pizarros, die Atahualpa kurze Zeit nach seiner Gefangennahme gab, als ihn der Conquistador beschuldigte, heimlich einen Aufstand gegen die spanischen Sieger zu entfachen: "... Bin ich nicht ein armer Gefangener in Deinen Händen? Wie könnte ich die Absicht hegen, die Du mir vorwirfst, da ich ja das erste Opfer wäre? Und Du kennst mein Volk nicht, wenn Du denkst, ein solcher Aufstand könnte ohne meinen Befehl erfolgen, da selbst die Vögel in meinem Reiche gegen meinen Willen kaum zu fliegen wagten...".[248]

Anmerkungen

1 Garcilaso de la Vega, el Inca, Comentarios Reales de los Incas, Biblioteca de Autores Españoles, Bde. 133 − 135, Madrid 1960 − 1965, Libro 1, Cap. XV
2 vgl. Disselhoff Hans-Dietrich, Tahuantinsuyu − Das Reich der Inka, in: Saeculum, Bd. 2, Jhg. 1951,
Bollinger Armin, Die Inka, p. 59 − 67, Lausanne 1977
3 Steffen Max, Die Landwirtschaft bei den altamerikanischen Kulturvölkern, Leipzig 1883, p. 84 f.
4 Troll Carl, Die Stellung der Indianer-Hochkulturen im Landschaftsaufbau der tropischen Anden, in: Zeitschrift der Gesellschaft für Erdkunde zu Berlin, Dezember 1943, p. 114
5 Trimborn Hermann, Der Kollektivismus der Inka in Peru, in: Anthropos, Bd XVIII/XIX, 1923/24, p. 981 f.
6 Troll Carl, Die Stellung der Indianer-Hochkulturen . . ., a. a. O., p. 96
7 Trimborn Hermann, Probleme der andinen Bewässerungswirtschaft, in: Jahrbuch für Geschichte von Staat, Wirtschaft und Gesellschaft Lateinamerikas, Köln/Graz 1967, Bd. 4, p. 5
8 Cunow Heinrich, Die soziale Verfassung des Inkareiches, Stuttgart 1896, p. 31 − 37
9 Acosta José de, Historia Natural y Moral de las Indias, Biblioteca de Autores Españoles, Bd. 73, Madrid 1954, Libro VI, Cap 19
10 Gibson Charles, The Inca Concept of Sovereignty and the Spanish Administration in Peru, Texas UP 1948 (Reprint Greenwood Press, New York 1969), p. 10 − 14
Trimborn Hermann, Der Kollektivismus der Inka . . ., a. a. O., p. 980 f.
11 Trimborn Hermann, Der Kollektivismus der Inka . . ., a. a. O., p. 984 f.
12 Polo de Ondegardo Juan, Relación de los Fundamentos acerca del Notable Daño que resulta de no guardar a los Indios sus Fueros (1571), Madrid 1872, übersetzt von C.R. Markham unter dem Titel "Report by Polo de Ondegardo", erschienen bei Hayklut Society, London 1873, p. 161
13 ibid., p. 163
14 Trimborn Hermann, Der Kollektivismus der . . ., a. a. O., p. 986
15 ibid., p. 998
16 Guaman Poma de Ayala Felipe, Nueva Crónica y Buen Gobierno, Institut d'Ethnologie, Paris 1936 (Faksimile-Ausgabe), p. 194 − 212
17 Cunow Heinrich, Die soziale Verfassung . . ., a. a. O., p. 59
18 ibid., p. 101
19 Cieza de León Pedro, Segunda Parte de la Crónica del Perú, p. 67, zitiert in: Cunow H., Die soziale Verfassung, a. a. O., p. 101

20   Cunow Heinrich, Die soziale Verfassung . . ., a. a. O., p. 102
21   Valera Blas, Las Costumbres Antiguas del Perú y la Historia de los Incas, zitiert in: Lara Jesús: El Tahuantinsuyu, Cochabamba 1974, p. 263
22   ibid., p. 265
23   Ubbelohde-Doering Heinrich, Auf den Königsstrassen der Inka. Reisen und Forschungen in Peru, Berlin 1941, p. 3
24   Friederici Georg, Der Charakter der Entdeckung und Eroberung Amerikas durch die Europäer, Osnabrück 1969 (Neudruck der Ausgabe von 1925 – 36), p. 174
25   Kosok Paul, Life, Land and Water in Ancient Peru, New York 1945, p. 93
26   ibid., p. 117
27   ibid., p. 118
28   ibid., Kapitel XII
29   Mason J. Alden, Das alte Peru, a. d. Engl., Essen 1975, p. 267
30   Regal Alberto, Los Caminos del Inca en el Antiguo Perú, Lima 1936, p. 9 – 12
31   Regal Alberto, Los Puentes del Inca en el Antiguo Perú, Lima 1972, p. 7
32   Ubbelohde-Doering Heinrich, Auf den Königsstrassen der Inka, a. a. O., p. 8
33   von Hagen Victor W., Sonnenkönigreiche, München 1962, p. 304
34   Pizarro Hernando, Carta a los Oidores de la Audiencia de Santo Domingo, in: Tres Testigos de la Conquista del Perú, Ed. Conde de Canileros, Madrid 1953, p. 57
35   Cieza de León Pedro, El Señorío de los Incas, Segunda Parte de la Crónica del Perú, Lima 1967, Cap. XV, p. 45
36   ibid., Cap. XV, p. 46
37   Humboldt Alejandro de, Cuadros de la Naturaleza (1808), Madrid 1876, p. 554
38   Mason J. Alden, Das alte Peru, a. a. O., p. 268
39   von Hagen Victor W., Sonnenkönigreiche, a. a. O., p. 305
40   von Hagen Victor W., Heeresstrassen des Sonnengottes, Wien 1957, p. 161
41   Cieza de León Pedro, La Crónica del Perú, Bogotá 1971, Cap. LX, p. 235
42   von Hagen Victor W., Heeresstrassen des Sonnengottes, a. a. O., p. 136 f.
43   Ubbelohde-Doering Heinrich, Auf den Königsstrassen der Inka, a. a. O., p. 12
44   ibid., p. 10
45   ibid., p. 11
46   ibid., p. 81 ff. und p. 11
47   von Hagen Victor W., Sonnenkönigreiche, a. a. O., 305

48 von Hagen Victor W., Heeresstrassen des Sonnengottes, a. a. O., p. 76
49 ibid., p. 78
50 Thompson Donald E. und Murra John V., The Inca Bridges in the Huánuco Region, in: American Antiquity, July 1965, Vol. 31, Nr. 1, p. 632 ff.
51 Cieza de León Pedro, El Señorío de los Incas, a. a. O., Cap. XV, p. 47
52 Regal Alberto, Los Caminos del Inca ..., a. a. O., p. 13
53 Cieza de León Pedro, La Crónica del Perú, a. a. O., Cap. LXXXII, p. 303
54 Regal Alberto, Los Caminos del Inca ..., a. a. O., p. 13
55 Squier George, Peru, Incidents of Travel and Exploration in the Lands of the Incas, London 1877, p. 400
56 Cobo Bernabé P., Historia del Nuevo Mundo, Biblioteca de Autores Españoles, Bd. 91/92, Madrid 1964, Libro XII, Cap. XXXII
57 von Hagen Victor W., Sonnenkönigreiche, a. a. O., p. 188 f.
58 Regal Alberto, Los Caminos del Inca ..., a. a. O., p. 15
59 von Hagen Victor W., Sonnenkönigreiche, a. a. O., p. 189
60 Regal Alberto, Los Caminos del Inca ..., a. a. O., p. 16
61 Espinoza Campos Diego de, Los Indios del Repartimiento de Ichochuánuco contra los Indios Pachas, sobre el Servicio y Mitas del Puente del Río Huánuco (9 de Febrero 1592), in: Historia y Cultura, Vol.1, Nr. 1, Lima 1965, p. 65 ff.
62 El Anónimo Sevillano (de 1534), Las Relaciones Primitivas de la Conquista del Perú, Ed. Paul Porras Barrenechéa, Paris 1937, p. 74
63 Espinoza Campos Diego de, Los Indios ..., a. a. O., p. 100
64 Baudin Louis, So lebten die Inkas vor dem Untergang des Reiches, a. d. Franz., Stuttgart 1955, p. 125
65 Espinoza Campos Diego de, Los Indios ..., a. a. O., p. 104
66 Palomino Flores, Salvador, Un Puente Colgante Inca en la Comunidad de Sarhua, Perú, in: Atti del XL Congresso Internazionale degli Americanisti, Roma/Genova 1972, Vol II, p. 515 – 518
67 Regal Alberto, Los Puentes del Inca en el Antiguo Perú, a. a. O., p. 17
68 Tschudi Johann Jakob, Testimonio del Perú, 1838 – 42, Lima 1966, p. 119
69 Espinoza Campos Diego de, Los Indios ..., a. a. O., p. 104
70 Regal Alberto, Los Puentes del Inca ..., a. a. O., p. 18
71 Estete Miguel, La relación del viaje que hizo el Sr. Capitán Hernando Pizarro por ordenes del Gobernador su hermano deste el pueblo de Cajamarca, y allí a Jauja, enero a marzo 1533, Lima 1917, p. 99
72 Cieza de León Pedro, El Señorío de los Incas, a. a. O., Cap. XXXV, p. 121
73 Regal Alberto, Los Puentes del Inca ..., a. a. O., p. 20
74 Garcilaso de la Vega, el Inca, Comentarios Reales de los Incas a. a. O., Libro III, Cap. XV

75 Regal Alberto, Los Puentes del Inca ..., a. a. O., p. 44
76 Squier George, Peru, Reise- und Forschungserlebnisse in dem Lande der Incas, a. d. Engl., Leipzig 1883, p. 326 – 328
77 von Hagen Victor W., Heeresstrassen des Sonnengottes, a. a. O., p. 52
78 Squier George, Peru ..., a. a. O., p. 676 – 679
79 Garcilaso de la Vega, el Inca, Comentarios Reales ..., a. a. O., Libro III, Cap. VII
80 ibid., Libro III, Cap. VII
81 Gutiérrez di Santa Clara, Historia de las Guerras Civiles del Perú (1603), Madrid 1929 (zitiert in: Regal A.: Los Puentes ..., a. a. O., p. 36)
82 Garcilaso de la Vega, el Inca, Comentarios Reales ..., a. a. O., Libro III, Cap. VII
83 Gutiérrez de Santa Clara, Pedro Historia de las Guerras Civiles ..., (zitiert in: Regal A.: Los Puentes ..., a. a. O., p. 36)
84 Garcilaso de la Vega, el Inca, Comentario Reales ..., a. a. O., Libro III, Cap. VII
85 Cobo P. Bernabé, Historia del Nuevo Mundo, a. a. O., Libro XIV, Cap. XIII
86 Squier George, Peru ..., a. a. O., p. 679 f.
87 ibid., p. 680
88 ibid., p. 682
89 von Humboldt Alexander, Südamerikanische Reise, Berlin 1975, p. 570
90 Garcilaso de la Vega, el Inca, Comentarios Reales ..., a. a. O., Libro III, Cap. XVI
91 Ulloa Juan Jorge y Antonio de, Relación Histórica del Viaje a la América Meridional, Madrid 1748, (zitiert in Regal, A.: Los Puentes ..., a. a. O., p. 42)
92 Tschudi Johann Jakob von, Peru, Reiseskizzen aus den Jahren 1838 – 1842, Graz 1946 (Nachdruck der Ausgabe St. Gallen 1848), 2. Bd., p. 52 f.
93 Trimborn Hermann, Probleme der andinen Bewässerungswirtschaft, a.a.O., p. 1
94 Kosok Paul, The Role of Irrigation in Ancient Peru, in: 8th American Scientific Congress, Vol. 2, Washington 1940/42, p. 171
95 ibid., p. 172 und 177
96 ibid., p. 174 f.
97 Horkheimer Hans, Nahrung und Nahrungsgewinnung im vorspanischen Peru, Berlin 1960, p. 111 f.
98 Regal Alberto, Política Hidráulica del Imperio Incaico, in: Revista de la Universidad Católica del Perú, Bd. 13, Nr. 2 – 3, Lima 1945, p. 90, 94, 100 f.
99 Regal Alberto, Los Trabajos Hidráulicos del Inca en el Antiguo Perú, Lima 1970, p. 37 ff.

100 ibid., p. 36 f.
101 Regal Alberto, Política Hidráulica . . ., a. a. O., p. 83 – 99
102 Horkheimer Hans, Nahrung und Nahrungsgewinnung . . ., a. a. O., p. 114
103 Regal Alberto, Los Trabajos Hidráulicos . . . a. a. O., p. 23
104 Monumente Grosser Kulturen, Inka, dt. Ausgabe Luxemburg 1974, p. 55 ff.
105 Leicht Hermann, Indianische Kunst und Kultur, Zürich 1944, p. 264 f.
106 Horkheimer Hans, Nahrung und Nahrungsgewinnung . . ., a. a. O. p. 124
107 Cobo, P. Bernabé, Historia del Nuevo Mundo a. a. O., Libro II, Cap. XVII, p. 92 f.
108 Cieza de León Pedro, La Crónica del Perú, a. a. O., Cap. LXXIII, p. 422
109 Horkheimer Hans, Nahrung und Nahrungsgewinnung . . ., a. a. O., p. 121 f.
110 Rossel Castro Alberto, Arqueología Sur del Perú, Lima 1977, p. 170 – 174
111 ibid., p. 176 – 194
112 Regal Alberto, Política Hidráulica . . ., a. a. O., p. 103
113 Horkheimer Hans, Nahrung und Nahrungsgewinnung . . ., a. a. O., p. 122
114 Garcilaso de la Vega, el Inca, Comentarios Reales . . ., a. a. O., Libro V, Cap. XXIV
115 Horkheimer Hans, Nahrung und Nahrungsgewinnung . . ., a. a. O., p. 115 f.
116 Regal Alberto, Los Trabajos Hidráulicos . . ., a. a. O., p. 32
117 Horkheimer Hans, Nahrung und Nahrungsgewinnung . . ., a. a. O., p. 117
118 Soria Lenz Luis, La Ciencia Agrícola de los Antiguos Aymaráes, in: Boletín de la Sociedad Geográfica de la Paz, Jhg. 64, La Paz 1954 (zitiert in: Horkheimer H.: Nahrung und Nahrungsgewinnung . . ., a. a. O., p. 116)
119 ibid. p. 91
120 Romero Emilio, Biografía de los Andes, Lima 1971, (zitiert in: Waisbard, Simone: Machu Picchu, 1978, p. 143)
121 Regal Alberto, Los Trabajos Hidráulicos . . ., a. a. O., p. 24
122 Cobo P. Bernabé, Historia del Nuevo Mundo, a. a. O., Libro XIV, Cap. VIII
123 Valcarcel L. E., Machu Picchu, el más Famoso Monumento Arqueológico del Perú, Lima 1964 (zitiert in: Waisbard, S.: Machu Picchu, a. a. O., p. 143)
124 Cook O. F., Peru as a Center of Domestication, span. Übersetzung in: Revista del Museo Nacional, Lima 1937, p. 37 ff.
125 Waisbard Simone, Machu Picchu, Felsenfestung und Heilige Stadt der Inka, Bergisch Gladbach 1978, p. 143
126 Cook O. F., Peru as a Center . . ., a. a. O., p. 36
127 Horkheimer Hans, Nahrung und Nahrungsgewinnung . . ., a. a. O., p. 126
128 Avila Francisco de, Dämonen und Zauber im Inkareich, a. d. Ketschua, Leipzig 1939, p. 6 und 10
129 Trimborn Hermann, Probleme der andinen Bewässerungswirtschaft a. a. O., p. 10 f.

130 Avila Francisco de, Dämonen und Zauber . . ., a. a. O., p. 89
131 Trimborn Hermann, Probleme der andinen Bewässerungswirtschaft, a. a. O., p. 13
132 Mason J. Alden, Das alte Peru, a. a. O., p. 64 ff.
133 Engel Frederic, Geografía Humana Prehistórica y Agricultura Precolombina en la Quebrada de Chilca, Lima 1966, p. 35
134 Engel Frederic, Parácas, Cien Siglos de Cultura Peruana, Lima 1966, p. 87
135 Engel Frederic, Geografía Humana . . ., a. a. O., p. 43
136 Engel Frederic, Parácas . . ., a. a. O., p. 94
137 Mason J. Alden, Das alte Peru, a. a. O., p. 77 f.
138 Katz Friedrich, Vorkolumbische Kulturen, München 1969, p. 172 f.
139 ibid., p. 54
140 Mason J. Alden, Das alte Peru, a. a. O., p. 130
141 Ubbelohde-Doering Heinrich, Kulturen Alt-Perus, Tübingen 1966, p. 87 und 145 ff.
142 ibid., p. 149
143 Moseley Michael E., Principios de Organización Laboral Prehispanica en el Valle de Moche, in: Technología Andina, Lima 1978, p. 591 — 595
144 Uhle Max, Die Ruinen von Moche, in: Journal de la Société des Américanistes de Paris, Nouvelle Série, Tome X, 1913, p. 96, 99, 102
145 Hardoy Jorge E., Precolumbian Cities, London 1973, p. 308 ff.
146 ibid., p. 311 ff.
147 ibid., Einleitung p. XXI
148 Squier George, Peru . . ., a. a. O., p. 345
149 ibid., p. 348
150 Bollinger Armin, Die Inka, a. a. O., p. 49 f.
151 Hardoy Jorge E., Precolumbian Cities, a. a. O., p. 333 f.
152 Katz Friedrich, Vorkolumbische Kulturen, a. a. O., p. 207
153 Mason J. Alden, Das alte Peru, a. a. O., p. 153
154 Schaedel Richard P., Incipient Urbanization and Secularization in Tiahuanacoid Peru, in: American Antiquity, July 1965, p. 338 — 344
155 Hardoy Jorge E., Precolumbian Cities, a. a. O., p. 337
156 Cieza de León Pedro, La Crónica del Perú, a. a. O., Cap. CV
157 Katz Friedrich, Vorkolumbische Kulturen, a. a. O., p. 463
158 Uhle Max, Die Ruinen von Moche, a. a. O., p. 98
159 Squier George, Peru . . ., a. a. O., p. 182 f.
160 Hardoy Jorge E., Precolumbian Cities, a. a. O., p. 364 und 375
161 Monumente Grosser Kulturen, Inka, a. a. O., p. 86 f
162 Squier George, Peru . . ., a. a. O., p. 194 f.
163 Hardoy Jorge E., Precolumbian Cities, a. a. O., p. 368
164 Monumente Grosser Kulturen, Inka, a. a. O., p. 91 f

165 Squier George, Peru . . ., a. a. O., p. 186 f.
166 Hardoy Jorge E., Precolumbian Cities, a. a. O., p. 377 f.
167 Monumente Grosser Kulturen, Inka . . ., a. a. O., p. 93
168 Squier George, Peru . . ., a. a. O., p. 195
169 Kutscher Gerdt, Chimu, eine altindianische Hochkultur, Berlin 1950, p. 66
170 Squier George, Peru . . ., a. a. O., p. 195 f.
171 Hardoy Jorge E., Precolumbian Cities, a. a. O., p. 368 f.
172 ibid., p. 386 — 389
173 Monumente Grosser Kulturen, Inka, a. a. O., p. 96 — 101
174 Hardoy Jorge E., Precolumbian Cities, a. a. O., p. 389 f.
175 Prescott, William, Entdeckung und Eroberung von Peru, Baden (Schweiz) 1952, p. 256 f.
176 Cieza de León Pedro, La Crónica del Perú, a. a. O., Cap. XCII
177 Squier George, Peru . . ., a. a. O., p. 539 f.
178 ibid., p. 541 f.
179 Ubbelohde-Doering Heinrich, Kulturen Alt-Perus, a. a. O., p. 195 und 225 f.
180 Kubler George, Cuzco, La reconstruction de la ville et la restauration de ses monuments, UNESCO (Série Musées et Monuments, III), Paris 1953, Abbildungen 47, 49, 51, 52, 57, 58, 59
181 Hardoy Jorge E., Precolumbian Cities, a. a. O., p. 438
182 ibid., p. 443 f.
183 Cieza de León Pedro, Del Señorío de los Incas, a. a. O., Cap. XXVII, p. 92 f
184 Hardoy Jorge E., Precolumbian Cities, a. a. O., p. 446
185 Ruiz de Arce Juan, Advertencia de Juan Ruiz de Arce a sus Sucesores, in: Tres Testigos de la Conquista del Perú, Ed. Conde de Canileros, Madrid 1953, p. 102
186 Vicente de Valverde, Bischof von Cuzco, Brief an den König von Spanien (Karl V) vom 20. März 1539, zitiert in: Die Eroberung Perus in Augenzeugenberichten, hrsg. von Liselotte und Theodor Engl, München 1975, p. 231
187 Sancho de la Hoz Pedro, Relación de la Conquista del Perú (1534), zitiert in: Die Eroberung Perus in Augenzeugenberichten, a. a. O., p. 151 f.
188 de Mena Cristobal, zitiert in Liselotte und Theo Engl: Glanz und Untergang des Inkareiches, München 1967, p. 122 und 210
189 Engl. Liselotte und Theo (Hrsg.), Die Eroberung Perus in Augenzeugenberichten, München 1975, p. 205
190 Squier George, Peru . . ., a. a. O., p. 576
191 Monumente Grosser Kulturen, Inka, a. a. O., p. 136 ff.

192 Garcilaso de la Vega, el Inca, Comentarios Reales . . ., a. a. O., la Parte, Libro 7, Cap XXVII
193 Squier George, Peru . . ., a. a. O., p. 576 — 591
194 Prescott William, Entdeckung und Eroberung von Peru, a. a. O., p. 307 ff.
195 Squier George, Peru . . ., a. a. O., p. 623 f.
196 Pizarro Pedro, Descubrimiento y Conquista de los Reinos del Perú, Biblioteca de Autores Españoles, Bd. 168, Madrid 1965, p. 208 f.
197 Monumente Grosser Kulturen, Inka, a. a. O., p. 174
198 Ubbelohde-Doering Heinrich, Kulturen Alt-Perus, a. a. O., p. 249, 271, 274, 275
199 ibid., p. 250 f.
200 Deuel Leo, Kulturen vor Kolumbus, München 1975, p. 46
201 Bingham Hiram, Lost City of the Inca, New York 1948, p. 164
202 ibid., p. 163
203 ibid., p. 165
204 Waisbard Simone, Machu Picchu . . ., a. a. O., p. 50
205 Bingham Hiram, The Discovery of Machu Picchu, in: Harper's Magazine, April 1913, p. 709 ff.
206 Monumente Grosser Kulturen, Inka, a. a. O., p. 167 — 170
207 Waisbard Simone, Machu Picchu . . ., a. a. O., p. 144
208 ibid., p. 220 f.
209 ibid., p. 122, 125
210 ibid., p. 224
211 Velarde Hector, Arquitectura Peruana, México 1946, p. 11 f.
212 García Rosell, Cesar, Diccionario Arquelógico del Perú, Lima 1968, p. 400
213 Velarde Hector, Arquitectura Peruana, a. a. O., p. 13
214 García Rosell, Cesar, Diccionario . . ., a. a. O., p. 400
215 Middendorf E. W., Peru, Beobachtungen und Studien über das Land und seine Bewohner, Berlin 1893 — 1895, Bd. 3, p. 49 — 52
216 Velarde Hector, Arquitectura Peruana, a. a. O., p. 15 f.
217 ibid., p. 19 f. und 25 ff.
218 Monumente Grosser Kulturen, Inka, a. a. O., p. 80 — 82
219 Muelle Jorge C., Tecnología del Barro en el Perú Precolombino, in: Tecnología Andina, Lima 1978, p. 573
220 Velarde Hector, Arquitectura Peruana, a. a. O., p. 36 und 42
221 Muelle Jorge C., Tecnología del Barro . . ., a. a. O., p. 573 -- 576
222 Velarde Hector, Arquitectura Peruana, a. a. O., p. 36 und 42
223 Pardo Luis A., Maquetas Arquitectónicas del Antiguo Perú, in: Revista del Instituto Arqueológico del Cuzco, I/1, Cuzco 1936, p. 6 — 17

224 de Mena Cristobal, (El Anónimo Sevillano de 1534), La Conquista del Perú llamada la Nueva Castilla, in: L. und Th. Engl, Die Eroberung Perus in Augenzeugenberichten, a. a. O., p. 85
225 Garcilaso del la Vega, el Inca, Comentarios Reales . . ., a. a. O., la Parte, Libro II, Cap. XXVI
226 Donnan Cristopher B., An Ancient Peruvian Architectural Model, in: The Masterkey, Vol. 49, Nr. 1, Los Angeles 1975, p. 20 – 29
227 Cobo P. Bernabé, Historia del Nuevo Mundo, a. a. O., Libro XIV, Cap. III
228 Arquiñibra Prudencio, Wasi Pirqay (Der Bau eines Hauses), in: Tecnología Andina, a. a. O., p. 601 ff.
229 Squier George, Peru . . ., a. a. O., p. 562 f. und 646
230 Cobo, P. Bernabé, Historia del Nuevo Mundo, a. a. O., Libro XIV, Cap XII
231 Squier George, Peru . . ., a. a. O., p. 490 ff.
232 ibid., p. 519 ff.
233 Outwater J. Ogden jun., Edificación de la Fortaleza de Ollantaytambo, in: Technología Andina, a. a. O., p. 582 und 584
234 Squier George, Peru, a. a. O., p. 520 f.
235 Outwater J. Ogden jun., Edificación . . ., a. a. O., p. 583
236 ibid., p. 584
237 Squier George, Peru . . ., a. a. O., p. 519
238 Outwater, J. Ogden jun., Edificación . . ., a. a. O., p. 585 f. und 586 (Anm. 7)
239 Garcilaso de la Vega, Comentarios Reales . . ., a. a. O., Libro VII, Cap. XXVII
240 Acosta P. José de, Historia Natural y Moral de las Indias a. a. O., Libro VI, Cap. XIV
241 Cobo P. Bernabé, Historia del Nuevo Mundo, a. a. O., Libro XIV, Cap. XII
242 Kubler George, The Art and Architecture of Ancient America, London 1962, p. 315
243 Middendorf E. W., Peru . . ., a. a. O., Bd. 3, p. 478
244 Mason, J. Alden, Das alte Peru, a. a. O., p. 266
245 Outwater J. Ogden jun., Edificación . . ., a. a. O., p. 588 f.
246 Velarde Hector, Arquitectura Peruana, a. a. O., p. 59 f.
247 zitiert in Squier, Peru . . ., a. a. O., p. 1
248 Prescott William, Entdeckung und Eroberung von Peru, a. a. O., p. 228

Literaturverzeichnis

Acosta José de, Historia Natural y Moral de las Indias, Biblioteca de Autores Españoles, Bd. 73, Madrid 1954
Alba Victor, Peru, Boulder, Colorado, USA 1977
Anónimus (El Anónimo Sevillano de 1534), Las Relaciones Primitivas de la Conquista del Perú, Ed. Paul Porras Barrenechéa, Paris 1937
Arquiñibra Prudencio, Wasi Pirqay (Der Bau eines Hauses), in: Tecnología Andina, Lima 1978
Avila Francisco de, Dämonen und Zauber im Inkareich., a.d. Ketschua, Leipzig 1939

Baudin Louis, Der sozialistische Staat der Inka, a.d. Franz.,, von J. Niederehe, Hamburg 1956
Baudin Louis, So lebten die Inkas vor dem Untergang des Reiches, a.d. Franz., Stuttgart 1955
Bennett Wendell C., Excavations at Tiahuanaco, in: Anthropological Papers, American Museum of Natural History, Vol. 34, Part 3, New York 1934
Bennett Wendell C., Excavations in Bolivia, in: Anthropological Papers, American Museum of Natural History, Vol. 35, Part 4, New York 1936
Bennett Wendell C., Chavín, Stone Carving, in: Yale Anthropological Studies, Bd. 3, New Haven 1942
Bennett Wendell C., The Archaelogy of the Central Andes, in: Handbook of South American Indians, Ed. Sol Tax, Washington 1946
Bennett Wendell C. und Bird Junius B., Andean Culture History, New York 1949
Bingham Hiram, The Discovery of Machu Picchu, in: Harper's Magazine, April 1913
Bingham Hiram, Machu Picchu: a Citadel of the Incas, New Haven, Yale UP 1930
Bingham Hiram, Lost City of the Inca, New York 1948
Bollinger Armin, Spielball der Mächtigen, Geschichte Lateinamerikas, Stuttgart 1974
Bollinger Armin, Die Inka, Lausanne 1977
Bonavía Dulcio, Nucleos de población en la ceja de selva de Ayacucho, Perú, in: El proceso de urbanización en América desde sus orígenes hasta nuestros días, Ed. J. E. Hardoy und R. P. Schaedel, Buenos Aires 1969
Brown C. B., On Stone Implements from North-West Peru, in: Man, Bd. 26, London 1926, p. 97 — 101
Bushnell, G. H. S., Peru, Von den Frühkulturen zum Kaiserreich, Köln 1958

Calancha Fray Antonio de la, Crónica Moralizadora del Orden de San Augustin en el Perú, Biblioteca de Cultura Peruana, Nr. 4, la Serie, Paris 1938

Calvete de Estrella Juan Cristobal, Vida de Don Pedro Gasca, Biblioteca de Autores Españoles, Bde. 167/168, Madrid 1964/65

Carrión Cachot Rebeca, El Culto al Agua en el Antiguo Perú, in: Revista del Museo Nacional de Antropología y Arqueología, Bd. 2, Nr. 2, Lima 1955, p. 50 — 140

Cartwright Brundage Burr, Lords of Cuzco. A History and Description of the Inca People in their Final Days, Oklahoma UP 1967

Chávez Ballón M., El Templo del Sol a Coricancha, in: Revista del Instituto Americano de Arte, Cuzco 1952

Cieza de León Pedro, Auf den Königsstrassen der Inkas, a.d. Amerik. von K.H. Kosmehl nach der 1959 bei der Oklahoma UP erschienenen Ausgabe "The Incas", die Victor W. von Hagen nach der Originalausgabe der "Crónicas del Perú" herausgegeben hat, Stuttgart 1971

Cieza de León Pedro, La Crónica del Perú, Bogotá 1971

Cieza de León Pedro, El Señorío de los Incas, Segunda Parte de la Crónica del Perú, Instituto de Estudios Peruanos, Lima 1967

Cobo Padre Bernabé, Historia del Nuevo Mundo, Biblioteca de Autores Españoles, Bde. 91/92, Madrid 1964

Cunow Heinrich, Die soziale Verfassung des Inkareiches, Stuttgart 1896

Danzel Theodor, Handbuch der präkolumbischen Kulturen in Lateinamerika, Hamburg 1937

Day Kent C., Walk-In Wells and Water Mangement at Chan-Chan, Peru, in: Papers presented at the XXXIX International Congress of Americanists, Lima 1970

Deuel Leo, Kulturen vor Kolumbus, München 1975

Disselhoff Hans-Dietrich, Die Altamerikanischen Kulturen, in: Saeculum, Bd. 1, Jhg. 1950, p. 137 ff., München 1950

Disselhoff Hans-Dietrich, Tahuantinsuyu — Das Reich der Inka, in: Saeculum, Bd. 2, Jhg. 1951, p. 76 — 113, München 1951

Disselhoff Hans-Dietrich, Geschichte der altamerikanischen Kulturen, München 1967

Disselhoff Hans-Dietrich, Oasenstädte und Zaubersteine im Lande der Inka, Archäologische Forschungsreisen in Peru, Berlin 1968

Disselhoff Hans-Dietrich, Das Imperium der Inkas und die indianischen Frühkulturen der Andenländer, Berlin 1972

Disselhoff Hans-Dietrich, Die Erben des Inkareiches und die Indianer der Wälder, Berlin 1974

Donnan Cristopher B., An Ancient Peruvian Architectural Model, in: Masterkey, Vol. 49, Nr. 1, Los Angeles 1975

Eisleb Dieter, Altperuanische Kulturen, Berlin 1975
Engel Frederic, Early Sites on the Peruvian Coast, in: Southwestern Journal of Anthropology, XII/1, Albuquerque 1967, p. 54 – 68
Engel Frederic, Parácas, Cien Siglos de Cultura Peruana, Lima 1966
Engel Frederic, Geografía Humana Prehistórica y Agricultura Peruana en la Quebrada de Chilca, Lima 1966
Engel Frederic, New Facts about Pre-Columbian Life in the Andean Lomas, in: Current Anthropology, 1974, p. 271 ff.
Engl Liselotte und Theo, Glanz und Untergang des Inkareiches, München 1967
Engl Liselotte und Theo, (Hrsg.), Die Eroberung Perus in Augenzeugenberichten, München 1975
Espinoza Campos Diego de, Los Indios del Repartimiento de Ichochuánuco contra los Indios Pachas, sobre el Servicio y Mitas del Puente de Río Huánuco (9 de Febrero 1592), in: Historia y Cultura, Vol. 1, Nr. 1, p. 65 ff. Ed R. Mellafe, Lima 1965
Estete Miguel de, Noticia del Perú, Biblioteca de Cultura Peruana, Nr. 2, Paris 1938
Estete Miguel de, La relación del viaje que hizo el Sr. Capitán Hernando Pizarro por ordenes del Gobernador su hermano deste el pueblo de Cajamarca, y allí a Jauja, enero a marzo 1533, Lima 1917

Fejos P., Archaeological Explorations in the Cordillera Vilcabama, South Eastern Peru, in: Viking Fund Publications in Anthropology, Nr. 3, New York 1944
Fernández Diego, Historia del Perú (1571), Biblioteca de Autores Españoles, Bde. 164/165, Madrid 1963
Flornoy Bertrand, Rätselhaftes Inkareich; die Geschichte des grossen Indianervolkes, a.d. Franz., 1965
Friederici Georg, Der Charakter der Entdeckung und Eroberung Amerikas durch die Europäer, Osnabrück 1969 (Neudruck der Ausgabe von 1925 – 36)

García Rosell Cesar, Diccionario Arqueológico del Perú, Lima 1968
Garcjlaso de la Vega, el Inca, Comentarios Reales de los Incas, Biblioteca de Autores Españoles, Bde. 133 – 135, Madrid 1960 – 65
Gibson Charles, The Inca Concept of Sovereignty and the Spanish Administration in Peru, Texas UP. 1948 (Reprint Greenwood Press, New York 1969)
Giesecke Alberto, Las Ruinas de Paramonga, in: Boletín de las Sociedades Geográficas de Lima, LVI, 1. Trim., Lima 1939
Guaman Poma de Ayala Felipe, Nueva Crónica y Buen Gobierno, Institut d'Ethnologie, Paris 1936 (Faksimile-Ausgabe)

Gutiérrez de Santa Clara Pedro, Historia de las Guerras Civiles del Perú (1544 – 48), Biblioteca de Autores Españoles, Bde. 166 – 168, Madrid 1963/64

von Hagen Victor W., (Hrsg.), Heeresstrassen des Sonnengottes, Wien 1957
von Hagen Victor W., Sonnenkönigreiche, Stuttgart 1962
von Hagen Victor,W., Capac Ñan, Die Schicksalsstrasse der Inka, Hamburg 1978
Hardoy Jorge E., Precolumbian Cities, London 1973
Harth Terré Emilio, Incahuasi, Ruinas Incáicas del Valle de Lunahuaná, in: Revista del Museo Nacional, Bd. 2, Nr. 2, Lima 1933, p. 99 – 125
Harth Terré Emilio, Fundaciones Urbanas en el Perú, in: Congreso de Historiadores Españoles, Madrid 1959
Heming John, The Conquest of the Incas, London 1971
Herrera R. L., El Cuzco Precolombiano, in: Revista Universitario de Cuzco, 1929
Hewett E. L., Ancient Andean Life, New York 1939
Holstein Otto, Chan-Chan: Capital of the Great Chimú, in: Geographical Review, XVII-1, p. 136 – 161, New York 1927
Horkheimer Hans, El Perú Prehispánico, Intento de un Manual, Lima 1950
Horkheimer Hans, Nahrung und Nahrungsgewinnung im vorspanischen Peru, Berlin 1960
Horkheimer Hans, La Cultura Mochica, Lima 1961
Horkheimer Hans und Kauffmann D. F., La Cultura Incáica, Lima 1965
Humboldt Alexander von, Cuadros de la Naturaleza (1808), Trad. de Bernardo Gier, Madrid 1876
Humboldt Alexander von, Südamerikanische Reise, Berlin 1975

Ibarra Grasso Dick Edgar, La Verdadera Historia de los Incas, La Paz/Cochabamba 1969
Imbelloni I., Pachacuti IX (El Incario Crítico), Buenos Aires 1946

Jerez Francisco de, Verdadera Relación de la Conquista del Perú y Provincia del Cuzco, Biblioteca de Autores Españoles, Bd. 26, Madrid 1947
Jijon y Caamaño Jacinto, Origenes del Cuzco, in: Revista del Museo e Instituto Arqueológico, XVIII, Cuzco 1959
Joyce T. A., South American Archaeology, Boston 1912

Karsten R., Das altperuanische Inkareich und seine Kultur, Leipzig 1949
Katz Friedrich, Vorkolumbianische Kulturen, München 1969
Kauffmann D. F., History and Culture of the Incas, Lima 1962
Kauffmann D. F., La Cultura Chavín, Lima 1963
Kidder Alfred, Speculations on Andean Origins, in: 8th American Scientific Congress, Vol. II, Washington 1942

Kinzi H., Die Dünen in der Küstenlandschaft von Peru, in: Mitteilungen der Geographischen Gesellschaft in Wien, Bd. 100, Heft I/II, 1958
Kosok Paul, The Role of Irrigation in Ancient Peru, in: 8th American Scientific Congress, Vol. 2, Washington 1940/42
Kosok Paul, Life Land and Water in Ancient Peru, New York 1965
Kubler George, Cuzco, La reconstruction de la ville et la restauration de ses monuments, UNESCO, Paris 1953 (Série Musées et Monuments, III)
Kubler George, The Art and Architecture of Ancient America, London 1962
Kutscher Gerdt, Chimú — Eine altindianische Hochkultur, Berlin 1950
Kutscher Gerdt, Nordperuanische Keramik; figürlich verzierte Gefässe der Früh-Chimú, Berlin 1965

Lara Jesús, El Tawantinsuyu, La Paz, 1974
Larco Hoyle Rafael, Peru, a.d. Span., Genf 1966
Larco Hoyle Rafael, Los Mochicas, Lima 1938/39, 2 Bde.
Larco Hoyle Rafael, Cronología Arqueológica del Norte del Perú, Buenos Aires 1946
Latcham R. E., La Existencia de la Propiedad en el Antiguo Imperio de los Incas, Santiago 1923
Leicht Hermann, Indianische Kunst und Kultur, Zürich 1944
Llamos Luis A., Ollantaitampu, in: Revista del Museo Nacional, V-2, Lima 1936

Markham Clemens R., A History of Peru, Chicago 1892
Markham Clemens R., The Incas of Peru, London 1910
Mason J. Alden, Das alte Peru, a.d. Engl., Essen 1975
Means Ph. A., Culture Sequence in the Andean Area, in: International Congress of Americanists, XIX, Washington 1917, p. 236 — 252
Means Ph. A., Ancient Civilizations of the Andes, New York 1931
Métraux A., Les Incas, Paris 1962
Middendorf E. W., Peru, Beobachtungen und Studien über das Land und seine Bewohner, 3 Bde., Berlin 1893 — 1895
Miró Quesada Luis, Chan-Chan, Estudio de Habilitación Urbanistica, Report presented to the "Organización Nacional de Planificación y Urbanismo", Lima 1957
Monumente Grosser Kulturen, Inka, Deutsche Ausgabe, Luxemburg 1974
Moore Sally Falk, Power and Property in Inca Peru, New York, reprinted 1973
Morris Craig und Thompson Donald E., Huánuco Viejo: An Inca Administrative Center, in: American Antiquity, XXXV-3, 1970, p. 344 — 362
Moseley Michael E., Principios de Organización Laboral Prehispánica en el Valle de Moche, in: Tecnología Andina, Lima 1978

Muelle Jorge C., Tecnología del Barro en el Perú Precolombino, in: Tecnología Andina, Lima 1978

Nordenskiold Baron E., Ethnologische und archäologische Forschungen im Grenzgebiet zwischen Peru und Bolivien, in: Zeitschrift für Ethnologie, XXXVIII, Berlin 1906, p. 80 – 99

Outwater J. Ogden jun., Edificación de la Fortaleza de Ollantaytambo, in: Tecnología Andina, Lima 1978

Palomino Flores Salvador, Un Puente Colgante Inka en la Comunidad de Sarhua, Perú, in: Atti del XL Congresso Internazionale degli Americanisti, Roma/Genova, 1972, Vol. II, p. 515 ff.
Pardo Luis, Maquetas Arquitectónicas en el Antiguo Perú, in: Revista del Instituto Arqueológico del Cuzco, I/1, p. 6 – 17, Cuzco 1936
Pardo Luis, Ruinas Precolombinas del Cuzco, Cuzco 1937
Parsons Jeffrey R., The Archaeological Significance of Mahamaes Cultivation on the Coast of Peru, in: American Antiquity, XXXIII/1, p. 80 – 85, 1968
Pezzia A., La Cultura Nazca, Lima 1962
Pizzaro Hernando, Carta a los Oidores de la Audiencia de Santo Domingo, in: Tres Testigos de la Conquista del Perú, Ed. Conde de Canileros, Madrid 1953
Pizarro Pedro, Descubrimiento y Conquista de los Reinos del Perú, Biblioteca de Autores Españoles, Bd. 168, Madrid 1965
Polo de Ondegardo Juan, Relación de los Fundamentos acerca del Notable Daño que resulta de no guardar a los Indios sus Fueros (1571), Madrid 1872, übersetzt von C. R. Markham unter dem Titel "Report by Polo de Ondegardo", erschienen bei Hayklut Society, London 1873
Ponce Sanginés Carlos, La Ciudad de Tiwanaku, in: Arte y Arqueología, I, p. 5 – 32, La Paz 1969
Posnansky Arthur, Una Metrópoli Prehistórica en la América del Sur, Berlin 1914
Prescott William, Entdeckung und Eroberung von Peru, Baden (Schweiz) 1951 engl. Original: History of the Conquest of Peru, Boston 1847
Queen Stuart und Carpenter David, The American City, New York 1953
Quelle O., Die künstliche Bewässerung in Südamerika, in: Ibero-Amerikanisches Archiv, Jhg. V, April 1931, Berlin

Redfield Robert und Singer Milton, The Cultural Role of Cities, in: Economic Development and Cultural Change, III, 1954

Regal Alberto, Los Caminos del Inca en el Antiguo Perú, Lima 1936
Regal Alberto, Política Hidráulica del Imperio Incaico, in: Revista de la Universidad Católica del Perú, Bd. 13, Nr. 2 — 3, Lima 1945
Regal Alberto, Los Trabajos Hidráulicos del Inca en el Antiguo Perú, Lima 1970
Regal Alberto, Los Puentes del Inca en el Antiguo Perú, Lima 1972
Robertson Donald, Precolumbian Architecture, New York 1963
Romero Emilio, Biografía de los Andes, Lima 1971
Rossel Castro, Alberto, Arqueología Sur del Perú, Lima 1977
Rowe John H., An Introduction to the Archaeology of Cuzco, in: Papers of the Peabody Museum of American Archaeology and Ethnology, Harvard University, Vol. XXVII, Nr. 2, 1944
Rowe, John H., Inca Culture at the Time of the Spanish Conquest, in: Handbook of South American Indians, Vol. II, Washington 1946
Rowe John H., The Kingdom of Chimor, in: Acta Americana, 6, 1948
Rowe John H., Urban Settlements in Ancient Peru, in: Naupa Pacha, Berkeley, 1963, Bd. 1, p. 1 — 27
Rowe John H., What Kind of Settlement was Inca Cuzco? in: Naupa Pacha, Berkeley, 1967, Bd. 5, p. 59 — 77
Rowe John H., The Sunken Gardens of the Peruvian Coast, in: American Antiquity, XXXIV/3, p. 320 — 325, 1969
Ruiz de Arce Juan, Advertencia de Juan Ruiz de Arce a sus Sucesores, in: Tres Testigos de la Conquista del Peru, Ed. Conde de Canileros, Madrid 1953

Sancho de la Hoz Pedro, Relación de la Conquista del Perú, Madrid 1962
Sancho de la Hoz Pedro, Relación para S. M. de lo sucedido en la Conquista y Pacificación de estas Provincias de la Nueva Castilla etc. Jauja, Julio 15, 1534, Lima 1917
Schaedel Richard P., Major Ceremonial and Population Centers in Northern Peru, in: The Civilizations of Ancient America; Selected Papers of the XXIX Interantional Congress of Americanists, Vol. I, Chicago 1951
Schaedel Richard P., Incipient Urbanization and Secularization in Tiahuanacoid Peru, in: American Antiquity, July 1965
Schaedel Richard P., u.a. (Hrsg.), Urbanization in the Americas from the Beginnings to the Present, The Hague und Paris 1978
Schaedel Richard P., Monolithic Sculpture of the Southern Andes, in: Archaeology, Bd. I, p. 66 — 73
Seler Eduard, Peruanische Altertümer, Berlin 1893
Squier George, Peru, Incidents of Travel and Exploration in the Lands of the Incas, London 1877, dt. Übersetzung: Peru, Reise- und Forschungserlebnisse in dem Lande der Incas, übersetzt von J.H. Schmick, Leipzig 1883

Steffen Max, Die Landwirtschaft bei den altamerikanischen Kulturvölkern, Leipzig 1883
Stübel A. und Uhle Max, Die Ruinenstätte von Tiahunaco im Hochland des alten Peru, Berlin 1892
Tello Julio C., Introducción a la Historia Antigua del Perú, Lima 1921
Tello Julio C., La Civilización de los Incas, in: Letras, Nr. 6, p. 5 — 37, Lima 1937
Tello Julio C., Chavín, Cultura Matriz de la Civilización Andina, Lima 1961
Thompson Donald E. und Murra John V., The Inca Bridges in the Huánuco Region, in: American Antiquity, July 1965, Vol. 31, Nr. 1
Trimborn Hermann, Der Kollektivismus der Inka in Peru, in: Anthropos, Bd. XVIII/XIX, 1923/24
Trimborn Hermann, Das Alte Amerika, Stuttgart 1959
Trimborn Hermann, Die indianischen Hochkulturen des Alten Amerika, Berlin 1963
Trimborn Hermann, Probleme der andinen Bewässerungswirtschaft, in: Jahrbuch für Geschichte von Staat, Wirtschaft und Gesellschaft Lateinamerikas, Köln/Graz, Bd. 4, 1967
Troll Carl, Die geographischen Grundlagen der andinen Kulturen und des Incareiches, in: Ibero-Amerikanisches Archiv, April, Berlin 1931
Troll Carl, Die Stellung der Indianer-Hochkulturen im Landschaftsaufbau der tropischen Anden, in: Zeitschrift der Gesellschaft für Erdkunde zu Berlin, Dezember 1943
Tschudi Johann Jakob von, Peru, Reiseskizzen aus den Jahren 1838 — 1842, Graz 1963, Nachdruck der Ausgabe St. Gallen 1846, span. Übersetzung: Testimonio del Perú 1838 — 1842, Lima 1966

Ubbelohde-Doering Heinrich, Auf den Königsstrassen der Inka, Reisen und Forschungen in Peru, Berlin 1941
Ubbelohde-Doering Heinrich, Kulturen Alt-Perus, Tübingen 1966
Uhle Max, Kultur und Industrie der südamerikanischen Völker, 2 Bde., Berlin 1889 — 1890
Uhle Max, Zur Deutung der Intihuatana, in: Internationaler Amerikanistenkongress, 16. Sitzung, Wien 1908
Uhle Max, Die Ruinen von Moche, in: Journal de la Société des Américanistes de Paris, Nouvelle Série, Tome X, 1913
Uhle Max, Fortalezas Incáicas, in: Revista Chilena de Historia y Geografía, Santiago de Chile, 1917
Uhle Max, Die alten Kulturen Perus im Hinblick auf die Archäologie und Geschichte des amerikanischen Kontinents, Berlin 1935

Uhle Max, Wesen und Ordnung der altperuanischen Kulturen, a.d. Nachlass hrsg. von G. Kutscher, Berlin 1959
Ulloa Juan Jorge y Antonio de, Relación Histórica del Viaje a la América Meridional, Madrid 1748
Urtega H. H., El Antiguo Perú a la Luz de la Arqueología y de la Crítica, in: Revista Histórica, IV, Lima 1909
Urtega H. H., El Imperio Incáico, En el que se incluye la historia del allyo y familia de los Incas, Lima 1931

Valcárcel L. E., El Cuzco Precolumbino, in: Revista Universitaria del Cuzco, Nr. 44, 1924
Valcárcel L. E., Sacsahuamán Redescubierto, in: Revista del Museo Nacional, 3, Lima 1934
Valcárcel L. E., Machu Picchu, el más Famoso Monumento Arqueológico del Perú, Lima 1964
Valera Blas, Las Costumbres Antiguas del Perú y la Historia de los Incas, Lima 1945
Velarde Hector, Arquitectura Peruana, México 1946

Waisbard Simone, Les pistes de Nazca, Paris 1977
Waisbard Simone, Machu Picchu, Felsenfestung und Heilige Stadt der Inka, Bergisch Gladbach 1978, (a.d. Franz.)
Willey Gordon R., Peruvian Settlement and Socio-Economic Patterns, in: The Civilizations of Ancient America; Selected Papers of the XXIX International Congress of Americanists, Chicago 1951
Willey Gordon R., Prehistoric Settlement Patterns in the New World, New York 1956

Erklärungen zu den Abbildungen im Text

Die mit * versehenen Zeichnungen stammen aus dem Werk "Nueva Crónica y Buen Gobierno", das Felipe Guamán Poma de Ayala zwischen 1587 und 1615 verfasste. Der indianische Chronist befragte nicht nur seine Landsleute über die Geschichte des Inkareiches, er füllte die Chronik auch mit zahlreichen Zeichnungen aus seiner eigenen Hand. Es sind die einzigen erhaltenen Bilddokumente aus jener Zeit. Sie geben uns Informationen über Sitten und Gebräuche, Kleidungen, Geräte und Einrichtungen, die über das gesprochene Wort hinausgehen. Das Inkareich, die Conquistazeit und die frühe Kolonialepoche erscheinen in den naiven Zeichnungen in sehr anschaulicher Weise. Erst im Jahre 1908 wurden diese Illustrationen samt dem zugehörigen Text in der Königlichen Bibliothek von Kopenhagen entdeckt. Unsere Abbildungen stammen aus der Faksimile-Ausgabe, die 1936 vom Institut d'Ethnologie in Paris editiert wurde.

Seite 9*

Die Reichsstrassen dienten vor allem militärischen Zwecken.
Der Inka lässt sich auf den Kampfplatz tragen.

"... der Inka (Huayna Capac) kämpft von der Sänfte aus ... und wirft mit seiner Schleuder Geschosse aus feinem Gold auf die feindlichen Fürsten ... Er erobert die Provinz Quito ..." (Poma de Ayala).

Seite 12*

In den Kriegen der Indios spielten die Festungen eine wichtige Rolle

In den zahlreichen Kriegen und Stammesfehden der indianischen Völker von "Grossperu" spielten — bereits lange vor der Inka-Herrschaft — Festungsbauten eine grosse Rolle. Gewöhnlich wurden die Mauern dieser Festungswerke aus zyklopischen Steinen errichtet.

Seite 22*

Capac Nan, der oberste Königliche Strassenmeister mit einem Aufseher der Provinzstrassen

Der oberste Königliche Strassenmeister war ein sehr hoher Beamter des Reiches. Die einzelnen Strassenstrecken in den Provinzen unterstanden den Provinz-Gouverneuren, welche auch die Rasthäuser längs der Königsstrasse zu beaufsichtigen hatten.

Seite 34*

Chasqui — der junge Meldeläufer

Chasqui wurde der Jüngling genannt, welcher eine Botschaft von einer Station zur andern überbringen musste. Entlang aller Königsstrassen befanden sich kleine Unterkunftsräume, in denen sich die Chasqui befanden, um den ankommenden Läufern entgegenzueilen und die Botschaft weiterzugeben. Die Meldeläufer waren an ihren weissen Federn erkennbar, die sie an einem Stirnband trugen. Manche Läufer führten auch eine Art Trompete mit sich, um ihre Ankunft dem nächsten Posten bekannt zu geben. Dieses Läufersystem erlaubte es der Inkaverwaltung, Meldungen und Befehle in unglaublich kurzer Zeit über das ganze Reich zu befördern.

Seite 37*

Der oberste Brückenaufseher, genannt Chaca Suyuyoc

Den Brückenübergängen als den "schwächsten Stellen" des ganzen Strassennetzes kam im Inkareich eine besondere Bedeutung zu. Für Verwaltungstätigkeit, militärische Sicherung und Eroberungszüge war es lebenswichtig, dass an keiner Stelle Unterbrechungen möglich waren. Der oberste Verwalter — Chaca Suyuyoc — war für die ungehinderte Benützung aller Brücken verantwortlich. Vollamtliche Brückenmeister (Chacacamayoc) überwachten an Ort und Stelle den Zustand der einzelnen Flussübergänge. Sie verfügten über Ersatzmaterialien und konnten mit Hilfe der ortsansässigen Dienstverpflichteten auch kleinere Reparaturen ausführen. Der Neubau einer Brücke wurde durch die zentrale Inkaverwaltung angeordnet.

Seite 42

Hängebrücke, Zeichnung von Humboldt

Die Brücken, welche in der Inkazeit aus leicht verderblichem Material (Holz, Schilf, Hartgras, Bast, etc.) hergestellt worden waren, hinterliessen naturgemäss keinerlei Relikte. Unsere Darstellungen beschränken sich deshalb auf spätere Beschreibungen vom Bau derartiger Brücken, die in gleicher Weise — z.T. bis in die Gegenwart hinein — in einzelnen Gebieten von "Grossperu" errichtet wurden.
    Die dargestellte, aus Agavenfasern und Holzstämmen zusammengebundene Hängebrücke führte über den Río Chambo in Ecuador. Sie besass eine Länge von 40 m und eine Breite von 2 m. Alexander von Humboldt, der im Jahre 1802 die Original-Zeichnung anfertigte, bemerkte noch, dass die Agavenseile einen Durchmesser von 8 — 10 cm besassen.

Seite 43

Brücke von Ollantaytambo. Zeichnung von Ch. Wiener, 1880

Die natürlichen Hilfsmittel wie etwa Felsblöcke, Felseninseln etc., die sich im Flusse befanden, wurden manchmal beim Bau der Brücken verwendet. Oft gaben sicherlich solche Möglichkeiten den Ausschlag, an der betreffenden Stelle eines Wasserlaufs eine Überquerung zu errichten. Charles Wiener notierte zu seiner Zeichnung einer Hängebrücke aus Agavenfasern bei Ollantaytambo (aus dem Jahre 1880): "Die Breite des Flusses ist so beträchtlich, dass die dicken Seile in der Mitte abgestützt werden mussten. Dies geschah mittels eines (auf einer Insel) errichteten Stützblockes von 15 m Länge, 12 m Breite und 9,5 m Höhe . . . Der (Urubamba-) Fluss besitzt eine solch starke Strömung, dass die Indios die Wucht des Wassers durch das Aufstellen von drei gewaltigen Granitfelsen vermindern mussten. Dank dieser meisterhaften Einrichtung wird das Wasser des Flusses bereits in einer grossen Distanz in zwei Teile geteilt, welche auf beiden Seiten des Stützwerkes durchfliessen.

Seite 46

Schwimmende Brücke über den Desaguadero

Falls bei breiten Wasserläufen die Strömung nicht allzu stark war, wurden zur Überquerung auch eine Art von Ponton-Brücken errichtet. Der Chronist

Garcilaso de la Vega berichtet, dass am Ausfluss des Desaguadero aus dem Titicaca-See eine solche Brücke aus riesigen Bündeln von Binsen, die mit Seilen vertäut waren, bestanden hatte. Im Jahre 1864 fand der amerikanische Forscher George Squier bei Nasacara (ca. 80 km flussabwärts von dem durch Garcilaso beschriebenen Flussübergang) eine Pontonbrücke vor. "...Sie besteht aus Booten von getrocknetem Rohr, das in grosse Bündel zusammengebunden ist. Diese Bündel sind an beiden Enden wie Kanus zugespitzt, die Enden sind stark nach aufwärts gebogen. Alle Rohrbündel hat man vermittels Tauen aus geflochtenem Rohr nebeneinander festgebunden und das Ganze dann an zwei festen Türmen an jedem Ufer verankert. Die Gangbahn besteht gleichfalls aus Rohr, welches über die Flösse hingelegt ist...An der Stelle, wo die Brücke den Desaguadero kreuzt, ist der Fluss 45 m breit und 9 m tief, mit starker aber gleichmässiger Strömung...". Die beiden Türme an den Enden der Pontonbrücke wurden sicherlich erst in der Kolonialzeit errichtet, da aus früheren Zeiten keine Nachrichten über solche Konstruktionen vorhanden sind.

Seite 89

Vasenbild eines Chimú-Hauses

Die Wände dieser Behausung bestehen aus rohen Steinen oder Adobe-Ziegeln. Im vordern Teil befindet sich eine Veranda, das Strohdach ruht auf krummen Pfählen. In mythischer Darstellung erscheint eine Schlange als Dachträger, auf dem Dach selbst befinden sich drei Füchse. Im Innern des Hauses sitzt auf einer kleinen Erhöhung des Bodens ein Fürst, dessen Haupt ein kunstvoll verzierter Helm mit einem Federbusch schmückt. Er hält einen Pokal in der Hand, um daraus Chicha zu trinken. Dem Fürsten nähert sich ein behelmter Krieger, dessen kleine Gestalt schon anzeigt, wie unbedeutend er ist. Der Mann hält sein Schwert oder eine andere Waffe vor sich, um der hohen Persönlichkeit seinen Gruss darzubringen.

Seite 96

Nische in Terrassenmauer ob Cuzco

Die Trapezform hatte sich wahrscheinlich aus dem Bau der Eingangstüren entwickelt. Der Türsturz wurde nämlich ursprünglich aus einer einzigen Steinplatte gebildet, deren Breite beschränkt war. Um den Eingang aber möglichst breit anzulegen, wurden die seitlichen Türwände nach unten hin schräg auseinandergezogen, was die Trapezform ergab. Die gleiche Form verwendete man später als architektonisches Element. Trapezförmige Nischen sowie Türen in Form von Trapezen wurden zum eigentlichen Leitmotiv der Inka-Architektur.

Seite 108

Eckbastion von Sacsahuamán

George Squier bezeichnete das Mauerwerk von Sacsahuamán als grossartigstes Beispiel des Zyklopenstils in Indo-Amerika. "... Die äusserste Verteidigungslinie wird von der massivsten Mauer gebildet. Jede vorspringende Ecke besteht aus einem ungeheuren Steinblock, der in einigen Fällen bis an die obere Terrassenfläche hinaufreicht, gewöhnlich aber einige andere grosse Steine trägt, die seine Grösse jedoch nicht erreichen ... Alle Blöcke sind nach aussen ein wenig geglättet und an den Fugen scharf behauen sowie gegen die anstossenden Flächen abgeschrägt...".

Seite 110/111

Grundriss der Nordmauer der Festung Sacsahuamán

Die Schutzwehren der Festung von Sacsahuamán bestanden aus drei Linien von ausserordentlich starken Mauern, von denen jede eine Terrasse mit Brustwehr trug. Die Wälle verliefen fast parallel und hatten entsprechende aus- und einspringende Winkel. Auf einer Länge von 540 m erreichten die drei Sperrmauern eine gesamte Höhe bis zu 18 m.

Seite 121*

Zwei Sonnenjungfrauen (Acllas) werden den Spaniern als Beute überlassen

Neben den besonders geschätzten Gütern — den "Tränen der Sonne und des Mondes" (d.h. dem Golde und dem Silber), waren es die Sonnenjungfrauen, Acllas genannt, welche die höchste Wertschätzung der Inka genossen. Es handelte sich um aussergewöhnlich schöne Mädchen, die aus den vornehmsten Familien stammten. Die "Sonnenbräute" lebten in klosterähnlichen Gebäuden, nur der Herrscher und der oberste Priester durften über die Schwellen dieser Häuser treten. Geschlechtlicher Umgang mit den Acllas war streng verboten, einzig der Inka als Sohn der Sonne hatte das Recht dazu. Keine Bestrafung kam derjenigen gleich, die ein Umgang mit einer Sonnenjungfrau zur Folge hatte. Der Tod des Übeltäters genügte nicht, seine ganze Familie wurde ausgerottet. Die Vergewaltigung der Acllas durch die spanischen Soldaten erregte den besonderen Abscheu des Inka-Volkes. Nach einer indianischen Überlieferung sollen die Sonnenjungfrauen des Höchsten Heiligtums von Cuzco beim Eintreffen der Spanier in einem weitabgelegenen Ort in Sicherheit gebracht worden sein. Könnte es sich bei dieser geheimnisvollen Stätte um Machu Picchu gehandelt haben?

Seite 128

Chullpas: Grabtürme

Chullpas waren die charakteristischen Bauwerke der Collas. Es handelte sich um Grabbauten aus Stein, die besonders an der Westküste des Titicacasees und am Umayo-See (35 km von Puno entfernt) anzutreffen sind. Die grössten Chullpas erreichen einen Durchmesser von 45 m und eine Höhe von 10 m. Die Collas waren ein kulturell hochstehendes Bergvolk der Anden, das vermutlich das religiöse Wallfahrtszentrum Tiahuanaco erbaut hatte.

Im Kampf um die Vorherrschaft im Anden-Raum wurde dieses Aymarásprechende Volk in der Mitte des 15. Jh. von den Inka-Herren nach erbitterten Kämpfen besiegt. Das Colla-Gebiet bildete fortan einen Teil des Inka-Reiches.

Seite 131*

Königliche Baumeister und Landvermesser

Im Inka-Reich hatte alles "seine Ordnung". Es gab eigene Königliche Baumeister und Landvermesser.

Seite 137

Ruinen von Inka-Häusern

In der Nähe von Cacha, über dem Vilcanota-Fluss gelegen, erhob sich der Tempel des Viracocha. Es war ein berühmtes Heiligtum, und Pilger aus einem weiten Umkreis strömten nach dieser Wallfahrtsstätte. Wohl für die Aufnahme dieser Pilger dienten zahlreiche Steinhäuser, die je zwei Innenräume aufwiesen und deren Masse 13,5 m auf 11,4 m betrugen. "... Ihre Giebel ragen hoch empor, und man kann es als bewiesen ansehen, dass sie zwei Stockwerke enthielten. Ihre Mauern sind drei Fuss (0,9 m) dick und bestehen aus unbehauenen Lavablöcken mit zähem Ton als Mörtel. Diese Lavamauern reichen bis in die Höhe von 8 — 10 Fuss (2,4 — 3 m). Die höheren Mauerteile bestehen aus an der Sonne getrockneten Ziegeln..." (George Squier).

Seite 141*

Verwaltungsgebäude und Paläste mit ihren charakteristischen Strohdächern

Die Paläste, Tempel und Verwaltungsgebäude der Inka waren aus kunstvollen Steinen errichtet. Alle enthielten Strohdächer, die gewöhnlich steil auf den Gebäuden emporragten.

Seite 144

Altes Strohdach auf Inka-Gebäude

Man begegnet in den Chroniken der Conquistazeit zahlreichen Hinweisen, mit welcher Kunstfertigkeit das Inka-Volk die grossen Strohdächer über den Palästen und Tempeln errichtet hatte. George Squier fand an einem kreisrunden Gebäude in Acarpa unweit des Titicacasees (Sondor-huasi genannt) noch ein solches Strohdach, das aus Ichú-Gras hergestellt worden war. Die kunstvolle Konstruktion hatte einen Zeitraum von mehr als dreihundert Jahren überdauert. Der amerikanische Forscher gibt uns eine genaue Beschreibung (siehe S. 143 ff.).

Abbildungsverzeichnis und Bildernachweis

		Seite
Die Reichsstrassen dienten vor allem militärischen Zwecken. Der Inka lässt sich auf den Kampfplatz tragen.	Zeichnung Poma de Ayala	9
Dorfvorsteher und Gehilfe im Tale von Cuzco.	Foto Hansruedi Dörig	10 a/b
In den Kriegen der Indios spielten die Festungen eine wichtige Rolle.	Zeichnung Poma de Ayala	12
Capac Nan, der oberste Königliche Strassenmeister mit einem Aufseher der Provinzstrassen.	Zeichnung Poma de Ayala	22
Strassenkarte des Inkareiches.	Zeichnung Georges Wenger	22 a/b
Inkastrasse bei Copacabana im Süden des Titicacasees.	Foto Hansruedi Dörig	28 a/b
Inkastrasse von Lucre im Hochtal von Cuzco.	Foto Georges Wenger	30 a/b
Chasqui — der junge Meldeläufer.	Zeichnung Poma de Ayala	34
Der oberste Brückenaufseher, genannt Chaca Suyuyoc.	Zeichnung Poma de Ayala	37
Hängebrücke am Oberlauf des Apurímac.	Foto Hansruedi Dörig	40 a/b
Hängebrücke.	Zeichnung Alexander von Humboldt	42
Brücke von Ollantaytambo.	Zeichnung Ch. Wiener	43
Balsa-Boot auf dem Titicacasee.	Foto Hansruedi Dörig	44 a/b
Schwimmende Brücke über den Desaguadero.	Zeichnung George Squier	46
Die Brücke über den Apurímac.	Zeichnung George Squier	50 a/b
Wasserführung bei Ascope.	Foto Georges Wenger	58 a/b
"Los Baños del Inca".	Foto Georges Wenger	62 a/b

		Seite
Ackerbau-Terrassen.	Foto Servicio Aerofotografico Nacional (Reproduktion autorisiert)	66 a/b
Huaca del Sol bei Moche.	Foto Georges Wenger	72 a/b
Das Sonnentor von Tiahuanaco.	Foto Georges Wenger	78 a/b
Steinfigur von Tiahuanaco.	Foto Hansruedi Dörig	82 a/b
Zwei Grundriss-Pläne von Chan-Chan.	Zeichnungen George Squier	84 a/b
Flugaufnahme der Ruinenstätte von Chan-Chan.	Foto Servicio Aerofotografico Nacional (Reproduktion autorisiert)	86 a/b
Zwei Vasen von Chan-Chan.	Zeichnungen Georges Wenger	88 a/b
Vasenbild eines Chimú-Hauses.	Zeichnung George Squier	89
Hochrelief an Lehmmauer in Chan-Chan.	Foto Hansruedi Dörig	90 a/b
Die Festung Paramonga.	Foto Servicio Aerofotografico Nacional (Reproduktion autorisiert)	92 a/b
Tambo Colorado.	Foto Hansruedi Dörig	92 c/d
Palast des Inka Roca in Cuzco.	Foto Hansruedi Dörig	94 a/b
Nische in Terrassenmauer ob Cuzco.	Zeichnung Georges Wenger	96
Sacsahuamán.	Foto Hansruedi Dörig	106 a/b
Eckbastion von Sacsahuamán.	Zeichnung Georges Wenger	108
Grundriss der Nordmauer der Festung Sacsahuamán.	Zeichnung Georges Wenger	110/111
Die Monolithen von Ollantaytambo.	Foto Georges Wenger	112 a/b
Machu Picchu.	Foto Hansruedi Dörig	114 a/b
El Torreón.	Foto Georges Wenger	116 a/b
Das Intihuantana von Machu Picchu.	Foto Georges Wenger	118 a/b
Zwei Sonnenjungfrauen (Acllas) werden den Spaniern als Beute überlassen.	Zeichnung Poma de Ayala	121
Inka-Mauer mit Trapez-Türe.	Foto Georges Wenger	126 a/b

		Seite
Chullpas: Grabtürme.	Zeichnung George Squier	128
Königliche Baumeister und Landvermesser	Zeichnung Poma de Ayala	131
Tonmodell.	Foto Hansruedi Dörig	132 a/b
Modelle von zwei Chimú-Häusern.	Zeichnungen Georges Wenger	134 a/b
Ruinen von Inkahäusern.	Zeichnung George Squier	137
Verwaltungsgebäude und Paläste mit ihren charakteristischen Strohdächern.	Zeichnung Poma de Ayala	141
Inka-Mauer in Ollantaytambo.	Foto Hansruedi Dörig	142 a/b
Altes Strohdach auf Inkagebäude.	Zeichnung George Squier	145
Tempel und Palastbauten von Pisac.	Foto Servicio Aerofotografico Nacional (Reproduktion autorisiert)	146 a/b

Register

Acarpa, Ort beim Titicacasee: 143
Acllas, Sonnenjungfrauen: 120
Adobe, luftgetrocknete Lehmziegel: 70, 72 f., 84 ff., 95, 100, 128, 129, 136, 141
Adobón, Lehmböden zum Mauerbau: 129
Aqaras, "Zöpfe" aus Weidenruten zum Brückenbau: 40
Alchipichi, Ortschaft in Ecuador: 53
Amazonas, 10, 23, 51, 110, 118, 122
Ancasmayu, Fluss: 11, 23
Ancón, Fundstelle der Frühzeit: 126
Andenes, Anbauterrassen: 15, 64 f., 119
Anta, Inkastadt unweit von Cuzco: 26, 28
Antisuyu, Reichsteil von Tahuantinsuyu: 23, 99, 110
Apurímac, "der Grosse Sprecher", Fluss im Hochland von Peru: 12, 50 ff.
Apurlé, Chimú-Stadt im Motupe-Tal: 90
Arequipa, Stadt im Süden Perus: 23, 56
Argentinien: 23
Ascope, Aquädukt im Chicama-Tal: 57
Asia, Fluss und Tal an der Küste Perus, Fundstelle von Frühkulturen: 69
Atahualpa, 13. Inkaherrscher: 36, 102, 103, 133, 155
Aukaipata, Platz in Cuzco: 99

Aymara, Indianervolk, Sprache: 64, 125
Ayavire, Inkastadt unweit des Titicacasees: 23
Ayllú, Bezeichnung für Stammeseinheit: 13 f., 16 – 19, 38, 40, 67, 86, 101
Azequia, span. Bezeichnung für Bewässerungsgraben: 116

Bingham Hiram, amerikanischer Forscher, Entdecker von Machu Picchu: 114 ff., 120

Cajamarca, Inkastadt: 24, 63, 133
Cajamarquilla, Inkastadt: 129
Calzada, span. Bezeichnung für Dammstrasse: 28
Caña Brava, Bambusrohr: 84
Canchones, span. Bezeichnung für die nicht bebauten Flächen in Chan-Chan: 87
Cañete, Strasse vom Cañete-Tal nach Jauja: 29
Cazique, indianischer Häuptling: 139
Chacacamayoc, vollamtlicher Brückenmeister: 38
Chachapoyas, Inkaort im Hochland Perus: 24
Chahuar, Hanfart: 50
Chambo, Fluss in Ecuador: 52
Chanca, Indiovolk: 24
Chancay, Fluss und Tal an der Küste Mittelperus, Kulturzone: 92 f.
Chan-Chan, Hauptstadt des Chimú-Reiches: 20, 55, 57, 83 – 90, 91, 134 f.

185

Chao, Fluss und Tal: 21
Chasqui, Meldeläufer: 34 ff.
Chavín de Huántar, Fundstätte im Hochland: 71, 126
Chavín-Kultur, benannt nach dem Fundort Chavín de Huántar: 54, 71, 129
Chicama, Fluss und Tal an der Küste Perus: 21, 55 ff., 69, 91
Chicamita, Festungsanlage der Chimú im Chicama-Tal: 91
Chicha, indianisches Maisbier: 100
Chilca, Fluss und Tal an der Küste Perus: 59, 69
Chile: 10, 23
Chillón, Fluss und Tal an der Küste Mittelperus: 92
Chimor, siehe Chimú
Chimú, (auch Chimor) Reich an der Nordküste Perus: 9 f., 21, 55, 57 f., 80, 83 − 90, 91, 98, 134
Chincha, Fluss und Tal an der Südküste Perus: 93
Chinchaysuyu, Reichsteil von Tahuantinsuyu: 23, 44
Chiquitoy Viejo, Bauernhof der Chimú im Chicama-Tal: 91
Chocofán, Pass beim Jequetepeque-Tal: 29
Chullpas, runde Grabbauten: 125, 128 f.
Coca, Drogenpflanze der Hochlandindianer: 140
Colca, Vorratshaus verbunden mit Rasthaus: 32
Colcampata, Teil von Cuzco: 132
Colla, Indiovolk am Titicacasee: 9 63, 125, 128
Collao, Provinz der Colla: 35, 44, 138

Collasuyu, Reichsteil von Tahuantinsuyu: 23, 34
Coricancha, Sonnenheiligtum in Cuzco: 100, 116, 132
Corocoro, salzhaltiger Nebenfluss des Desaguadero: 63
Costa, span. Bezeichnung für die peruanische Küstenregion: 123
Cuntisuyu, Rechsteil von Tahuantinsuyu: 23, 99
Curaca, Stammesfürst: 14, 15, 98
Curicamayoc, Indiovolk: 38
Cusipata, Platz in Cuzco: 99
Cuzco, "Nabel", Hauptstadt des Inkareiches: 7 − 9, 11 f., 14, 23, 26, 28, 30, 36, 44, 50, 65, 82, 94 − 110, 115, 117, 124, 130, 132 f., 146 ff., 151

Desaguadero, Ausfluss des Titicacasees: 44, 47, 63 f.

Ecuador: 9, 10, 23, 52 f.
Enea, Binsengewächs am Titicacasee: 45, 135

Farfán, Stadt der Chimú im Jequetepeque-Tal: 90

Galindo, Festungsanlage der Chimú im Moche-Tal: 91

Hagen Victor W. von, geb. 1908, amerikanischer Forscher: 26 f., 29
Hamaca, Hängemattenbrücke: 52
Huaca, "Heiligtum" oder "Altar", Bezeichnung der Totenstätten: 129

Huaca de la Luna, Adobe-Pyramide der Moche-Kultur: 72 ff., 129
Huaca del Sol, Adobe-Pyramide der Moche-Kultur: 72 ff., 129
Huacapata, Hauptplatz in Cuzco: 97, 99, 101
Huaca Prieta, Fundstelle der Frühkulturen im Chicama-Tal: 50, 69
Huánuco (Viejo), Inkaort im Hochland: 24, 30 f., 38 f., 41 f.
Huari, Ruinenstätte im Hochland, Zentrum des Tiahuanaco-"Reiches": 80 ff., 124
Huaro, Seilbahnbrücke: 53
Huatanay, Flusskanal in Cuzco: 44, 99, 104
Huayna Capac, 11. Inkaherrscher: 10, 94
Huayna Picchu, Berggipfel bei Machu Picchu: 116, 118 f., 121
Huilcanota, Festungsstadt: 12
Humboldt Alexander von, deutscher Forscher und Reisender in Amerika, 1769 — 1859: 25
Humboldt-Strom: 54

Ica, Fluss und Tal an der Südküste Perus: 93
Ichú, Hartgras des peruanischen Hochlandes: 47, 135, 138 ff., 144 f.
Inka Roca, 6. Inkaherrscher; seit seiner Herrschaft erbaute jeder Inka seinen eigenen Palast: 95, 101
Intihuatana, "der Pfosten, an dem die Sonne angebunden ist", erhaltenes Bauwerk in Machu Picchu: 115, 118 f,
Ioke, indianische Bezeichnung für eine Rutenart: 49

Jauja, Inkastadt: 29
Jequetepeque, Fluss und Tal an der Küste Perus: 21, 29, 90
Junín, See im Hochland Perus: 44

Karl V, spanischer König und Kaiser des Deutschen Reiches, 1500 — 1556: 25
Kolumbien: 10, 23

La-Cumbre-Kanal, im Chicama-Tal: 56
Lambayeque, Tal und Fluss an der Küste Perus: 56
La Paz: 36
Lima: 50
Llactaruna, Arbeitsmann eines Dorfes: 17

Machu Picchu, Inkastadt: 114 — 123
Madre de Dios, Fluss in Bolivien: 23
Mahomaes, Anbaugruben mit durchgesickertem Grundwasser an der Küste: 59
Mama Ocllo, Schwestergattin des legendären Gründers des Inkareiches: 7, 100
Manco Capac, legendärer Gründer des Inkareiches: 7, 100
Manco Capac II, von Pizarrro eingesetzter Scheinherrscher. Er entfesselte den grossen Aufstand gegen die Spanier: 103, 111, 115
Marca, Stammland einer Sippe: 16 f., 18, 38
Maule, Fluss in Chile: 11
Mendoza, Stadt in Argentinien: 23
Mimbres, span. Bezeichnung für Weidenruten: 44, 48 f., 135

Mita, Dienstpflicht im Inkareich: 18, 31, 155
Moche, Tal und Fluss an der Küste Perus, Kulturzone, (siehe auch Mochica): 21, 55, 57, 72, 91
Mochica, Hochkultur an der Nordküste Perus, (siehe auch Moche): 21, 54, 72
Motupe, Fluss an der Nordküste Perus: 21
Moyoc-marca, Turm der Festung Sacsahuamán: 105
Muyna, Steinbruch in der Nähe von Cuzco: 106

Nasacara, indianische Siedlung am Desaguadero: 46
Nazca, Fluss und Tal an der Südküste Perus, Fundstelle und Kultur: 59 ff., 93
Nepêna, Fluss und Tal an der Küste Perus: 57 f.

Ollantaytambo, inkaische Festungsanlage: 110 − 114, 130, 146 ff.
Orejones, "Grossohren", span. Bezeichnung des Inkaadels: 17
Oroyo, Seilbahnbrücke: 52
Osma, Fluss und Tal südlich von Lima: 93

Pacatnamú, Küstenstadt des Chimú-Reiches: 90
Pachacamac, altes Heiligtum an der Küste Perus: 24
Pachaccuraca, "Hundertschaftshäuptling": 13
Pachacuti, "Der Weltveränderer", 9. Inkaherrscher: 9, 13, 101
Pampas, Fluss in der Provinz Victor Fajardo: 40

Paramonga, Festungsanlage der Chimú im Süden des Reiches: 83, 92
Pariache, Ruinenstätte am Rimac-Fluss: 130
Pata, Quechua-Bezeichnung für Anbauterrassen (Andenes): 64
Paucartambo, Festungsstadt: 12
Pichu, Strauchart: 40
Pirca-Mauern, Mauerwerk aus Lehm und Feldsteinen: 82, 124, 130
Pisco, Fluss und Tal an der Südküste Perus: 93
Pizarro Francisco, Eroberer Perus. Er nahm 1532 den Inka Atahualpa gefangen und liess ihn 1533 hinrichten: 103
Pizarro Hernando, Bruder des Eroberers: 24, 42, 108 f., 112
Pizarro Juan, Bruder des Eroberers: 110
Pizarro Pedro, Vetter des Eroberers: 111
Pomabamba, Dorf im nördlichen Bergland: 124
Pukio, span. Bezeichnung für Brunnen oder Reservoir: 86
Puno, Stadt im peruanischen Hochland: 11, 128
Pupuna, Röhricht: 68
Purgatorio, Stadt der Chimú im Leche-Tal: 90
Quechua, Sprache des Inkavolkes: 7, 139
Quipu, Knotenschrift: 19, 34
Quito: 30
Qullana, "Fremde", Bezeichnung für Stammeseinheit innerhalb der Gemeinde von Sarhua: 40

Rímac, Fluss und Tal bei Lima: 92, 130
Río Grande, Flusssystem in Südperu: 59
Rodadero, Flusslauf in Cuzco: 104
Runapachacac, Kontrollbeamter für Volkszählungen: 19

Sacsahuamán: Festung oberhalb von Cuzco: 104 — 110, 117, 130, 132, 151
Sapay Inca, "Einziger Inka", Titel des Inkaherrschers: 8, 14, 98
Sarhua, Gemeinde in der peruan. Provinz Victor Fajardo: 40 f.
Sawqa, "Einheimische", Bezeichnung für Stammeseinheit innerhalb der Gemeinde Sarhua: 40
Seco del León, Fluss und Tal nördlich von Lima: 70
Selva, span. Bezeichnung für die Waldregion des östlichen Tieflandes von Peru: 123
Sierra, span. Bezeichnung für die peruanische Hochlands- und Gebirgsregion: 123
Simpas, Seile aus Weideruten: 40
Sinchi Roca, 2. Inkaherrscher: 8
Sondor-huasí, altes Gebäude beim Titicacasee: 143 ff.
Squier George, amerikanischer Forschungsreisender, 1821 — 1888: 33
Supe, Fluss und Tal an der Nordküste Perus, Fundstelle der Frühzeit: 126
Suyu, "Viertel", Bezeichnung für die Reichsteile von Tahuantinsuyu: 23

Tahuantinsuyu, "Reich der Vier Viertel", Quechua-Bezeichnung für das Inkareich: 7, 13, 20, 23, 33, 42, 94, 99, 115, 122, 155
Tambillo, Lagune in der Provinz Huarochirí: 56
Tambo, Rasthaus: 32 ff.
Tambo Colorado, Siedlung im Pisco-Tal: 93
Tambo de Mora, Siedlung im Chincha-Tal: 93
Tambo Taparaku, (auch Tambo Taparacu), Inkaort: 30, 39
Tapac Amaru, (auch Tupac Amaru), letzter gegen die spanische Besatzungsmacht kämpfender Inka. Er wurde von den Spaniern gefangengenommen und hingerichtet (1572): 122
Tapia, Mauerwerk aus gestampftem Lehm: 84, 130, 136
Tiahuanaco, Fundstelle und Kultur im Hochland Boliviens: 78 ff., 126 ff.
Titicacasee: 9, 23, 44 f., 47, 63, 77, 126, 128, 143
Titu Cusi Yupanqui, Inka, der gegen spanische Besatzungsmacht kämpfte. Er lebte in der bisher noch nicht entdeckten Stadt Vilcabamba la Vieja: 122
Topac Yupanqui, 10. Inkaherrscher: 9 f., 104, 122
Topos, Meilensteine über eine Distanz von ca. 7 km: 28
Torreón, Turmbau in Machu Picchu: 115 f., 120
Totora, Schilfrohr am Titicacasee: 47 f., 135

Trujillo, Stadt an der Küste Nordperus: 20, 57, 72
Tschudi Johann Jakob von, Schweizer Forschungsreisender des 19. Jahrhunderts: 41
Tucumán, Stadt in Nordargentinien: 23
Tumbes, Küstenstadt im Norden Perus, nahe der Grenze zu Ecuador: 11, 23, 56, 83

Umayo, See bei Puno: 128
Urubamba, Fluss und Tal im Hochland von Peru: 12, 65, 119

Vilcabamba, sagenhafte Zufluchtstätte der letzten Inka: 114, 120, 122
Viracocha, Schöpfergott und Name des 8. Inkaherrschers: 8, 68, 105
Virú, Fluss und Tal an der Küste Perus: 75, 83

Warango, Baumart an der Küste: 60

Yayno, Ruinenstätte der Frühzeit im nördlichen Bergland: 124 f.
Yucay, Fluss und Dorf bei Ollantaytambo: 112, 141

Danksagung

Mein erster Dank gilt der Stanley Thomas Johnson Stiftung in Bern, deren grosszügige finanzielle Unterstützung das Projekt ermöglichte. Ebenfalls möchte ich Herrn Hans Koella, dipl. Arch. ETH, für die tatkräftige Unterstützung des Werkes meinen besten Dank aussprechen. Auch Herrn René Bollinger, Bauingenieur SIA, habe ich zu danken. Schliesslich gilt mein Dank auch Herrn Walter Egli, der mir bei der Beschaffung von Unterlagen sehr gute Dienste leistete.

Armin Bollinger

Zürich/St. Gallen, im Herbst 1979